중국은 어떻게 세계와 소통하는가

글로벌 시대 중국의 공공외교

나남
nanam

나남신서 1637

중국은 어떻게 세계와 소통하는가
글로벌 시대 중국의 공공외교

2012년 7월 5일 발행
2012년 7월 5일 1쇄

지은이_ 趙啓正
옮긴이_ 李熙玉
발행자_ 趙相浩
발행처_ (주) 나남
주소_ 413-756 경기도 파주시 교하읍
출판도시 518-4
전화_ (031) 955-4601 (代)
FAX_ (031) 955-4555
등록_ 제 1-71호(1979.5.12)
홈페이지_ http://www.nanam.net
전자우편_ post@nanam.net

ISBN 978-89-300-8637-0
ISBN 978-89-300-8001-9 (세트)
책값은 뒤표지에 있습니다.

나남신서 1637

중국은 어떻게 세계와 소통하는가

글로벌 시대 중국의 공공외교

자오치정 지음

이희옥 옮김

나남

nanam

| 발간사 |

지난 2008년 우리 한국국제교류재단이 〈공공외교 번역총서〉 프로그램을 시작한 이래 이제 제 5권을 발간하게 되었습니다. 공공외교 번역총서 시리즈는 21세기 들어서 그 중요성이 더욱 부각되고 있는 공공외교의 이론과 실제에 대한 국내 독자들의 이해를 돕는 한편, 한국 공공외교의 실천적 방향을 모색하는 데에 도움이 되고자 시작하였습니다. 따라서 이 시리즈는 공공외교 분야의 학자와 전문가는 물론 정책입안자와 결정자, 그리고 우리 국민 전체를 그 대상으로 하고 있습니다. 금세기 공공외교의 가장 큰 특징 중 하나가 시민사회의 다양한 주체들이 상대국 국민들을 대상으로, 또한 글로벌 스페이스에서 글로벌 이슈들을 주제로 활발한 민간외교 활동을 전개한다는 점에 있기 때문입니다.

한국국제교류재단은 1991년 국제사회에서 한국에 대한 올바른 인식과 이해를 돕고 국제적 우호친선을 증진시키기 위해서 설립되었습니다. 이러한 미션을 가지고 우리 재단은 우리나라의 대표적인 공공외교 전문기관으로서 해외 한국학 진흥, 문화예술교류, 그리고 인적 교류 분야에서 다양한 프로그램을 개발하여 운영해 왔습니다. 그러나 세계화의 진전과 더불어 국내와 해외의 구분이 더 이상 과거와 같은 의미를 지니지 않게 됨에 따라, 또한 국민이 주체가 되는 새로운 공공외교의 특징상 우리 재단의 활동영역 역시 해외와 국내의 구분을 두지 않게 되었습니다. 이 〈공공외교 번역총서〉 시리즈는 바로 이러한 인식에서 비롯되었습니다. 공공외교 분야에서 해외와 국내 간 지적 연결고리를 마련하고자 함입니다.

21세기 들어서, 특히 9 · 11 테러사건 이후 군사력과 경제력을 주축으로 하는 전통적인 '국력'과 정부 간 외교의 한계가 여실이 드러났으며, 이에 따라 여러 가지 신정보통신기술과 소프트파워를 기반으로 상대국 정부보다는 일반 국민을 대상으로 하는 공공외교의 중요성이 새롭게 부각되고 있습니다. 미국과 같은 전통적 강대국은 물론 중국, 러시아 등 이른바 '신흥시장국가'들도 공공외교의 중요성을 인식하고 활발한 공공외교 활동을 전개하고 있습니다. 우리 재단 역시 외교통상부와 함께 2010년 국내 전문가들로 구성된 '한국공공외교 포럼'을 발족시킴으로써 한국 공공외교에 대한 실천적인 방향을 모색하고자 노력해왔습니다.

이른바 '중국의 부상'에 대해서는 이미 국내외에서 수많은 논의가 이루어지고 있습니다. 그러나 이러한 논의의 대부분은 중국의 경제력과 군사력, 즉 중국의 '하드파워'에 초점을 맞추고 있습니다. 하드파워에 초점을 맞춘 '중국부상론'은 급격히 증대하고 있는 중국의 경제력과 군사력에 대한 우려, 그리고 이로 인한 국제질서의 변화에 대한 불확실성을 그 근저에 깔고 있습니다. 그러나 중국 부상의 또 다른 측면, 즉 '소프트파워'에 근거한 중국의 국제사회에 대한 적극적 접근과 '중국이 세계와 소통하는 방식'은 상대적으로 주목을 끌지 못한 것이 사실입니다. 이번 출간되는 번역총서 제 5권은 바로 이와 같은 상대적으로 잘 알려지지 않은 중국의 또 다른 얼굴을 소개하기 위한 것입니다. 아무쪼록 이번 번역총서가 다양한 국내 독자들에게 부상하는 중국의 또 다른 모습을 소개하고, 나아가서는 한국 공공외교의 실천과 방향을 정립하는 데에 도움이 될 수 있기를 기원합니다.

2012년 6월

한국국제교류재단 이사장

김 우 상

| 추천사 |

9 · 11 사태 이후 공공외교(公共外交)가 새롭게 조명받고 있다. 각국은 군사력과 경제력에 바탕을 둔 전통적 외교가 과거처럼 원활하게 작동하지 못하고 있음을 깨닫고 그 원인을 추적하기에 이르렀다. 결국은 타국 국민들과 소통하여 그들의 마음을 사는 것이 외교적 목적을 달성하는 데 매우 중요한 요소임을 발견했다. 각국이 선의의 '공공외교' 경쟁에 뛰어든 배경이기도 하다.

이처럼 국제사회에서 공공외교의 중요성이 날로 커지고 있는 때에 자오치정 주임이 《중국은 어떻게 세계와 소통하는가》(원제: 《중국의 공공외교와 문화 간 교류》)를 출판한 것은 매우 시의적절하다 하겠다. 국제사회에서의 지위가 높아지면서 중국이 '책임대국론'을 표방하고 공공외교를 적극적으로 활용하여 '중국경계론'에 슬기롭게 대처하는 모습은 매우 인상적이다. 특히 공자학원(중국 정부가 세계 각 나라에 있는 대학교들과 교류해, 중국의 문화나 중국어 등의 교육 및 전파를 위해 세워진 교육 기관)이 세계 곳곳에 연달아 문을 열면서 중국어를 널리 보급하고 세계인들이 중국문화를 보다 쉽게 접하고 즐길 수 있는 기회가 많아지고 있다. 또한 세계인들이 베이징 올림픽과 상하이 엑스포를 통해 중국문화의 진수와 중국인들의 친절함을 몸소 체험할 수 있었던 것은 중국의 공공외교가 그만큼 성숙했다는 것을 의미한다.

이 책의 저자인 자오치정 주임은 1960년대에 발아한 초기 공공외교의 개념에서부터 현재의 확장되고 진화한 개념까지 아울러 체계화하였으며, 특정 이론에 얽매이지 않고 시대적 변화와 중국의 현실에 부합하는 포괄적 개념으로 공공외교의 의미를 재정립하였다.

흔히 서점에서 책을 고르다 보면 제목에 먼저 눈이 가기 마련이다. 특히 상업적이고 자극적인 제목이 독자들을 현혹시키는 경우를 종종 볼 수 있는데, 이런 점에서 이 책은 제목(원제: 《중국의 공공외교와 문화 간 교류》)에서 풍기는 학술적인 이미지 때문에 단번에 시선을 끌지 못할지도 모른다. 그러나 이 책은 중국 공공외교의 이론과 실제를 동시에 소개하고 있고, 특히 세계 석학과의 품격 높은 대화를 그대로 옮겨놓아 읽는 재미를 더한다. 또한 이 책을 관통하는 주제를 설계하고 풀어내는 필자의 능력은 탁월하다. 특히 중국 공공외교를 다루면서 전통적인 공공외교 의제와 새롭게 형성되고 있는 의제를 균형 있게 다루었다. 즉, 민간외교, 공공관계(*PR*), 브리핑 제도, 문화의 특성과 교류, 인터넷 외교, 독서와 출판과 번역, 공자학원 등을 망라한 관련요소들을 공공외교의 관점에서 균형적으로 조명했다.

이것은 장기간의 현장경험과 이론적 기반이 뒷받침되지 않았다면 불가능한 일이다. 자오치정 주임은 오랫동안 국무원 신문판공실 주임을 역임했고 중국 인민정치협상회의(정협) 상무위원 겸 외사위원회 주임을 맡아왔다. 특히 정협은 어느 기관보다 공공외교의 중요성을 강조해왔고 그 결실로 〈중국공공외교 계간〉을 발간하고 있을 뿐 아니라, 다양한 연구조직을 두고 중국 내 공공외교의 성과를 집대성하고 있다. 이것은 자오치정 주임의 리더십에 힘입은 바가 크다. 또한 자오치정 주임은 과학도, 행정가, 정치인, 대변인, 학자로서 평생 쌓아온 경륜과 통찰력 그리고 내공을 바탕으로 공공외교를 보다 높은 차원에서 조망하고 있다. 이 때문에 이 책에는 종교, 철학, 역사 등 인문학적 소양뿐만 아니라 국제정치와 경제, 사회문제까지 넘나드는 저자의 식견과 사상의 총체가 녹아있어 독자들에게 공공외교에 대한 지식을 전달하는 수준을 넘어 삶의 지혜, 인생의 길잡이 역할을 함께 하고 있다.

대표적인 중국의 공공외교 이론가이자 정부관리가 쓴 책이기에 중국정부의 홍보에 치중했을 것이라고 생각한다면 이는 기우이다. 이 책을 읽어가다 보면 이러한 편견은 금방 사라질 것이다. 오히려 저자는 중국의 전통적 홍보제도가 안고 있는 문제점을 과감하게 파헤친다. 실사구시(實事求是)의 원칙에 입각하여 정보의 신뢰성을 높이는 것만이 국민을 설득하고 국제 여론을 개선하는 방법이라 확신하고 있다. 다만 저자는 같은 것을 추구하면서도 다른 것을 존중하는 구동존이(求同存異)의 원칙 속에서 문화의 다양성 그리고 인권문제에 대한 시각의 차이도 거론하고 있다. 이것은 정보통신시대를 맞아 투명성을 강화하고 매력외교를 강화하고자 하는 중국외교의 새로운 추세라고 할 수 있다.

이번에 이 책이 한글로 번역됨으로써 공공외교가 여전히 낯선 한국인에게 시사하는 바가 크다. 우리경제는 해외의존도가 매우 높아 수출증진, 쌍방향 투자확대, 관광객 유치에 힘써야 하는데, 이를 위해서는 다른 어떤 국가보다 공공외교의 중요성을 인식하고 힘써야 한다. 즉, 한국의 국격을 높이고 다른 국가들로부터 존중받는 매력국가로 만드는 것이 한국외교의 활로이다. 외교통상부에서는 2011년 9월 최초로 공공외교대사를 임명하고, 2012년 1월에는 공공외교정책과를 신설했으며 국제교류재단과 함께 공공외교포럼을 운영하는 등 한국형 공공외교를 적극 추진하고 있다. 외국인을 상대로 공공외교를 수행하는 데는 정부만이 아니라 국민과 함께할 때 그 효과가 더욱 높아질 수 있다.

다시 한 번 이 책의 한국어판 출간이 한국인의 공공외교에 대한 이해를 높이고, 나아가 한국인의 적극적인 공공외교 증진노력과 참여로 이어지기를 기대한다.

2012년 6월
한국 공공외교대사
마 영 삼

| 한국어판 서문 |

지난 해 5월 서울대 조동성 교수의 초청으로 제주포럼에 참가했다. 한국이 주관한 그 회의에서 아시아협력을 강화하는 공공외교 무대가 지니는 중요한 의의와 아시아인들의 친밀감을 느낄 수 있었다. 필자는 이 기회를 빌려 한국의 공공외교에 종사하는 한국의 외교관과 민간인사 몇 분(유종하, 문하영, 이준규, 권병현, 김태환, 박용규 선생)을 초청하여 교류하면서 성과를 거두었다. 이들은 필자에게 한국의 공공외교의 이념과 실천을 자세하게 소개하는 한편 한중(韓中) 간 공공외교를 강화하기 위한 몇 가지 의견을 제시했다.

지난 몇 년간 필자는 공공외교라는 주제를 가지고 여러 나라를 방문했다. 이들 국가와 비교하면서 한국의 공공외교 발전수준에 놀라고 흠모하게 되었다. 특히 한국이 대외적으로 전파하는 한국학 프로젝트는 한국어, 한국역사는 물론이고 '신(新) 한국학'이라고 부르는 현대 한국문화, 정치, 경제 심지어 군사 분야도 포괄하고 있었다. 여기서 필자는 중국에서 막 발전하기 시작한 '국학열(熱)'을 대외적으로 전달할 때 중국의 전통 고전을 소개하는 것 이외에도 오늘날 중국의 국정(國情)을 더 많이 포함시켜야 하며, 이것이 오히려 타국 국민들이 더욱 흥미를 갖는 부분이라고 생각했다.

한국은 중국과 마찬가지로 정부가 추진하는 공공외교가 크게 발전하는 중이다. 즉, 일반 국민도 공공외교의 주체로 적극적으로 참여하기 시작했다. 이들은 타국 국민뿐만 아니라, 타국 정부의 인사들에 대해서도 다양한 무대에서 적절한 방식으로 자국의 다양한 측면을 전달하고 있다. 필자는 한중 양국이 이렇게 새로운 견해와 새로운 실천을 가깝게 하고 있는 점을 크게 기뻐한다.

한국과 중국은 비록 문화가 유사하지만 언어와 문화적 차이의 장애 때문에 양국 국민의 교류가 충분하지는 못했다. 중국과 한국의 국민, 특히 청년 네티즌 사이에서는 일종의 오해와 갈등이 나타나기도 했다. 필자는 이 중의 대부분은 원래 발생해서 안 되는 것이거나 적극적인 교류를 통해 해소될 수 있는 것이라고 생각한다. 따라서 필자는 한중 간 공공외교를 전개하는 역량과 효과에 대해 신뢰하고 있고 한중일 사이에 공공외교를 강화하는 첩경은 정확한 역사인식을 촉진시키고 역사의 구원(仇怨)을 넘어 아시아의 진흥을 전개하는 공동의 노력에 달렸다고 생각한다.

《중국은 어떻게 세계와 소통하는가: 글로벌 시대 중국의 공공외교》(원제는 《중국의 공공외교와 문화 간 교류》였으나, 이는 중국독자들을 고려한 제목이었기 때문에 한국독자들을 위해 이 책이 전달하고자 하는 핵심을 담아 제목을 바꾸었다)는 현재 중국이 당면한 국제환경에 기초하여 공공외교를 추진하기 위해 펴낸 것이다. 한국과 중국은 직면한 국제환경이 다르고 공공외교의 구체적 목표도 다르다. 그러나 한국 독자들이 이러한 차이를 주목하면서 중국을 더욱 깊이 이해할 수 있다면 필자는 크게 보람을 느낄 것이다.

필자는 한국국제교류재단이 한국어판 출판을 제의하고 지원해 준 것에 대해 감사한다. 특히 성균관대학 이희옥 교수는 중국 정치에 깊은 이해를 가진 교수로 잘 알려져 있다. 그는 정부외교는 물론이고 공공외교에 대해서도 탁월한 연구를 해왔으며 중국어에도 정통하다. 이희옥 교수가 필자의 책을 직접 맡아 번역해 준 것은 필자로서 큰 영광이다. 이 기회를 빌려 한중 양국의 우의와 발전에 대한 중국인민의 축원을 전달하고자 한다.

2012년 4월

자오치정

| 저자 서문 |

세계화 시대에 공공외교와 정부외교는 국가의 전체외교를 구성한다. 공공외교에 참여하는 국가는 서로 다른 측면에서 타국 국민에게 자국의 기본국정(國情)을 소개하고 정책을 설명하며 자국에 대한 다른 국가의 의문을 풀어준다. 동시에 국제교류 과정에서 상대방의 관점을 이해하도록 해준다. 공공외교를 추진하는 목적은 자국에 대한 타국 국민의 태도를 개선하고 나아가 자국에 대한 외국 정부의 정책에 영향을 주고자 하는 것이다. 공공외교의 행위주체는 정부, 민간조직, 사회단체, 사회엘리트, 그리고 많은 국민들을 포함한다. 이 중에서 정부는 주도적인 역할을 하고, 민간조직 · 사회단체 · 사회 지도자층은 중추 역할을 담당하며, 국민은 공공외교의 기초가 된다.

초기 공공외교는 각국 정부가 타국 국민에 대해 행하는 일종의 선전 활동이었으나, 이후 보다 풍부한 형식으로 발전되었다. 예컨대 정부가 지원하는 학자교류 계획과 자국어를 확산시키는 활동 등이 그것이다. 해외여행 비용이 줄어들면서 각국 국민들 사이의 직접 교류가 점차 늘어났다. 경제의 글로벌화와 국제정치의 다극화 추세 그리고 국민의 이해관계가 보다 긴밀해지면서, 현대인의 국제문제와 자국 외교정책에 관한 관심도 점차 높아졌다. 그리고 인터넷을 중심으로 한 뉴미디어는 국민참여와 외교문제에 더 많은 발언권을 행사하고 있다. 대중의 담론영향력도 전례 없이 증가하여 오늘날 국민은 더 이상 공공외교의 대상이 아니라 적극적인 참여 주체가 되었다. 한 국가의 국민은 다른 국가의 국민과 직접 교류할 수 있을 뿐만 아니라, 다른 국가의 정부 관리들과도 교류할 수 있게 되었다. 이것은 공공외교에 나타난 새로운 모습이며 그 내용과 형식도 풍부해지고 보다 복잡해졌다.

개혁개방 30년 동안 사회경제적 발전이 빨라지면서 중국은 국제무대의 주변에서 중심으로 자리 잡았다. 과거와 비교할 때 국제환경의 영향력이 갈수록 커지고 있는데, 이것이 중국의 발전에 도움을 주기도 하고 제약이 되기도 한다. 또한 중국의 영향력도 커져 중국의 상황이 전세계의 주목을 받기도 한다. 중국특색의 사회주의는 구미 자본주의나 소련식 사회주의와는 다르다. 따라서 세계가 중국을 이해하는 데는 좀더 많은 시간이 필요하다. 여기에 냉전의 유산인 이데올로기 차이는 서구 정치세력과 서방 미디어가 중국을 정확하게 파악하는 데 부정적 영향을 미쳤다. 그 결과 국제여론의 영역에서 중국의 이미지가 실제와 부합하지 않는 현상이 나타났다. 이러한 배경이 중국의 공공외교를 개척하는 데 있어 절박성과 중요성을 부여했다.

중국의 공공외교는 '차이를 인정하고 같은 것을 추구하는' 구동존이(求同存異)라는 조화 이념을 통하여 국가와 국가 사이의 상호이해를 증진시키고 대외우호교류를 촉진시키는 활동이다. 이것은 여타 국가가 공공외교 과정에서 다른 나라를 압박함으로써 자신의 가치관을 전파하고 타국의 내정에 간섭하는 방법과는 본질적으로 다르다.

필자는 1991년부터 상하이시 부시장으로 푸둥(浦東) 개발, 외사, 대외무역 등의 업무를 관장하였고, 1998년부터는 중국국무원 신문판공실 주임을 맡았다. 특히 이 기관은 중국의 문화, 국정 그리고 정책을 세계에 알리는 역할을 하고 있다. 그리고 현재는 중국 인민정치협상회의(정협) 외사위원회 주임을 맡고 있다. 이 위원회의 주요 임무는 대외 우호사업을 추진하는 것이다. 이와 같이 필자가 맡았던 몇 가지 사업은 모두 공공외교와 관련된 것이었다. 이 책의 전반부 〈이론편〉에 실린 내용은 대부분 공공외교 활동과 관련된 필자 개인의 경험이나 소회에 기초하고 있다. 그리고 후반부 〈실천편〉에 실린 것은 필자가 공공외교 활동을 수행하는 과정에서 직접 겪었던 일종의 사례들이다. 필자는 공공외교란 실천이 중요하고 그 이치는 명확하고 알기 쉬워야 하는 것이라고 생각해 왔다. 대부분의 실천가들은 또한 지나친 '학술화'를 추구할 필요가 없으며, 그것이 오히려 실천 속의 혁신을 제약할 것이라고 생각할 것이다.

공공외교의 대부분의 활동은 문화 간 교류라는 속성을 가지고 있다. 이 책에서는 공공외교 활동에 참여하는 사람들의 시각으로 본 '문화 간' 문제도 곳곳에 언급했다. 그래서 책임편집을 맡았던 리쉐웨이(李學偉)의 제안으로 책 이름을 《중국의 공공외교와 문화 간 교류》(원제)로 정했다.

이 책은 중국 인민대학 신문학원 후바이징(胡百精) 부교수가 처음 제안한 후, 필자의 지도를 받는 다섯 명의 박사과정생과 함께 1998년 이후 필자의 강연, 외국 귀빈들과의 대화기록, 언론보도를 수집했고, 여기에 필자가 출판한 책의 내용을 종합하여 10여 개의 장으로 분류하여 책의 기초를 잡았다. 그러나 처음 선택한 자료는 이미 10년이나 흘러 당시 강연과 대화를 나누었던 시대배경, 장소와 대상 등에서 많은 차이가 있었다. 이러한 고민 끝에 다시 글을 보완하여 최종적으로 출판에 이르게 되었다. 후바이징 부교수, 장동(張東), 창밍(强明), 왕경시(王更喜), 다이잉(戴盈), 장칭위엔(張慶園) 등 다섯 명의 박사과정생, 난카이(南開) 대학에서 포스트 닥터과정에 있던 량팅팅(梁婷婷) 등은 필자와 함께 이 책의 핵심논점을 토론하는 한편, 책의 내용을 교정하고 교열했다. 이 책의 〈실천편〉은 박사과정생들이 선택한 것이다. 나이를 잊고 서로를 이끌어 주면서 이 책을 만들었다는 점에서 참으로 보람 있었다.

특히 고마움을 전해야 할 분은 국제번역연맹 부주석, 중국 번역협회 부회장 겸 비서장인 황유이(黃友義) 선생, 공자학원 본부 총간사인 쉬린(許琳) 여사, 중국 인민외교학회 비서장 황싱위엔(黃星原) 선생, 국무원 신문판공실 출판국 부국장 우웨이(吳偉) 여사, 핑춘하이(憑春海) 선생과 류잉신(劉永鑫) 선생 등이다. 이들이 제공해 준 자료와 의견은 모두 이 책 속에 녹아있다.

이처럼 비교적 간명하다고 볼 수 있는 이 책을 작업한 지 이미 3여 년이나 흘렀지만, 이 책의 출판이 중국 공공외교에 많은 도움이 되기를 바란다. 필자는 중국 공공외교가 번창하고 발전하면서 책의 내용에도 부족한 점이 갈수록 많이 나타날 것이라는 점을 잘 알고 있다. 독자 여러분의 아낌없는 질정을 바란다.

2011년 3월

자오치정

나남신서 1637

중국은 어떻게 세계와 소통하는가

글로벌 시대 중국의 공공외교

차 례

실천편

이론 편

01

중국, 공공외교 시대로의 진입

중화인민공화국 수립 이후 60여 년, 특히 최근 30년 동안 중국은 국력이 끊임없이 향상되면서 국제무대에서 갈수록 중요한 역할을 하고 있다. 이 과정에서 중국외교는 중국인들이 자부심을 느낄 만한 빛나는 성과를 거두었지만, 다른 한편 새로운 임무와 도전에도 직면했다. 따라서 국내외 환경과 중국이 세계에 끼치는 영향력을 고려할 때 공공외교를 강화하는 것은 필연적 선택이다.

공공외교에 참여하는 모든 행위자는 각각의 입장에서 자국의 국정(國情)을 전달하고, 국가정책을 설명하며, 자국의 문화를 체현하고 있다. 이러한 공공외교의 본질은 정보의 소통과 교류를 통해 국제사회에서 자국에 대한 이해와 지지를 얻고자 하는 것이다.

1. 민간외교에서 공공외교로

공공외교〔*Public Diplomacy*, '공중(公衆) 외교'로도 번역〕의 내용에는 우리에게 익숙한 '민간외교'가 포함되지만, 민간외교보다는 내용이 풍부하다. 민간외교에서 공공외교로 전환한 것은 시대적 배경과 국제환경의 변화에 대한 대응이자, 국가의 문화 간 전파능력이 성숙해진 결과이기도 하다.

1) 공공외교의 개념

정부외교와 공공외교는 국가 전체의 외교를 구성한다. 정부외교는 국가지도자들 간의 공식교류, 대외적으로는 국가주권을 대표하는 외교부처(일부 전문분야에서는 정부의 관련부처와 구체적 업무를 협상하는 정부대표단)와 그에 상응하는 외국 정부조직과의 교류를 포함한다. 비록 교류의 내용이 광범위하지만 헌법과 법률의 범위 내에서 국가를 대표하는 대외교류활동이며 양자 또는 다자이익과도 관련이 있다. 국가지도자의 대외활동은 국가의 정부외교를 대표하는 가장 높은 단계의 형식이다. 외교형식으로 볼 때, 외교부는 국가를 대표하여 입장을 밝히고 교섭하며 협상한다. 중요한 외교적 결과로는 양자 또는 다자간 조약, 협정, 공동성명 등이 있다.

공공외교와 정부외교의 가장 큰 차이점은 공공외교에 참여하는 행위자가 국가를 대표하여 외교업무를 처리할 수 없다는 점이다. 이러한 이유 때문에 공공외교는 보다 편안하고 생동감이 있으며, 유연할 뿐만 아니라 다양한 형식과 장소에서 목소리를 내고 자국의 '이야기'를 할 수 있다. 따라서 공공외교의 개념은 다음과 같이 요약할 수 있다.

> 공공외교와 정부외교는 국가 외교의 전체를 구성한다. 공공외교에 참여하는 각 행위자는 각자의 입장에서 타국 국민들에게 자국의 국정을 전달하고, 정책을 설명하며 타국이 자국에 대해 가지는 의문을 풀어줌과 동시에 국제교류를 통해 상대방의 입장을 이해하게 된다. 공공외교를 전개하는 목적은 자국의 이미지를 제고하고 자국에 대한 타국 국민의 태도를 개선함으로써 자국에 대한 타국 정부의 정책에 영향을 미치고자 하는 것이다. 공공외교의 행위주체들은 정부, 민간조직, 사회단체, 사회 지도자층과 일반 대중 등과 같이 다양하다. 이 중에서 정부는 주도적 역할을 하고 민간조직, 사회단체, 사회 지도자층은 중추적 역할을 담당하며 일반국민은 기초역할을 수행한다.

공공외교를 추진하는 과정에서 각 행위자들은 다양한 방식으로 타국 국민이나 정부에 자국의 국정을 다각적으로 전달하고, 교류를 통해 상대방의 관점을 이해하게 된다. 즉, 자국의 진실한 이미지를 보다 직접적이고 광범위하며 효과적으로 전달함으로써 자국의 문화적 매력과 정치적 영향력을 강화하여 국제여론을 개선하고 국가이익을 지키는 역할을 한다. 간단히 말하면, 중국 공공외교의 기본임무는 중국을 세계에 설명하고 타국 국민들이 진정한 중국(문화전통, 사회발전, 경제상황, 정치체제와 대내외정책 등)을 이해하도록 촉진하는 것이다. 〈그림 1-1〉은 공공외교의 범주 및 공공외교와 정부외교의 관계를 보다 자세하게 설명하고 있다.

〈그림 1-1〉에서 알 수 있듯이 '공공외교'는 '정부외교' 이외의 각종 대외교류 방식을 의미한다. 여기에는 관변과 민간의 각종 상호교류를 포함한다. 이러한 교류의 목적은 직접적으로는 자국에 대한 타국 국민들의 이해를 촉진시켜 그들의 마음속에 있는 자국의 이미지를 높임으로써 자국 정부에 대한 타국 정부의 정책을 개선하도록 만드는 것이다. 여기에서 의미하는 '공중'(公衆)에는 비정부 기구와 조직, 예컨대 미디

〈그림 1-1〉 공공외교의 범주 및 정부외교와의 관계

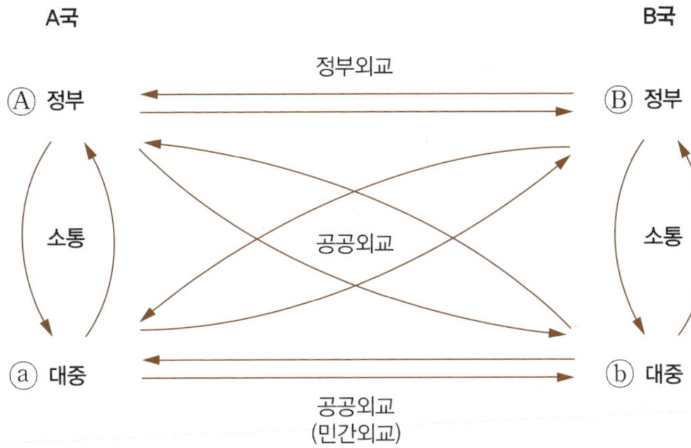

어, 대학, 연구소, 싱크탱크, 각종 민간조직과 비정부조직(NGO), 비영리 조직(NPO) 등[1]이 포함되며, 각계 지도자층(예컨대 사회활동가, 학자, 종교지도자, 유명 연예인 등)과 일반국민도 포함된다. 위의 〈그림 1-1〉에 제시된 몇 가지 교류의 차원은 다음과 같이 설명할 수 있다.

(1) '일국 정부→타국 국민'(〈그림 1-1〉에서 A국 정부⇄B국 대중)

이는 전통적 의미에서의 공공외교의 기본형식으로 지금까지도 가장 중요하다. 여기에는 정부가 대중매체를 통해 추진하는 공공외교와 정부의 지원 속에서 추진되는 타국 국민을 대상으로 하는 각종 교육, 문화교류활동 등이 포함된다. 예컨대 VOA(Voice Of America, 미국의 소

---

1 중국에서는 '비영리민간조직'이라고 부른다. 〈2010년 민정공작보고〉(2010年民政工作報告)에 의하면, 2010년 9월 현재 중국에는 이미 43만 5천여 개(비정부조직, 비영리조직, 민간조직 포함)의 사회조직이 등록되어 있는데, 이 중에는 학회, 상회, 업계협회 등 사회단체와 기업이 아닌 민간사업체도 있다.

리),[2] 영국의 BBC, 〈중국일보〉(中國日報)의 해외판 *China Daily*, 중국 국제라디오방송(CRI), 중국중앙방송국(CCTV) 등 해외 수신자들을 대상으로 한 프로그램과 중국외문출판국(차관급 정부기구)에서 다양한 언어로 발간하는 잡지 등은 이러한 공공외교의 전형적 매체이다.

(2) '일국 국민→타국 정부'(〈그림 1-1〉에서 A국 대중⇄B국 정부)

이는 일국의 국민과 타국 정부 사이에서 전개되는 교류활동이다. 과거에는 이를 공공외교의 범주에 명확하게 포함시키지 않았지만 이러한 교류형식은 오래전부터 공공외교의 한 형태였으며 시간이 지날수록 이와 같은 형식의 외교활동이 증가하고 있다. 예컨대 민간단체, 대기업, 대학과 연구기관이 외국 정부의 관련기관을 방문하는 과정에서 관련된 국정과 정책에 대한 의사소통은 없어서는 안 된다. 또한 이러한 과정은 타국 정부가 자국을 이해하고 평가하는 데 영향을 미친다.

(3) '일국 국민→타국 국민'(〈그림 1-1〉에서 A국 대중⇄B국 대중)

이는 일국 국민과 타국 국민 간의 국제교류활동을 지칭하는 것으로 중국에서는 '인민외교' 또는 '민간외교'라고 부른다. 중국은 지속적으로 정부외교와 민간외교의 결합을 중시해 왔다. 1949년 중화인민공화국이 수립된 후 정부외교와 민간외교를 거의 동시에 진행해 왔다. 1957년 저우언라이(周恩來) 총리는 '중국외교는 관변, 반관반민, 민간, 이 3자를 결합한 외교'라고 정의했다. 이것은 사실상 공공외교를

2 〈워싱턴 타임스〉 홈페이지에 미국 라디오이사회가 제출한 2012년 재정예산에는 VOA가 2011년 10월 1일부터 중국어 단파방송과 위성 TV 방송라디오프로그램의 진행을 중단할 계획이라고 밝혔다. VOA 중국어 홈페이지(2011년 2월 16일)에 따르면 VOA가 중국어 라디오 방송을 중단하기로 한 것은 "중국에 대한 미국의 커뮤니케이션이 인터넷시대에 들어섰음을 의미한다"라고 해석했다.

높은 수준에서 개괄한 것으로 볼 수 있다. 민간외교에는 우호도시 간 교류, 문화단체의 상호방문 등 다양한 내용과 형식이 있다. 그동안 민간외교는 시기별로 매우 중요한 역할을 수행했다. 예컨대 1972년 중일 수교 직전, 중일 양국의 민간외교는 중일 간 뉴스, 무역왕래, 정치정보의 전달, 그리고 수교를 위한 준비 등 여러 차원에서 크게 기여했다. 국제무대에서 중국의 중요성이 커지면서 중국의 민간외교도 크게 발전했고 많은 새로운 내용도 추가되었다.

〈그림 1-1〉의 쌍방향 화살표는 '자국 정부와 자국 국민 간의 소통과 상호영향'을 의미한다. 일반적으로 이 부분을 공공외교의 범주에 포함시키지는 않지만[3] 공공외교 전반과 밀접한 관련이 있다. 정부가 자국 국민과의 관계를 잘 처리하는 것은 정부가 국내에서 추진하는 공공관계(*PR: Public Relation*)와 같다. 즉, 자국 국민들은 국가 관리에서 중요한 대상이며 정부와 자국 국민 간의 국정과 정책에 대한 일상적 소통은 자국의 공공외교 역량을 확대하고 공공외교의 질을 높이기 위한 불가결한 기초이자 조건이다. 국민, 특히 국제교류에 참여할 기회가 있는 국민은 국제 정세, 자국의 국정과 외교정책에 대한 충분한 이해가 전제되어야만 공공외교에 효과적으로 참여할 수 있고 적극적인 역할을 할 수 있다. 중국의 공공외교 발전과정에서 정부와 자국 국민과의 소통은 긴밀한 관계가 있다. 중국 정부는 정부와 국민 사이의 소통을 원활하게 하고 국민들이 국가의 외교정책을 보다 분명하게 이해할 수 있도록 외교부에 전담 공공외교 부서를 설치하여 기자회견을 열고, 주류 언론매체들과의 정기적인 교류 메커니즘을 구축했다. 뿐만 아니라 '국민 개방의 날'(公衆開放日) 활동을 개최하여 사회 각 계층의 국민들과

3 필자는 2010년 6월 말레이시아와 인도네시아 방문과정에서 두 국가가 공공외교를 일국정부가 자국 국민들과 외교정책에 관한 커뮤니케이션으로 정의하고 있다는 것을 알았다.

직접 교류하고, 현직 또는 퇴직 외교관들을 초청하여 대중강연을 하거나 각종 언론매체에 칼럼을 발표하도록 했다. 그러나 국민과 정부가 소통하는 방법으로 대학, 연구소와 기타 싱크탱크들이 정부에 정세분석과 정책건의를 하는 것 이외에도 국제 정세에 대한 수많은 네티즌들의 평가를 포함하여 대중매체들이 전하는 여론 정보도 중국의 외교정책 결정, 정책제정 과정에서 참고할 만한 가치가 있다.

〈그림 1-1〉에서 볼 수 있듯이, 공공외교 체계에서 정부와 국민을 포함한 모든 행위자는 세 갈래 교류방향이 있다. 또한 임의의 두 행위자 사이의 교류는 쌍방향적인 것으로 상호관계가 특징이다. 이러한 관계에서 형성된 공공외교의 행위주체 사이에는 다양한 전달관계의 고리가 형성될 수 있다.

국제적으로 공공외교 개념에 대한 통일된 해석은 없지만 많은 국가의 정부나 학자들이 나름대로 내린 정의는 있다. 예컨대 미국정부는 1987년에 공공외교를 다음과 같이 정의했다. "공공외교는 정부에서 주도한 교류 프로젝트나 라디오 방송 등 정보전파수단을 이용하여 타국의 여론을 파악하고, 정보를 획득하며 나아가 타국 여론에 영향을 미쳐 미국에 대한 타국 정부나 국민의 잘못된 관념을 줄이고, 타국 국민 속에 존재하는 미국에 대한 이미지와 영향력을 높임으로써 미국의 국가이익을 증대시키는 활동이다."[4] 여기에서의 공공외교는 정부에서 주도하는 것[5]으로 명확히 규정했고 타국 정부도 공공외교의 대상으로 보았다. 어떤 일본학자는 공공외교를 다음과 같이 정의했다. "공공외

---

4 U.S. Department of State, *Dictionary of International Relations Terms*, (1987). p.85.

5 2010년 9월 미국에서 미국 상원 외교관계위원회의 공공외교문제 전문가 폴디(Paul Foldi)와 공공외교를 주제로 대화하면서 다음과 같은 사실을 알게 되었다. 즉, 미국에서는 타국 국민을 대상으로 하는 프로그램 중 미국 정부의 예산을 지원 받는 것만을 공공외교 범주에 포함시킨다는 것이다.

교는 국제사회에서 자국의 존재감과 국가이미지를 고양하고 자국에 대한 외부의 이해를 높이기 위해 대상국의 정부가 아닌 국민을 대상으로 진행하는 외교활동이다. 여기에는 정책발표, 문화교류(인문교류, 문화예술교류 및 인적교류 등), 대외방송활동 등을 포함한다."[6] 그러나 여기에서는 공공외교의 대상을 타국 국민에 제한했다.

비록 국가와 학자들마다 공공외교에 대한 정의가 다르지만 세 가지 측면에서는 공통점을 가진다. 즉, 정부가 주도하고 타국 정부와 타국 국민을 대상으로 하며, 자국의 국가이미지 제고를 목적으로 한다는 것이다. 공공외교에 대한 이해에 차이가 나타나는 것은 자연스러운 일이다. 왜냐하면 국가의 속성과 국제환경이라는 조건이 달라 구체적인 공공외교 목표에 차이가 있을 수 있고, 더욱이 각국별 공공외교의 범주와 중점은 언제나 변하기 때문이다. 각국의 공공외교 실천을 종합해 보면 각국마다 공공외교의 분위기가 다름을 쉽게 알 수 있다. 어떤 국가에는 '패기'(霸氣), '유아독존'(唯我獨存), 심지어는 '타인을 공격하고 자신을 추켜세우는' 정서가 있는가 하면 어떤 국가에서는 자국의 특징을 홍보하는 데 중점을 두고 있다. 그러나 중국은 '차이는 인정하고 같은 것은 함께 추구하는' 구동존이(求同存異)의 정신에 기초하여 평화롭게 자국의 국정을 전달한다.

경제 글로벌화와 정보화시대에 정부는 국가의 외교 및 세계의 조화와 협력에 기여할 수 있는 국민의 잠재력을 중시해야 하며 공공외교에 국민이 적극적으로 참여하도록 지원해야 한다. 이런 의미에서 공공외교의 범주를 보다 넓게 정의하는 것도 무방하다. 즉, 공공외교의 범주에는 국가 간 교류에 참여한 국민의 모든 활동을 포함시킬 수 있다. 이 유형은 구체적으로 '일국 정부가 타국 국민을 상대로 한 활동', '일국 국

---

6 金子將史, 《公衆外交 ―'世論時代'の外交戰略》(北京: 外語教學与研究出版社, 2010) 참고.

민이 타국 정부를 상대로 한 활동', '일국 국민이 타국 국민을 상대로 한 활동'으로 구분할 수 있다.

2) 공공외교의 형태

오늘날 경제 글로벌화와 다극화로 인해 국제교류에서의 참가주체와 참여방식이 다원화되는 추세이다. 이와 동시에 새롭게 등장한 다양한 공공외교 형식은 전통적 의미에서의 정부외교와 민간외교의 함의를 확장하고 있다. 예컨대 관리들이나 민간대표가 외국을 방문하여 상대국 관리들과 접촉해야 할 때도 있지만, 상대국의 민간조직이나 개인과 접촉하는 경우도 있는 등 그 형식은 대부분 다자적이고 다원적이다. 실제로 '글로벌 경제포럼', '보아오(博鰲) 포럼', 세계은행 포럼 등 각종 국제 포럼에 참석하는 인사들은 관변인사도 있고 민간기구 소속이나 개인도 있다. 이는 공공외교를 진행할 수 있는 기회가 보다 다양화되었다는 것을 의미한다.

이처럼 '공공외교'의 외연이 넓어졌기 때문에 언론에서는 일반적으로 그 활동내용, 참여주체 또는 속성에 따라 '스포츠외교', '문화외교', '의회외교', '정당외교', '미디어외교', '인터넷외교'와 '트랙(Track) 2 외교' 등으로 부른다. 이런 공공외교 활동의 하나는 외국의 국민들을 상대로 한 활동이고 다른 하나는 좁은 범위의 외국인을 상대로 하는 활동이다. 그러나 교류의 내용은 국가정책과 직접적으로 연관이 있어 때로는 부분적으로 정부외교의 성격을 내포하기도 한다. 그리고 수많은 국제학술회의, 프로젝트 협상 등이 있는데, 이것을 공공외교의 활동범주에 포함시키지는 않지만 이런 활동 중에도 어떤 측면에서는 간접적으로 국정과 정책을 전달하기 때문에 일정 정도 공공외교의 성격을 지닌다. 이렇게 공공외교로 불리는 다양한 활동은 다음과 같이 설명할 수 있다.

(1) 인터넷외교

정보통신기술의 발전과 보급에 따라 인터넷을 대표로 하는 새로운 기술은 이미 국제사회와 교류하는 네트워크의 하나가 되었다. 인터넷외교는 인터넷을 무대로 전개하는 외교활동이다. 중국국제라디오방송(CRI)에서 60여 개국 언어로 진행하는 국제온라인 홈페이지와 신화통신의 뉴스 전문 TV 방송인 중국신화뉴스망(CNC) 등이 그것이다. 이는 무선방송이 전파거리의 영향을 받는 단점을 극복한 상대적으로 저비용 고효율의 공공외교 방식이다.[7]

(2) 정당외교

이는 정당이 주체가 되어 진행하는 국제교류활동이다. 이러한 외교방식은 정부외교와 병행하여 각국 정계의 상호이해를 높이기 위한 고위지도층의 정치활동이다. 중국의 정당외교는 당 중앙 대외연락부에서 총괄한다. 현재 중국공산당은 이미 세계 140여 개 국가의 400여 개 정당 및 조직과 관계를 맺었으며 이 중 대다수는 집권당과 야당이다.

(3) Track 2 외교

이는 정부외교에 대응하는 또 다른 높은 수준의 공공외교활동이다. 여기에서 논의하는 내용은 일반적으로 상호 간 외교정책과 양국이 공동으로 관심을 갖고 있는 국제문제를 포함한다. Track 2 참가자들로는 퇴직관료, 학자, 사회활동가, 비정부조직 인사 등이 있다. 중국인민

7 미국에서 정의하는 '인터넷외교'는 이와 다르다. 국무장관 힐러리 클린턴은 2010년 1월 21일, 워싱턴에서 한 연설에서 "제한을 받지 않는 인터넷 접속을 보장하는 것이 외교정책의 가장 중요한 임무이다. 앞으로 1년 동안 우리는 기업계, 학술계, 비정부조직과 협력하여 인터넷 기술이 위력을 발휘할 수 있도록 계속적으로 노력할 것이며 이런 기술을 이용하여 우리의 외교목표를 달성하도록 추진해 나갈 것이다"라고 선포했다.

외교학회(이하 '외교학회')는 중국의 Track 2를 이끌어 온 가장 중요하고 활성화된 조직이다. Track 2 쌍방은 어느 쪽도 관변을 대표하지 않기 때문에 교류형식이 보다 솔직하고, 심도 있는 토론이 가능하다. 정부는 Track 2에서의 교류성과를 외교정책을 제정하고 실천하는 데 참고하기도 한다. 외교학회가 몇 년 동안 지속적으로 주최했던 활동으로는 '중 · 미 Track 2 고위급 대화', '중 · 독 대화포럼', '중 · 일 관계포럼', '중 · 한 고위급 민간교류 메커니즘'과 '중 · 독 전략관계 세미나' 등이 있다. 이런 대화 메커니즘은 양자관계의 발전을 위한 중장기적 문제를 토론하고 양국 정부에 정책 제안을 함으로써 민간관계의 장기적 발전에 새로운 활력소를 제공했다.

3) 중국 공공외교의 추진배경

개혁개방 30여 년 동안 중국의 국내발전과 더불어 국제환경과의 관계가 밀접해지면서 중국의 기본 국정, 가치와 관념, 발전의 길, 국내외 정책에 대한 타국 국민들의 이해와 인식을 높이는 것이 긴급한 당면 임무가 되었다. 따라서 중국이 공공외교를 강화하고 개척하는 것은 새로운 정세에서 국가의 전반적인 외교방향을 개선하는 데 필연적인 요구라고 볼 수 있다. 그 주요한 원인은 다음 세 가지로 요약할 수 있다.

첫째, 중국은 국제무대의 중심으로 들어왔고, 세계 각국과의 정치, 경제, 문화 및 인적 교류는 전례 없이 밀접해졌다. 중국공안부 출입국관리국의 통계에 따르면, 2009년 중국거주민이 국경을 출입한 횟수는 9,491만 5천 회(이 중 해외출국은 약 1,200만 회)이고, 외국인이 중국에 입국한 횟수는 4,372만 7천 회이다. 이처럼 중국인의 '세계공민'으로의 신분전환은 공공외교를 전개하는 데 많은 가능성을 열어 주었다. 민간차원의 국제교류에서 접하는 영역은 정부 간 교류를 훨씬 능가할 뿐만 아니라 이런 교류는 실질적이면서도 가장 자연스럽게 문화의 상호이해를 도모할 수 있는 방식이다.

중국의 영향력이 세계적으로 확대되고 중국에서 일어나는 일이 종종 세계의 일이 되기도 하며 수시로 국제여론의 주제가 되기도 한다. 자국의 이익과 중국의 연계가 갈수록 긴밀해지고 있기 때문에 많은 국가들은 중국에 대한 공공외교를 강화하려고 한다. 따라서 중국 국민이 국제사회와의 소통의 책임을 짊어지고 공공외교를 통해 중국의 국제담론력을 강화해야 하는 것은 시대적 요구이다.[8]

둘째, 공공외교는 서구세계가 중국을 전면적이고 정확하게 이해할 수 있는 중요한 방식이다. 여러 가지 역사적, 현실적 원인 때문에 일부 서구 국가에는 여전히 냉전적 사고방식이 만연하다. '냉전적 사고방식'이란 제 2차 세계대전 이후 양대 진영이 냉전기의 국제관계를 처리할 때 나타난 이데올로기이다. 오늘날 비록 냉전은 종식되었지만 일부 서구세력들은 인위적으로 대립적 이데올로기를 앞세워 중국과의 간극을 유지하고 있으며, 다른 신흥 개발도상국에서의 일이라면 문제되지 않을 사항도 중국에서 발생하면 무조건 반대하는 경향을 보인다. 이러한 편협한 사고방식으로 중국의 정책과 행동을 견제하려고 한다.

서구 언론은 중국을 심각하게 왜곡하거나 심지어는 공격적으로 보도하는 경우가 많다. 그들은 강력한 미디어그룹을 통해 '중국위협론' 등의 이슈를 끊임없이 조장하고 전파시킴으로써 중국에 대한 타국 국민들의 오해를 불러일으킨다. 예컨대, 중국의 정상적인 국방건설에

---

8 통상적으로 '담론권'은 담론권리(*right of discourse*) 또는 담론권력(*power of discourse*)으로 쓰이지만 대부분 후자를 지칭하면서 소프트파워(*soft power*)라고도 한다. 따라서 여기에서는 '담론력'이라고 사용하는 것이 좀더 정확하다. 이런 의미의 일본어인 '발신력'(發信力)은 '담론의 영향력'이라는 의미를 나타낸다. 담론력에 대한 자세한 내용에 관해서는 이 책 제 7장을 참고하기 바란다.

대해서도 군사패권을 장악하기 위한 것이라고 보도하고 중국의 각종 국내정책을 근거 없이 비판하며, 심지어 아프리카에 대한 중국의 원조 정책을 '신 식민주의'라고 모함하기도 했다.

셋째, 공공외교는 중국의 지속가능한 발전에 유리한 국제여론 환경을 조성할 수 있다. 현재 모든 국가의 발전은 자국의 국내정세와 국제환경의 제약을 받는다. 여기에는 정치, 경제적 상황은 물론이고 국제여론 환경도 포함된다. 우호적인 국제여론은 국가발전을 촉진시키지만 불리한 국제여론은 국가발전을 제약하기도 한다. 중국이라는 세계 최대의 개발도상국을 국제적으로 정확하게 이해시키기 위해서는 서구 언론이 공정하고 객관적으로 중국문제를 보도할 것이라고 기대하거나, 더욱이 오래전부터 존재한 이데올로기의 간극을 그들 스스로 메울 것이라고 기대해서는 안 된다. 따라서 중국문화, 중국특색의 사회주의, 국내외 정책 등을 포함한 중국의 진실한 상황을 해외에 제대로 소개하기 위한 관건은 무엇보다 중국 국민의 국제적 소통능력에 달려있다.

중국의 공공외교가 중국 국민의 국제적 소통능력을 제고하는 중요한 수단일 뿐만 아니라 동시에 정부외교를 지원한다는 사실은 의심할 여지가 없다. 예를 들면, 중국의 지속적인 수출증가는 무역마찰과 경제이익의 갈등을 야기했다. 이런 문제에 있어서는 국제무역에 종사하는 중국 기업인들이 중국의 경제개혁의 성과와 앞으로의 개혁방향(수출상품의 구조적 변화, 상품의 품질제고, 내수확대와 같은 일련의 조치 등)에 대해 구체적으로 설명하고 중국 경제발전의 기회를 어떻게 공유할 것인지에 대해 소개하는 일이 필요하다.

4) 효과적인 공공외교 전개방식

공공외교를 효과적으로 전개하기 위해서는 정부와 국민, 두 차원에서 노력해야 한다.

정부 차원에서는 국가 관련 부문, 특히 외교부는 자체의 공공외교업무(예컨대, 외국주재 대사관이나 영사관의 홈페이지 구축, 현지 언론과 각계 지도자들과의 일상 접촉 등) 외에도 외국과 접촉할 기회가 비교적 많은 각급 지도자와 공무원을 상대로 한 광범위한 공공외교 교육을 통해 공공외교 의식을 수립하고 공공외교의 기본방법을 익히게 해야 하며, 또한 국민들에게도 공공외교 이론을 보급시켜야 한다. 동시에 정부는 대학에서 미래의 공공외교 인재를 육성하도록 고취하고, 공공외교 강좌를 개설하여 대외개방이라는 사회적 수요에 부응하도록 해야 하며 이에 상응한 재원도 지원해야 한다.

국민 차원에서는 국제교류를 담당할 기회와 능력이 있는 기관, 조직과 국민들 모두 공공외교에 참여한다는 의식을 가져야 한다. 이러한 공공외교 참여의식은 자발적인 것이며, 또한 넓은 의미에서는 애국심의 표현이기도 하다. 따라서 국민들이 공공외교의 중요성을 자각하여 전통적인 공공외교의 개념을 확장할 필요가 있다. 즉, 중국 국민은 타국의 공공외교 대상인 동시에 공공외교의 적극적 주체가 되어야 한다는 것이다. 그리고 공공외교 활동에 자주 참여하는 인사들은 '내부적으로는 자국의 정세를 알고, 외부적으로 세계를 아는' 기본을 연마해야 한다. 중국의 진실한 상황을 세계에 알리는 것은 긴급하고도 장기적인 사업이다. 대외교류 과정에서 우리는 말할 줄 알아야 하고 들을 줄도 알아야 하며 토론할 줄도 알아야 한다. 그래야만 '수출'만 있고 '수입'이 없는 문제를 극복할 수 있다. 그런데 이런 능력을 연마하기 위해서는 자기수양의 제고, 능동적 학습과 글로벌한 안목의 배양이 요구된다. 국내외를 비교하는 학습과정에서 우리는 각국의 차이점을 세밀하게 파악해야만 세계 속 중국의 위상을 정확하게 인식할 수 있다.

대다수 국민 모두가 공공외교의 전문적인 프로젝트와 활동에 참여할 수 있는 기회를 가지는 것은 아니지만 국내외 각종 공공장소에서 보이는 국민들의 모든 행위는 국가이미지의 구체적인 표현형태이다. 이것은 우호적인 국가이미지를 발전시키고자 하는 공공외교의 목표와도 일치한다. 따라서 공공장소에서의 국민들의 행동, 교양과 풍모는 공공외교의 속성을 내포하며, 국가이미지의 중요한 원천이자 전체적인 공공외교 역량의 기초이다.

우수한 문명은 세대를 이어 육성되고 계승된다. 모든 사람들은 우수한 전통을 보존하고 선양함과 동시에 일상적인 습관에서 비롯되었거나 사회발전 과정에서 새롭게 나타난 나쁜 습성은 극복하기 위해 노력해야 한다. 엄밀히 말하면 이는 공공외교의 요구이자 민족발전의 요구이기도 하다. 이렇게 문명을 발전시키는 것은 정부의 독려만으로는 부족하며 국민들의 자발성에 의존해야 한다.

요컨대 공공외교는 광범위하고 장기적이며 기초적인 국제교류 행위로서 위대한 문화 간 교류의 대형 프로젝트이다. 또한 공공외교는 일종의 소프트파워[9]의 한 표현방식이다. 이런 표현방식은 문화적 그 속성 때문에 비교적 유연하고 직접적이며 쉽게 이해할 수 있다. 공공외교가 널리 실천되면서 갈수록 더 많은 사람들이 중국을 보다 정확하게 이해하게 될 것이고, '화이부동'(和而不同)이라는 중화문화의 요체를 터득하게 될 것임을 믿어 의심치 않는다.

9 'Soft Power'를 '연성권력'(軟性權力)이라고 하는데 이 책에서는 '소프트파워'라고 번역했다.

2. 새로운 공공외교: 조화로운 소통의 전지구적 네트워크

문화적인 이해와 존중은 모든 영역에서 상호이해의 기초이다. 다른 문화의 가치를 이해하고 존중하는 것은 새로운 공공외교가 지닌 무형의 경지이자 우수한 점이다. 이는 구체적인 어젠다와 사건, 분쟁과 차이를 넘어서 다른 국가의 국민들의 마음속에 소통의 기반을 구축하게 된다.

'조화사회' 이념은 중국문화사상이 구체적으로 표현된 세계관이다. 이 이념은 유네스코의 〈문화표현형식의 다양성을 보호하고 촉진하기 위한 컨센서스〉에서 제기한 모든 문명의 공존과 상호 포용'이라는 이념과도 일치한다. 중국 전통문화의 핵심은 '화'(和)의 이념이다. 중국어의 '화'에는 다양한 함의가 내포되어 있다. 예컨대 '화는 귀한 것이다'(和爲貴), '화이부동, 구동존이' 등이 있다. 우리는 중국인의 '화' 이념 추구가 다른 민족문화, 나아가 전 인류 공동의 추구와 크게 다르지 않다고 믿는다.

서로 다른 국가와 민족 사이의 문화적 대화는 인간의 가장 기본적인 대화이자 실무적 대화의 기초이다. 따라서 문화적 소통이 이루어진다면 정치, 경제, 군사 등 다른 영역의 실무대화는 좀더 쉬워질 것이다.

'조화로운 대화'의 전제는 특정한 인식을 넘어서는 것이다. '구름에 가려 보이지 않아도 두렵지 않은 것은 지금 내가 가장 높은 곳에 서 있기 때문이다'(不畏浮云遮望眼, 只緣身在最高層)라는 말이 있다. 높은 곳에 서 있으면 사소한 차이는 넘어설 수 있고 서로를 이해할 수 있다. 또한 높은 곳에 있을수록 시야가 넓어져 하늘과 땅을 함께 볼 수 있다. 예컨대 서로 다른 종교를 가진 신도들이 각자의 교회나 파벌 속에 갇힌다면 서로를 부정할 수밖에 없지만, 만약 궁극적인 차원에 올라선다면 상호이해가 가능해질 수 있다.[10]

공공외교는 인적교류, 미디어홍보, 문화교류와 언어예술 등의 방식으로 전개되어 자국의 이익에 기여할 뿐 아니라 글로벌 차원의 대화를 추진하는 동력이 되기도 한다. 이는 문화의 힘에 착안하여 문화 간 대화 속에서 상호이해와 공동체 의식을 증진해야 하는 것이다. 인류의 운명공동체를 구축하고 '조화세계'의 이상과 신념을 실현하는 측면이나, 어떤 국제질서를 구축하고자 하는 현실적 수요의 차원에서 보더라도 각국 국민들이 넓고 깊게 문화 간 교류에 참여할 수 있는 무대를 만드는 것이 필요하다.[11]

이미 각국은 공공외교에 대해 타국 국민들에게 자국의 이미지를 높여 자국의 이익을 도모하기 위한 것이라고 선언했다. 이러한 해석이 낳은 극단적인 결과 중 하나는 자국의 이익을 실현하기 위해 심지어 타국을 공격해서라도 자국의 위상을 높이려고 하는 것이다. 그러나 이는 운명공동체를 구축하고 '조화세계'를 실현하고자 하는 인류의 이상과 신념에 위배된다. 따라서 우리는 세계문명의 발전을 촉진할 수 있는 가치에 기초를 둔 새로운 공공외교를 만들어야 한다. 이러한 새로운 공공외교는 자국의 이익과 상대국의 이익을 동시에 고려하고, 상호존중과 이해에 기초한 '구동존이'의 전지구적 소통의 네트워크를 구축하는 것이다.

UN은 세계평화와 조화를 촉진시키는 정부외교 무대이다. 새로운 공공외교는 비록 헌장이나 건물은 없지만, 세계평화와 조화를 촉진시킬 수 있는 가상의 무대이며, UN의 '정부외교' 효과를 드높이기 위한 외부환경 조성에도 도움을 준다.

---

10 陳洪 · 丁峰, "好的對話: 智者的交流与反思－讀趙啓正与帕羅的(江邊對話)" 〈天津日報〉(2007. 2. 5).

11 胡百精, "公共外交的語境、內涵和形態", 〈國際公關〉(2009).

〈그림 1-2〉 글로벌 공공외교 네트워크 예시(4개국)

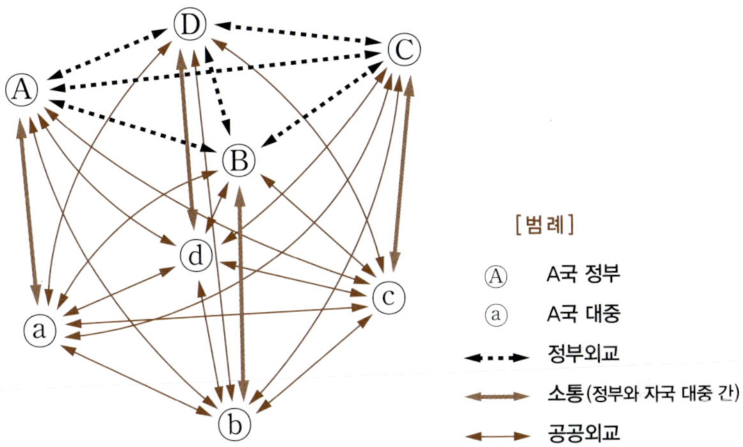

〈그림 1-2〉에서 정육면체의 여덟 개 꼭짓점은 새로운 공공외교 대화 시스템에서의 각국 정부와 국민을 대표한다. 서로 다른 모양의 쌍방향 화살표는 정부외교, 공공외교, 정부와 자국 국민들과의 소통을 의미한다. 이러한 정육면체 투시도에서 볼 수 있듯이, 새로운 공공외교는 전 지구적 범위의 입체적이고 전방위적인 대화형식을 제창한다.

이러한 글로벌 공공외교 네트워크에서 볼 때, 한 국가의 국민은 대체적으로 여러 국가의 정부와 국민들로부터 영향을 받으며 타국에 대한 한 국가의 국민인식은 다른 국가의 정부와 국민들과의 교류경험에 의해 결정된다. 이처럼 일국이 타국 국민들과 대화하는 과정에서는 타국 정부와 국민에게 간접적으로 정보를 전달하는 것에 유념해야 한다. 국제적으로는 이러한 다자적이고 복합적인 공공외교 네트워크의 상호교류를 통해 전 세계가 균형을 유지하고 조화를 실현할 수 있다.

3. 공공외교와 민간의 힘

서방 국가들이 국민을 공공외교의 객체로 보는 것과는 달리, 중국의 공공외교는 좀더 넓게 민간의 힘에 의지한다. 즉, 사회단체, 연구기관, 기업 등과 같이 국제교류와 대화에 종사할 기회와 능력이 있는 모든 기구와 개인들은 중국 공공외교의 힘이다. 다음에서는 중국 인민정치협상회의(이하 정협)와 기업의 공공외교기능을 사례로 이 문제를 분석한다.

1) 정협: 가장 적합한 공공외교 기구의 하나

정협은 중국의 중요한 정치기구로 정치협상, 민주감독, 참여의정의 역할을 하며 전국 정협과 각 지방의 정협 외사위원회는 대외우호사업을 적극적으로 실천해 왔다.

정협에 참가한 기관은 중국공산당, 8개 민주당파[12]와 무당파 인사, 공산주의 청년단, 노동조합, 여성연합회, 청년연합회, 상공연합회, 과학기술연합회, 대만연합회, 화교연합회 등 8개의 주요 인민단체, 중국의 56개 민족과 5대 종교단체의 대표자, 홍콩 · 마카오 · 대만 동포와 귀국동포의 대표, 기타 각계 인사 들이 있다. 정협 위원들은 이처럼 다양하고 폭넓게 구성되어 있기 때문에 자유롭게 외국, 각 영역의 기관, 조직과 사회 지도자층을 만나 깊이 있게 서로의 의견을 교환할 수 있다. 동시에 정협은 풍부한 대외교류 역사와 경험을 가지고 있다.

---

12 중국의 다당합작제도는 중국공산당과 8개 민주당파를 포함한다. 8개 민주당파는 중국국민당 혁명위원회, 중국민주동맹, 중국민주건국회, 중국민주촉진회, 중국농공민주당, 중국치공당(致公黨), 93학사(學社), 대만민주자치동맹 등이다.

정협의 대외교류는 '관변외교와 민간외교가 결합된 유연한 다양성'이라는 특징이 있는데, 이는 공공외교의 내재적 요구와 매우 유사하다. 더욱이 정협이 교류하는 대상과 그 범위는 일반적으로 대표성 있고 영향력 있는 조직과 인사들에 무게가 실려 있기 때문에 이런 고위급 교류는 '작은 노력으로 큰 성과'를 거두기도 한다.

정협은 공공외교를 가장 중요한 직무로 삼는 것이 시대적 요구에 부합하는 길이라고 생각하고 있다. 이를 위해 제 11기 정협 외사위원회는 공공외교, 국제관계, 대외경제라는 세 개의 특별부서(*small group*)를 만들었다. 이 중에서 공공외교 소조는 공공외교이론을 연구하고 공공외교지식을 보급하며, 공공외교실천을 전개하고 대외우호교류를 촉진하는 것을 임무로 삼고 있다. 한편 조사연구에 집중하는 다른 두 소조는 대외활동업무의 무게중심에 차이는 있지만 각각 상응하는 공공외교 임무를 담당하고 있다.

2) 기업: 공공외교의 중요한 역량

대외 커뮤니케이션은 오랜 역사를 갖고 있지만 대체로 여전히 정부의 직무범위에 국한된다. 따라서 대외 커뮤니케이션에서 다양한 사회조직의 역할을 보다 강화해야 한다. 만약 우리의 기업, 특히 성공한 대기업이 스스로의 발전과정에서 공공외교와 관련된 역할과 책임을 일부라도 담당한다면 새롭고 보다 광범위한 대외 커뮤니케이션 구조를 형성하는 데 기여할 수 있다.

기업의 사회적 영향은 경제력에 의해 결정되지만, 크게 보면 기업의 신용과 자사의 이익뿐만 아니라 현지의 이익도 함께 고려하는지 여부와도 깊은 관련이 있다. 국가전략 차원에서 볼 때, 기업은 경제이익을 추구하는 동시에 한 국가의 소프트파워의 사명도 짊어져야 한다. 예컨대 한 독일기업이 1907년(청조 광서 33년)에 건설한 란저우(蘭州) 시의 중산교(中山橋)는 란저우에서 가장 오랜 역사를 지닌 다리이며 실질적으로 황허(黃河)에 처음으로 세운 교량이라는 의미로 '천하황허제일교'(天下黃河第一橋)라고 불리기도 한다. 더욱 놀라운 사실은 1987년 보증기간이 끝난 후에 당시 이 다리를 시공했던 독일회사를 이어받은 회사가 란저우 시정부에 편지를 보내 계약기간 종료시점에 엔지니어를 파견하여 교량점검과 보수를 제안했다는 것이다. 이 독일회사의 신용이 독일의 국가이미지를 높이는 데 크게 기여했다는 것은 의심의 여지가 없다.

다국적 경제 네트워크는 어디서든 찾아볼 수 있기 때문에 공공외교에 기여할 수 있는 기업의 잠재력은 매우 크다. 중국경제가 빠르게 발전하는 상황에서 우수한 기업인은 사회 지도자층의 중요한 구성요소이다. 기업과 기업인들은 글로벌 비즈니스 활동과정에서 많은 국가의 다양한 사람들과 광범위하게 접촉하고 교류한다. 따라서 기업과 기업인은 공공외교의 중요한 역량으로 문화 간 교류에서 적극적 역할을 할 수 있다.

(1) 기업계의 국제교류활동: 공공외교의 한 형식

경제 글로벌화 속에서 국가를 넘어선 기업의 교류는 갈수록 증가하고 이에 따라 초국적 공공관계(*PR*) 활동도 강화되었으며, 양적 증가뿐만 아니라 다양한 형식과 함께 상당한 규모도 갖추게 되었다. 오늘날 기업은 이 과정에서 공공외교의 중요한 사명을 짊어지고 있다.[13] 기업이 주체가 된 대규모 국제활동은 경제영역에서의 교류 무대인 동시에

---

13 Ordeix-Rigo, Enric, Duarte, Joao, "From Public Diplomacy to Corporate Diplomacy: Increasing Corporation's Legitimacy and Influence", *American Behavioral Scientist*, Vol. 53, Issue 4, (Dec 2009) pp. 549~564, 16p.

공공외교의 무대이기도 하다. 예컨대 제네바 비즈니스 스쿨의 스와프(Klaus Schwab) 교수가 창설한 '세계경제포럼'(World Economic Forum, WEF, 일명 다보스포럼)은 이미 국제적으로 상당히 영향력 있는 민간경제회의로 각국의 공공외교활동에 소중한 무대와 기회를 제공하고 있다. 1999년과 2005년에 각각 상하이, 베이징에서 열린 '포춘(*Fortune*) 포럼총회', 2008년부터 톈진과 다롄에서 열린 '하계 다보스포럼' 등은 재계의 상호이해를 증진시켰을 뿐만 아니라 세계가 중국을 주목하게 하고 더 많은 사람들이 중국을 이해하도록 하는 계기가 되었다.

(2) 기업인과 기업정신: 새로운 공공외교 형성의 추동력

우수한 기업인은 사업에 성공했을 뿐만 아니라 비교적 인지도가 높고 사회적으로 영향력이 있다. 어떤 의미에서 이들은 여론의 핵심으로 사회적 책임도 크다고 할 수 있다.

많은 성공한 기업인은 국제화, 다원화, 사회화 수준이 상당히 높다. 또한 정신적 가치를 추구하고 사회적 책임을 중시하며 끊임없이 배우고 과감한 혁신을 통해 업계의 선두가 되기 위해 최선을 다한다. 이런 성공을 추동하는 요소들은 중국기업이 세계적 수준에 도달하는 데 기여하며, 세계의 주목을 받고 있다.

중국 기업인들이 국제무대에서 보여주는 것은 자신의 풍격과 기업문화에 그치는 것이 아니라 중국인의 정신세계와 문화까지도 포함한다. 이들은 외국인들에게 '차이나 스토리'를 말할 수 있는 더 많은 기회가 있다. 따라서 그들이 자신의 지식과 풍격으로 정확하고 쉽게 그리고 효과적으로 중국특색을 말해 준다면 외국인들이 쉽게 공감할 것이다.

이 밖에도 미디어 환경이 중요시되는 오늘날에는 한 기업인이 세운 미디어기업 자체가 공공외교의 중요한 도구가 될 수도 있다. 이와 관련한 전형적인 사례가 있다. 터너방송(Turner Broadcasting System,

TBS)의 터너(Ted Turner) 사장은 1980년 6월에 CNN(Cable News Network)을 세웠다. 이 매체는 전 세계에서 가장 영향력이 큰 방송매체로 미국의 입장에서 공공외교를 수행하는 데 중요한 역할을 하고 있다. 2010년 7월부터 전파를 보내기 시작한 BON(Blue Ocean Network)은 중국 민간기업이 투자한 방송국으로, 서구 주류사회를 대상으로 중국과 관련된 내용을 중심으로 24시간 방송한다. 이 민간 영어 TV 방송국 설립자는 구이판(顧宜凡)과 주거홍윈(諸葛虹云)이다. 이는 중국 민간기업이 능동적으로 공공외교에 개입한 하나의 사례이다.

4. 공공외교와 공공관계

공공외교(*Public Diplomacy*)와 공공관계(*Public Relations*)는 차이도 있지만 긴밀하게 연계되어 있기도 하다. 공공외교는 공공관계의 국제화이자 외교영역에서의 공공관계의 확장이다. 국제공공관계 네트워크는 공공외교의 기초이자 플랫폼이다. 오늘날 중국 공공외교의 등장은 당면한 국제여론 환경과 중국의 발전 현실의 객관적 요구이며 결코 단순한 공공관계를 연장하기 위한 것만은 아니다.

중국의 공공관계 연구는 이미 30여 년의 역사를 가지고 있다. 그러나 이에 비해 공공외교는 비교적 새로운 개념이다. 그럼에도 불구하고 공공외교와 마찬가지로, 지금까지 연구자들 사이에 공공관계에 대한 합의된 정의가 없다. 현재 일반적으로 사용되는 공공관계에 대한 몇 가지 정의를 통해 볼 때, 다음과 같은 컨센서스가 있다. 즉 "공공관계는 일종의 상태로, 어떤 기구와 관련 국민들 간에 존재할 수 있는 각양각색의 관계이다. 공공관계는 일종의 활동으로, 그 목적은 어느 기구가 좋은 이미지를 만들기 위한 것이다. 공공관계의 주체는 일반적으로는 관련기구이고 국민은 객체가 된다. 건강한 공공관계는 사회의 조화에 도움이 된다."

공공외교는 국제공공관계 네트워크의 기초 위에서 수립되었지만 공공관계보다 복잡하고 더 많은 정치적 함의를 내포하고 있다.

양국 간 교류는 민간의 친선에 그 방점이 있다. 민중의 관점은 여론이나 기타 방식을 통해 정부의 외교정책에 영향을 미칠 것이다. 따라서 평화롭고 패권을 추구하지 않는 공공외교는 정부 간 또는 국가 간 관계를 발전시킬 수 있으며, 다양한 형식의 공공관계 활동도 공공외교를 위한 자원과 플랫폼을 제공할 것이다. 각종 공공관계 전문조직, 예컨대 중국 곳곳의 공공관계협회는 많은 엘리트를 국제업무에 참여시켜 공공외교에서 제 역할을 발휘하도록 해야 한다.

5. 국제포럼: 공공외교의 중요한 플랫폼

최근 중국이 주최하거나 외국과 함께 주최한, 2개국 또는 여러 국가의 인사들이 참여한 국제포럼은 공공외교의 중요한 채널이 되었다. 국제포럼에 참여하는 사람들은 정부관리를 비롯하여 기업계, 학계, 언론계의 민간인사 등으로 다양하다. 국제포럼은 엄선된 주제를 놓고 발제와 토론이 이루어지는 등 내용이 풍부하며 대화방식도 유연하다. 정치, 경제, 문화, 과학기술 등 다양한 의제를 둘러싸고 양자 또는 다자간에 깊이 있게 교류함으로써 공공외교의 중요한 플랫폼이 되고 있다. 이를 '21세기포럼'과 '베이징-도쿄포럼'의 사례로 설명하고자 한다.

1) 21세기포럼

'21세기포럼'은 우수한 공공외교 플랫폼이다. 수준이 높고, 학술적 성격을 가진 국제적 다자교류활동이다. '21세기포럼'은 세계발전의 큰 흐름과 전 인류가 공동으로 관심을 가지는 중요한 문제에 대해 국내외 유명인사, 전문가와 학자들을 초청하여 세미나를 개최한다. 이 포럼은 '이해를 증진하고 우의를 돈독히 하며 협력을 촉진한다'는 원칙 속에서 대 주제에 대해 허심탄회하게 발언하고, 차이를 인정하면서 같은 것을 추구하고(求同存異), 상호존중을 강조한다. 이곳에 참여한 사람들은 평등, 자유, 객관, 이성, 실용적 교류를 통해 평화롭고 번영된 새로운 세기를 개척하는 데 크게 기여하고 있다.

'21세기포럼'은 8기 정협 때부터 5년마다 지금까지 네 차례 열렸다. 2010년 9월에는 '새로운 정세, 새로운 도전, 새로운 이념: 협력과 상생의 길 모색'이라는 주제로 열렸다. 여기에는 일본의 전 수상 후쿠다, 독일 전 총리 슈뢰더, 러시아 전 총리 프리마코프, 나이지리아 전 대통령 오바산조 등 여섯 명의 외국정부 전직 수뇌부가 참석하여 개막사를 했고, 25개 국가와 지역, 7개 국제조직의 43명의 전문가와 학자들이 내빈으로 참석해 6개 전문주제에 대한 세미나를 진행했다.

'21세기포럼'은 정협이 다자교류를 진행하고 국제협력을 촉진하는 플랫폼이자 공공외교를 실천하고, 중국특색의 민주정치를 보여주는 창구로써 국내외에서 많은 주목을 받고 있다.

2) 베이징-도쿄포럼

2005년은 중 · 일관계가 냉각된 한 해였다. 양국의 언론계와 학술계, 그리고 민간단체의 지식인들은 공공외교의 전도가 유망하다는 것과 그에 대한 자신들의 책임을 자각하고 있었다. 중국의 관영 영자신문이자 중요한 대외교류의 축인 *China Daily*는 베이징대학, 일본 정계와 학계의 중요한 영향력이 있는 민간단체인 '언론 NPO'와 함께 미래지향적이며 품격 있는 '베이징-도쿄포럼'을 함께 만들었다. 이 포럼에서 양국의 정치, 경제, 언론, 학술 등 다양한 분야의 지도층 인사들이 중 · 일 관계 발전에 관련된 다양한 문제들을 토론하고 소통했다.

'베이징-도쿄포럼'에는 다음과 같은 세 가지 특징이 있다. 첫째, '포럼'을 주최한 곳은 비정부기관이지만 양국에서 모두 중요한 위상을 가진다. *China Daily*는 중국의 주류 영자지이고 중국 대외 미디어의 주력이며 일본의 '언론 NPO'도 일본의 정치, 언론, 산업경제 등 각계 지도층 인사들을 하나로 결집시킨 초당파조직이다.

둘째, '포럼'은 민간형식이었지만, '민간이 정부를 움직이는 데'(以民促官) 적극적인 역할을 했다. 2006년 8월에 열린 제 2차 '포럼'에서 필자는 이 '포럼'을 플랫폼으로 삼아 중 · 일간 공공외교를 적극적으로 추진할 것을 제안했고, 일본 측으로부터 적극적 호응을 얻었다.

셋째, 중 · 일 양국의 주요 언론매체, 언론연구기관의 책임자와 학자들이 회의에 참석했다. 언론매체는 양국 국민들이 상대국을 이해하는 주요한 통로이자 중 · 일관계 발전에 중요한 영향을 미친다. 수년 동안 중 · 일 양국 언론이 '베이징-도쿄포럼'을 적극적으로 알려 양국 국민들이 객관적이고 전면적으로 상대방을 이해하는 데 크게 기여했다.

중 · 일 양국은 '포럼'을 만들면서 매년 한 차례씩 양국이 교대로 개최하기로 합의했다. 양국은 이 '포럼'이 양국 간 지도층 인사 교류에 있어 중요한 공공외교 플랫폼으로 자리매김하고, 아시아에서 점차 세계 다른 지역으로 그 영향력을 확산시키기 위해 노력하기로 했다.

2005년부터 지금까지 모두 여섯 차례 '포럼'을 개최했는데 그동안 논의되었던 의제는 다음과 같다. '아시아의 미래를 구축하자-중 · 일관

계: 어려움과 희망, 새로운 아시아의 미래를 향해', '새로운 중 · 일관계를 건설하자', '중 · 일 전략적 호혜관계와 아시아의 미래', '아시아의 미래와 중 · 일의 역할', '세계경제위기 속의 중 · 일 협력', '아시아의 미래와 중 · 일의 공헌' 등이다.

중국의 국무위원 다이빙궈(戴秉國)는 중국 정부를 대표하여 여러 차례 '베이징-도쿄포럼'을 높이 평가했다. 2010년 8월에 개최된 제6차 '포럼'에서는 축사를 통해 '포럼'이 "이미 중 · 일 양국 간 가장 중요한 공공교류의 플랫폼이 되었고, 중 · 일 양국의 건강하고 안정적인 발전에 적극적인 의의를 지닌다"고 평가했다.

또한 일본 지도자들도 '베이징-도쿄포럼'을 매우 긍정적이고 적극적으로 평가했다. 2006년 8월, 도쿄에서 개최된 제2차 '포럼'에 당시 수상으로 부임할 예정이었던 아베 신조가 회의장에 참석하여 중 · 일관계는 경제와 정치라는 "두 바퀴가 함께 굴러갈 수 있기를 원한다"고 말하여 중국에 명확한 정치적 신호를 보내기도 했다. 2008년 9월, 도쿄에서 개최된 제4차 '포럼'에는 후쿠다 수상이 축사를 통해 '베이징-도쿄포럼'은 매년 거행되는 중 · 일관계의 중요한 활동으로 발전했다고 지적하면서 "중 · 일관계의 미래에 대해 선도적 역할을 하고 있다. … 지혜로운 토론을 적극적으로 전개하고 있다"고 평가했다. 2009년 11월, 제5차 '베이징-도쿄포럼'은 다롄(大連)에서 개최되었는데 당시 하토야마 수상은 축사를 통해 이 포럼이 중 · 일관계에 미친 긍정적인 영향을 평가했을 뿐 아니라, "매년 포럼에서 실시한 중 · 일관계에 관한 여론조사는 양국 국민들의 상호이해를 도모하는 데 매우 소중한 자료다"라고 밝혔다. 2010년 제6차 '포럼'에서 일본 관방장관인 센고쿠 요시토도 중 · 일관계의 발전에 미친 '베이징-도쿄포럼'의 역할을 높이 평가했다.

6. 상하이 엑스포: 공공외교의 큰 무대

2010년 5월 상하이 엑스포가 성대하게 개최되었다. 베이징 올림픽의 성공적 개최에 이어 상하이 엑스포는 또 다시 전 세계의 이목을 중국에 집중시켰다. 상하이 엑스포는 중국 국민들이 공공외교에 참여할 수 있는 절호의 기회였고 세계가 중국을 전면적으로 이해하는 기회이자, 중국 또한 가장 진정한 중국의 모습을 세계에 선보이는 기회였다.

상하이 엑스포의 방대하고 복잡한 준비작업과 6개월간의 운영과정에서 '정부 대 정부'의 조약 체결식, 다른 정부 지도자들이 함께 참석한 현장활동과 관련회의를 제외한 모든 국제교류행위는 '공공외교' 범주에 속했다. 이 범주에 포함되는 활동은 일국의 정부와 타국의 민간기구 사이, 각국 비정부조직 사이의 교류활동, 각종 국제포럼과 예술공연 등 수없이 많다. 이런 교류형식을 통하여 엑스포 조직자, 스태프와 자원봉사자들은 풍부한 공공외교를 경험했다.

또한 엑스포에 참여한 246개 국가와 국제조직들에게도 상하이 엑스포는 중국과의 공공외교를 추진하는 큰 무대였다.

중국은 개혁개방을 추진한 30여 년 동안 사회적으로 크게 변모했다. 세계무대에서도 중요한 역할을 하게 되면서 세계의 주목을 받았다. 의심의 여지없이 참여한 모든 국가들에게도 상하이 엑스포는 공공외교를 추진하는 소중한 무대였음에 의심의 여지가 없다. 각국 전람관을 찾은 연간 약 7,300만 명에 달하는 관중(5%가 외국인)과 TV 등 매체를 통해 '간접적으로 참관'한 수억 명에 이르는 중국 관중들에 대한 상하이 엑스포 참가국의 기대치는 매우 높았다.[14] 상하이 교통대학 인문예

---

14 *Los Angeles Times*(2010. 7. 16)는 "만약 미국이 상하이 엑스포에서 전달한 정보를 무의미하다고 생각한다면 그것은 틀린 생각이다. 7천만 명의 중국인이 엑스포를 참관하러 오는데, 세계 각국이 어떻게 자신을 표현하는가 하는

술연구원의 조사보고서인 〈상하이 엑스포: 각국 공공외교의 큰 무대〉에 따르면, 79%에 달하는 관중들이 전람관을 방문하여 그 국가에 대한 이해를 높였다고 분석했다.

점은 중국인이 그들을 어떻게 바라볼 것인가 하는 점에 영향을 미칠 것이다. 나아가 정치, 경제, 문화에도 커다란 영향을 미치게 될 것"이라고 보도했다. AFP(2011. 2. 14)도 미국 상원 국제관계위원회 보고서에서 공공외교에 대한 미국의 예산이 부족하다고 비판적으로 보도했다. 예컨대 미국인들이 상하이 엑스포에 무관심하여 미국관의 디자인이 매우 실망스러웠다는 것이다. 이 보고서는 또한 엑스포가 양자관계에 있어서 영향력을 발휘할 수도 있는데 미국이 기회를 잘 잡아야 했었다고 밝혔다.

02

국제여론

국가발전의 중요한 배경

공공외교의 기본임무 가운데 하나는 국가의 국제여론 환경을 최적화하는 것이다. 국가발전에 영향을 미치는 요인은 내부요인과 외부요인으로 구분할 수 있다. 내부요인에는 정치제도와 정책, 문화전통, 문화수준(평균교육정도 등), 경제구조, 자연자원 등이 있다. 이러한 요소들을 종합한 것이 국가발전의 기초가 된다. 외부요인에는 정치, 군사, 경제, 문화, 여론 환경 등이 있다. 내부요인과 외부요인은 상호작용하여 결과적으로 국가발전에 도움을 주기도 하고 때로는 제약이 되기도 한다. 이것은 정책 수립과 객관적 조건 등과 깊은 관련이 있다.

국제여론 환경은 국가발전에 영향을 미치는 중요한 외부환경이다. 간단히 말해, 국제여론 환경이란 어느 국가에 대한 국제사회의 비교적 고정된 이미지와 수시로 변화하는 평가를 의미한다. 국제여론은 국제사회의 형성과 함께 탄생했다. 어느 국가, 민족, 정당, 유명인사를 막론하고 그들의 국제적 이미지는 국제여론 속에 자리 잡고 있으며 국제여론의 영향을 크게 받는다.

1. 여론으로 '국가인연' 맺기

사람들에게 인연이 있는 것처럼 국가에도 인연(國緣)이 있다. 국가인연이 좋은 국가는 신뢰도 높고 세계적으로 영향력도 크며 자국의 이익을 위한 국제활동에 지불하는 '비용'도 낮다. 그러나 '국가인연'은 '사람의 인연'처럼 결코 그 나라, 그 사람의 실제적인 품격과 완전히 일치하는 것은 아니다. 이것이 바로 여론의 편차이다.

경제 글로벌화, 세계 다극화로 인해 정보에 대한 수요가 급증했고, 이와 동시에 디지털 정보통신기술이 발전을 거듭하면서 신속하고 광범위한 정보의 전파가 가능해졌다. 이 두 가지가 결합되어 이제는 국제정보가 전 세계적으로 전파되는 시대이다. 국제적으로 정보가 유통되는 과정에서 서방 국가들은 그들의 탄탄한 실력과 언어적 우위로 미디어에서 독점적 지위를 차지해 왔다. 전 세계 대부분의 지역에서 중국과 관련된 그들의 보도는 중국매체들보다 널리 전파되고 그 영향력도 크다.

1) 당면한 여론 환경

현재 서방의 대 중국 여론은 매우 복잡하다. 전체적으로 볼 때, 그들은 비록 중국의 경제발전을 인정하고, 중국의 중요한 시사정보를 제때에 보도하지만 그 내용을 선정하고 논평할 때는 부정적인 편견이 밑바탕에 깔려 있다. 그들은 항상 이데올로기와 상업적 이익에서 출발하여 중국과 관련된 '핫이슈'들을 비꼬거나 심지어 조작하기도 한다.

첫째, 인권문제이다. 그들은 이른바 인도주의적 개입을 현대외교의 이론적 기초로 삼고 있다. 예컨대 미국은 매년 3월 〈국가별 인권보고서〉를 발행하여 130~190여 개 국가의 인권상황을 비판하지만 지금까지 한 번도 자국의 인권문제를 언급한 적은 없다. 이 중에서도 중국을 비판하는 분량이 가장 많고 실제에 부합하지 않는 내용들도 많다. 이런 상황이 수년간 지속되었지만 그들은 지치지 않는다. 이에 대응하여 중국 국무원 신문판공실에서도 매년 〈미국인권기록〉을 통해 미국의 인종차별, 성차별, 총기은닉, 불공정 선거, 마약, 사법의 불공정성 등과 같은 현상을 폭로한다. 매년 미국의 〈국가별 인권보고서〉가 발표되면 수일 내에 이 〈미국인권기록〉도 발표하는데, 이것은 미국의 보고서에 대한 '보완'이자 '의문'이다. 우리는 중국인의 인권이 해마다 신장되고 있다는 사실을 대외적으로 알릴 책임이 있다. 국무원 신문판공실은 일상적 브리핑 이외에 격년마다 《중국인권사업발전백서》를 발간하고 있으며 〈인권〉이라는 잡지도 발행하고 있다.

둘째, 티베트문제이다. 서방매체는 그동안 티베트의 발전과 개선된 상황을 무시한 채, 중국의 티베트정책을 공격해 왔다. 그러나 최근에는 티베트의 살아있는 부처(역주: 前生活佛의 약칭으로 티베트불교의 수장임), 문화사업 종사자, 티베트 의사(역주: 티베트족의 전통적인 방식으로 병을 치료하는 의사) 또는 과거의 농노들까지 끊임없이 해외에 나가고, 그들이 직접 겪은 티베트의 변화를 세계에 전달한다. 동시에 중국 정부는 티베트에 많은 외국기자와 티베트 전문가들을 초청하여 티베트에 대한 기존의 오해를 풀고 사실을 밝히는 효과를 거두었다.

셋째, 타이완문제이다. 이것은 미국을 중심으로 한 서방국가들이 중국내정에 간섭하기 위한 일종의 카드이다. 그동안 중국당정은 다양한 형식으로 타이완 당국과 대화를 계속했고, 민간에서도 타이완문제와 관련한 많은 글을 발표했다. 우리의 목적은 타이완 민중들에게 '평화통일, 일국양제(一國兩制)'의 진의를 알리고, 중국 국민은 평화적 방식으로 타이완과 통일하기를 진정으로 바란다는 사실을 세계에 알리는 것이다. 또한 우리는 타이완문제를 다루는 전문사이트를 개설했는데 타이완 국민들의 접속이 증가하고 있다. 양안(兩岸) 해협에서는 이 사이트를 통해 의견을 나누고 서로의 마음을 전하기도 한다.

넷째, 종교문제이다. 이것은 서방매체들이 오랫동안 선동해 온 낡은 의제이다. 미국은 〈국가별 인권보고서〉의 상당분량을 할애하여 중국의 종교정책을 비판했다. 그러나 사실상, 현재 중국종교의 발전은 과거 그 어느 때보다도 빠르고 신도의 수도 역사적으로 유래 없이 증가하고 있다. 또한 많은 종교활동 장소가 복구되거나 새롭게 세워졌다. 그리고 종교, 신학을 연구한 서적들이 대량 출판되었고 많은 서점에는 종교서적 전문코너가 생겨났다.

이러한 '핫이슈'들은 국제여론에서 중국이 처한 환경과 직접 관련되어 있기 때문에 공공외교 활동에서 진지하게 대응해야 한다.

2) 중국문제에 대한 능동적 설명

중국 대외홍보의 기본임무는 중국의 진실한 상황을 전 세계가 보다 잘 이해하도록 하고, 중국특색의 사회주의를 건설하는 데 우호적인 국제여론 환경을 조성하여 중국의 개혁개방과 사회발전에 기여하는 것이다.

세계적 범위에서 볼 때, 중국에 직접 올 수 있는 사람은 소수에 불과하고 외국인의 방문만으로는 전 세계 사람들에게 중국을 이해시키는 문제를 해결할 수도 없다. 따라서 세계에 진실한 중국을 알리기 위해서는 대외적으로 중국을 설명하는 강도를 높이고, 국제사회와의 상호이해를 증진시키는 과정에서 진실한 중국 이미지를 홍보해야 한다.

'세계에 중국을 설명하자'는 내용에는 중국의 사회제도, 대내외정책, 사회발전상황, 역사와 문화를 포함해야 하고 수시로 중국문제에 대한 외국인들의 질문에 대답할 수 있어야 한다.

대외적으로 중국을 설명할 때, 발전과정에서 나타나는 여러 문제에 대해 반드시 사실대로 설명해야만 한다. 예컨대, 도농 간, 지역 간 경제와 사회발전은 여전히 불균형이 있고, 국민들의 이익과 직접 관련된 노동취업, 사회보장, 소득분배, 교육위생, 주민주택, 생산안전, 사법과 사회치안 등에서 여전히 많은 문제가 있으며, 부패현상도 심각하다는 것 등이다. 만약 성공한 것만 언급하고 문제점을 말하지 않는다면 이는 진실한 중국을 말한다고 할 수 없고 다른 사람들도 이 사실을 믿지 않을 것이다. 심지어 우리가 전달한 모든 정보의 신뢰성에도 영향을 미칠 수 있다. 대외적으로 진실한 중국을 설명한다는 것은 자신감의 표현이며, 이러한 자신감은 우리의 발전방향의 정확성과 문제점을 극복할 수 있다는 믿음에서 나온다.

2. 국가안보와 국제 여론의 역할

여론홍보는 각국의 정치, 외교, 경제, 무역의 전략적 무기이며 역사적으로도 중대한 역할을 했다. 제 2차 세계대전 이후 수십 년의 냉전기에도 여론은 국가정권의 변화와 세계 역사의 진전에 매우 중요한 역할을 했다. 국가 안보에 미치는 여론의 역할을 중시함에 있어, 우리는 반드시 국가 이익을 수호하는 넓은 국면에서 출발해야 한다.

마오쩌둥(毛澤東)은 옌안(延安)에 있을 때 "붓과 총을 가지면 모든 문제가 해결될 것"이라고 말했고, 아이젠하워(Dwight Eisenhower)도 "1달러의 대외선전비용은 5달러의 국방비와 같다"고 했다. 아이젠하워는 대통령 재임기간 동안 미국 해외공보처(U.S. Information Agency, USIA)를 설치했고, VOA(Voice Of America, 미국의 소리)는 "국경을 넘고 바다를 건너 철의 장막과 장벽을 뚫고 공산주의와 맞서 싸워야 한다"고 했다. 그러나 닉슨이 '워터게이트(Watergate) 스캔들'로 좌절하고 탄핵받을 처지에 놓였을 때, "세 군데의 비우호적인 신문이 천 개의 칼날보다 더 무섭다. … 매체는 이미 국가권력의 중요한 자원으로 자리 잡았다"고 말하기도 했다. 바로 이러한 여론의 중요성을 인식하면서 미국의 역대 대통령은 모두 여론의 역할을 중시했고, 이를 국가전략, 특히 대외전략의 중요한 수단으로 활용했다. 예컨대 1999년 미국 해외 공보처는 신설된 '글로벌 통신국'(Office of Global Communications)에 편입되었다. 이 통신국은 백악관 직속이며 주요한 임무는 다음과 같다. 첫째, 미국의 대외홍보방식과 정책을 평가하고 관련기관들과 협력하여 미국의 커뮤니케이션의 틀과 전략에 따라 선전내용을 중점적으로 기획한다. 둘째, 정책결정기관과 매체 등 관련기관과 대외홍보 전략을 함께 만들며 미국의 정책과 문화를 진실하고 정확하며 효과적으로 전파하여 외국정부와 협력한다. 그들은 미국의 통신사가 '미국이 좋다'고 말하는 것도 중요하지만 외국이 미국을 좋다고 인정해야 미국이 진정으로 좋은 것이라고 생각했다.

어느 국가가 자국의 정치, 경제, 문화정보를 홍보하고 국제여론을 이끄는 능력은 나이(Joseph Nye, Jr.)가 정의한 '소프트파워'(*Soft Power*)의 범주에 속한다.[15] 오늘날 강대국은 일상적인 대외 커뮤니케이션 사업 외에도 작게는 UN에 호소하여 제안이나 국제 정상회담을 통과시키는 것부터 크게는 전쟁을 일으키는 것까지 모두 '군대가 움직이기 전에 여론이 먼저 움직인다'(兵馬未動 輿論先行). 예컨대 미국이 코소보, 아프가니스탄, 이라크에서 전쟁할 때도 모두 '여론폭탄'을 던진 후에 'B-2'와 'F-117' 전투기가 출동했다.

여기에서 알 수 있듯이 여론의 고지를 먼저 장악하면 비록 일시적이

15 Joseph S. Nye, 《軟實力和硬實力》(北京: 北京大學出版社 2005).

고 단기적일지라도 기선을 제압하고 주도권을 장악할 수 있고, 국제사회와 자국민들의 '이해'와 '지지'를 획득할 수 있다(물론 국민들을 설득하기 위해서는 공개한 정보와 관점이 시간이 지나면서 검증을 통과해야 한다). 이른바 '여론의 고지를 장악한다'는 것은 바로 세계 각지에 포진된 기자, 많은 방송과 언론매체(특히 글로벌 커뮤니케이션 채널을 가지고 있어야 함)를 통해 먼저 특종기사를 내고 분명한 평론으로 국민들을 자신의 방향으로 유도해야 하는 것이다.

미국을 중심으로 한 서방매체들은 국제여론 구조에서 독점적인 지위를 차지하고 있다. 전 세계 중요한 국제뉴스는 주로 3대 통신사인 AP(The Associated Press), Reuters, AFP(Agence France-Presse)와 4대 방송국(ABC, NBC, CBC, CNN), 3대 신문사(*The New York Times*, *The Washington Post*, *The Wall Street Journal*), 3대 주간지(*Time*, *Newsweek*, *The Economist*), 그리고 페이스북, 트위터 등 소셜 네트워크 서비스(SNS)를 통해 전파되고, 이를 통해 여론의 흐름이 결정된다. 비록 중국의 대외 커뮤니케이션이 최근 몇 년간 크게 발전했지만, 서방의 목소리도 동시에 커지고 있기 때문에 영향력은 여전히 제한되어 있다.

03

신문대변인 제도

뉴스브리핑은 제때에 국내외 여론을 이끄는 효과적인 방식 중 하나이다. 제공하는 정보의 권위와 적시성 때문에 뉴스브리핑은 항상 가장 신속하고 효과적으로 국내외 주류매체들의 보도를 이끌고 영향을 줄 수 있다.

새로운 사회발전 정세 속에서 뉴스브리핑 사업을 개선하고 정비하는 것은 긴급한 과제이다. 왜냐하면 이 사업은 적극적인 사회여론을 형성하고 사회발전과 사회안정을 유지하는 데 중요한 역할을 하기 때문이다. 기존의 기초 위에서 국무원, 국무원 산하의 각 부서와 지방정부라는 세 차원에서 뉴스브리핑 제도를 개선하여 보도의 양을 늘리는 한편 보도의 질도 높여야 한다. 이렇게 하면 대내적으로는 정부정책의 투명성을 높이고 국민들이 국정을 이해하고 정부를 감독하고 지지하는 데 유리하다. 그리고 대외적으로는 국제사회에 진실한 중국을 보여주어 국제사회가 중국을 정확하게 인식하게 하는 데에 유리하다.

1. 뉴스브리핑: 대내외 여론을 이끄는 효과적 방식

미디어는 시시각각 여론을 이끈다. 미디어는 의제를 설정하고 여론을 주도하는 능력을 지닌다. 미디어가 선택한 의제와 논평이 모두 여론 유인의 방법이다. 주의해야 할 점은 미디어 자체도 여러 가지 요인의 영향을 받기 때문에 각급 뉴스브리핑은 미디어와 언론종사자들을 이끄는 중요한 방식의 하나가 될 수 있다.

어떤 국가에서든 자국에 유리한 국제여론 환경을 만드는 것은 자국 미디어가 중심이지만 외국 미디어의 힘도 빌려야 한다. 미국의 글로벌 통신국은 공개적으로 외국 미디어나 기자들이 미국에 유리한 보도를 하도록 촉진해야 한다고 말했다. 도쿄의 외신기자클럽을 방문한 적이 있는데, 이 클럽은 민간기구가 기획하고 관리하고 있었다. 이 클럽의 책임자는 다음과 같이 말했다. "대부분의 외국 신문은 일본기자들의 보도를 인용하는 경우가 드물다. 따라서 이 클럽에서는 일본에 관련된 자료를 외신기자들에게 제공하고 가능한 한 자주 기자회견을 열었다. 이는 외국 미디어들이 일본을 보도하는 데 긍정적인 역할을 했다."

뉴스브리핑은 외국 미디어와 기자를 이끄는 가장 중요한 방식이다. 뉴스브리핑 제도는 국제적으로 통용되며, 특히 선진국은 오랜 역사를 갖고 있다. 이라크전쟁을 되돌아보면 여론전쟁의 어려움과 여론전쟁, 기자회견의 중요성을 다시 한 번 확인할 수 있다. 미국과 이라크의 전쟁은 포격전과 여론전을 병행했으며, 사실상 여론전이 선행되었다. 미국은 모든 선전기구를 동원하여 단 1개월 내에 이라크정권의 '전횡'과 사담 후세인의 '독재'를 남김없이 드러냈다. 전쟁이 시작되자 이라크 당국은 매일 수차례의 뉴스브리핑을 열어 미국에 강력하게 반격했다. 그 당시 이라크 기자회견은 몇 개 사단의 전투력과 같았다고 평가하는 사람도 있을 만큼 뉴스브리핑의 역할을 충분히 확인할 수 있었다.

중국이 다층적인 뉴스브리핑 제도를 건립하려는 목적은 대내적으로는 국민들과 소통하고 국민의 알 권리를 보장하며, 국민의 감독을 받기 위해서이다. 한편 대외적으로는 중국의 국정과 정책을 세계에 설명하고 의문점과 오해를 풀어 우호적인 국제여론 환경을 위한 조건을 만들기 위해서이다.

2. 신문대변인 제도의 발전과정과 현황

중국정부의 뉴스브리핑 업무는 1950~60년대로 거슬러 간다. 당시 외교부에서는 필요할 때마다 기자회견을 했다. 이 중에서 가장 인상적인 것은 1965년 부총리 겸 외교부장이던 천이(陳毅)의 기자회견이었다.

1982년 초부터 중국의 뉴스브리핑 사업은 규범화된 방향으로 발전하기 시작했다. 당시 국무원 신문판공실의 전신인 중앙대외선전영도소조가 〈대변인제도 설립에 관한 제안〉을 제출했다. 그리고 중앙서기처의 동의를 거쳐 당중앙 선전부와 중앙대외선전영도소조는 1983년 2월에 〈대변인제도 설치와 외신기자 사업 강화에 관한 의견〉을 발표한 후, 외교부와 대외관계가 많은 국무원 각 부서가 이 제도를 도입하여 정기적 또는 비정기적으로 뉴스브리핑을 시행할 것을 지시했다. 이에 따라 외교부는 시범적으로 기자회견을 개최하는 한편 점차 뉴스브리핑 제도를 정착시켰다. 이후 국가통계국 등 관련기관도 신문대변인을 두고 정기적으로 뉴스브리핑 제도를 실시했다.

지방정부 차원에서는 2000년 전후로 뉴스브리핑 제도를 도입하기 시작했다. 베이징, 상하이, 광둥, 난징 등은 뉴스브리핑 제도를 일찍 도입해 활성화시킨 도시들이다.

2004년 말 중국정부는 국무원 신문판공실, 국무원 관련부처, 성급 정부, 세 차원에서 뉴스브리핑과 대변인 제도를 도입했다. 지금은 당위원회에서도 대변인 제도를 실시하기 시작했다. 중공중앙기율검사위원회, 중공중앙조직부, 중공중앙선전부 등 10여 개 부문이 대변인을 두었고 지방 당위원회에도 대변인 제도를 도입하기 시작했다.

중국에서 뉴스브리핑 제도가 보편적으로 도입되면서 정보화시대에 정부 뉴스브리핑은 중국정부가 공공관리를 진행하는 일상적인 업무가 되었고 대외 커뮤니케이션의 중요한 플랫폼이 되었다. 다시 말해, 미디어 보도의 중요한 내용을 제공하는 역할을 넘어 전반적 사회생활의 중요한 부분으로 자리 잡았다. 대변인 제도를 지속적으로 개신, 발선시키고 기자회견을 규범화하여 효과적으로 개최하는 것은 중국 대외 커뮤니케이션의 중요한 부분이 되었다. 이것은 또한 세계를 향해 중국정부가 신속하고 효과적으로 중국의 입장을 전달하는 가장 좋은 방식의 하나가 되었다.

중국이 명실상부하게 국제정치와 국제경제에서 점차 중요한 역할을 맡게 되면서 중국 외교정책도 국내외로부터 보편적인 주목을 받게 되었다. 중국은 UN안보리 상임이사국이다. 중국의 입장, 태도, 행동은 국제문제에서 결정적인 영향을 미친다. 외부세계가 중국의 외교정책을 보다 쉽게 이해할 수 있도록 중국외교부는 매주 두 차례 정기적으로 기자회견을 열고 있고, 상황에 따라 수시로 개최하는 기자회견도 늘려가고 있다. 이런 점에서 중국의 목소리는 언제나 즉각적으로 외부로 널리 전달된다고 할 수 있다.

3. 뉴스브리핑의 형식과 특징

뉴스브리핑의 형식은 다양하다. 상황에 따라서는 일부 기자들의 인터뷰가 될 수도 있고, 기자들의 집단 인터뷰, 전화응답 및 '취풍회'(吹風會) 등 다양한 형식이 있다. 이른바 '취풍회'는 일부 기자들에게 '미묘'한 문제가 발생한 배경을 소개하는 일종의 뉴스브리핑 형식으로 기자들에게 참고할 만한 내용을 제공한다. 다만 보도할 때는 발언자의 실명을 인용하지 않도록 요청한다.

일부 지방에서는 기자회견이 자주 열리지 않는다. 그 이유는 외신기자가 적기 때문이다. 그러나 이런 태도는 바람직하지 않다. 사실상 국내매체의 수요가 더 중요하다는 것을 인식해야 한다. 국내 미디어 기자들도 정부 대변인과 대화하고 싶어 하고 보다 생생하고 역동적인 정보를 얻기를 원하며 독자들이 제기한 문제에 대해 대변인이 직접 대답해 주기를 원한다.

기자회견을 성공적으로 개최하기 위해서는 치밀한 준비가 선행되어야 한다. 각 부문과 지방정부의 뉴스브리핑은 정부의 핵심 업무, 정부가 전달하고자 하는 내용 그리고 국민들이 가장 관심을 가지고 있고 흥미 있어 하는 문제를 중심으로 전개한다. 그리고 브리핑하기 전에 최근 여론조사를 참고하여 중국기자들과 외신기자들이 각각 무엇을 알고자 하는지를 파악하여 충분히 준비해야 한다. 질의응답 과정에서는 목표와 효과를 동시에 고려하여 국민들이 이해하지 못하거나 불만을 가진 문제에 대해 사전에 대비하여 능동적으로 공개함으로써 여론을 올바르게 이끌어야 한다.

국무원 신문판공실에서 개최되는 기자회견에 참석하는 100여 명의 내외신 기자들은 대부분 길거나 짧은 보도자료를 소속된 언론사에 보낸다. 독일의 유명잡지 책임자는 이렇게 말한 적이 있다. "중국의 각

부처 부장(장관)들이 직접 브리핑에 참석하는데 이는 기자들의 더 많은 관심을 유발하죠. 그러나 많은 국가들은 이렇게 하지 못할뿐더러 이렇게 잘하지도 못할 겁니다." 그는 우리의 기자회견 생방송에도 특별한 관심을 보였다. "유럽에서 생방송은 특별한 경우에만 진행되지만 중국의 브리핑 생방송 제도는 매우 특징적입니다. 자신감이 있다는 말이죠."

1999년 5월과 7월, 나는 베이징에서 두 차례 기자회견을 했다. 그 자리에서 중국이 미국 미사일과 핵무기 기밀을 훔쳤다고 모함한 〈콕스(Cox) 보고서〉[1]를 강력하게 반박했다. 국내외 매체들 모두 이를 비중 있게 다루었다. 이 중에서도 *International Herald Tribune*[2]은 이 기사를 헤드라인으로 삼았다. 그해 말, 미국 언론계는 온 매체가 떠들썩하게 다룬 〈콕스보고서〉를 미국 10대 사건의 하나로 꼽았다. 이러한 사건을 통해 기자회견 형식이 다른 형식(칼럼을 쓰는 등)보다 더욱 효과적이라는 것을 알 수 있다.

---

1 콕스(Christopher Cox) 미국 하원의원은 미국정계에서 반중국 정서를 일으킨 인물이다. 그는 불법정치자금에 연루되기도 했다. 1999년 5월 25일에 발표된 보고서에 의하면 그는 중국이 미국의 유도탄과 핵무기 기술을 '훔쳤다'고 비난했다.

2 *International Herald Tribune*은 〈뉴욕 타임스〉에서 발행하는 국제적인 신문으로 본사는 파리에 있다. 상당한 영향력을 지닌 영자지로 26개 국가에서 출판되고 180여 개 국가에서 판매되고 있다.

4. 우수한 미디어와 기자: 뉴스브리핑의 핵심

뉴스브리핑이 좋은 효과를 거두고 더 큰 영향력을 발휘하기 위해서는 대중매체의 개입이 필수적이다. 우수한 기자, 높은 수준을 지닌 대중매체는 브리핑을 통해 성공적으로 대외 커뮤니케이션을 추진할 수 있는 기본적인 조건이자 성공을 보증하는 기초이다.

1) 미디어가 여론을 이끄는 힘: 신뢰성

매체가 정확한 여론을 이끄는 가장 중요한 조건은 신뢰성(誠信)이다. 객관적 보도는 '좋은 것만 보도'(正面報道) 하는 것보다 더욱 중요하다. 만약 사람들이 보도를 신뢰하지 않는다면, 이런 매체의 보도를 아예 보지 않을 것이기 때문에 여론을 이끌거나 영향을 미칠 수 없다.

많은 경우, 뉴스와 관계된 사람과 뉴스를 듣는 사람은 '좋은 것만 보도'하는 것을 이해하는 관점이 서로 다르다. 같은 사건에 대해 '좋은 것만 보도'하는 것도 차이가 있고, 심지어 어떤 경우에는 사건이 '좋은 것만 보도'되었는지 여부를 판단하는 것조차 쉽지 않다. 사실상 일국의 국가이미지를 고려하면 객관적이고 전면적으로 사건을 보도하는 것이 '좋은 것만 보도'하는 것보다 더욱 중요하다. 요컨대 해당사건에 대한 전면적, 객관적 보도가 책임 있는 보도의 기초이다.

성과를 보도할 때, 결점을 언급하지 않는 것은 일방적일 뿐만 아니라 보도에 허구가 더해질 수 있고 더 심각한 경우 가짜 뉴스가 될 수도 있다. 예컨대 현재 중국의 경제와 사회는 큰 발전을 이루었고, 그 과정에서 문제 역시 발생했다. 그러나 이는 모든 국가들이 발전과정에서 경험하는 것으로 중국의 현재 상황을 보도할 때 이러한 문제점들만이 핵심이 되는 것은 아니다. 따라서 우리는 끊임없이 발전하는 국정을 사실적으로 보도하는 것이 중요하며, 문제점을 보도하지 않거나 애써 감추고 포장하면 안 된다. 그것은 오히려 부정적인 효과를 가져오고 심지어 '좋은 것을 보도'한 다른 보도내용에 대해서도 의심하게 된다. 예컨대 화재보도의 경우, 화재현장에서 구조하는 사람들의 용감성만 보도하고 화재 발생원인이 된 책임소재를 언급하지 않는 것이 바로 일종의 편파성이라고 할 수 있다.

이 밖에 어떤 매체들이 일부 부정적 현상을 전체로 간주하는 보도방식도 객관적이라고 볼 수 없다. 나는 CNN의 창시자인 테드 터너에게 CNN의 불공정성을 직접 지적한 적이 있다. 그들은 중국과 아시아 문제를 보도할 때 주로 어두운 측면만 다룬다. 만약 베이징의 일곱 군데에 꽃이 만발해 있고 세 군데에 쓰레기가 있다면, 10분 동안의 촬영과정에서 7분은 쓰레기를 담고 꽃은 3분만 찍는다. 그 결과 독자들이 베이징을 쓰레기 도시로 오해하게 된다고 지적했다.[3]

2) 효율적 미디어 : 대외 커뮤니케이션의 기초

중국의 신문방송사업이 발전하면서 국내 미디어는 양적으로나 질적으로 크게 발전했고, 대외매체도 빠르게 발전하는 중이다. 중국의 주요 대외방송기관은 신화사, 중국국제라디오방송국, 중앙텔레비전방송국이 있다. 2006년 2월, 중국국제라디오방송국은 처음으로 해외에 FM라디오 방송국(CRI 91.9 FM, 케냐 나이로비 FM라디오 방송채널)을 개설했다. 2009년 5월 말 현재, 중국국제라디오방송국은 해외현지에 21개의 FM 또는 중파(中波) 방송국, 153개의 FM-중파합작방송국을 설치했으며 하루 방송시간이 724시간에 달한다. 중앙텔레비전방

---

3 趙啓正, "中國面臨怎樣的國際輿論环境?", 〈人民网〉(2006. 6. 8) 참고.

송국은 이미 영어, 러시아어, 프랑스어, 스페인어와 아랍어 등 국제 채널을 개설했다. 신화통신이 개설한 TV 방송인 중국신화뉴스망(CNC)도 2010년 7월 1일부터 정식으로 송출하기 시작했다. 높은 수준의 대외매체는 우리의 목소리를 적시에 정확하게 세계에 전달할 수 있도록 해준다.

1999년 7월, 국무원 신문판공실에서는 두 번째로 〈콕스보고서〉를 반박하는 기자회견을 열었다. 당시 현장기자와 대변인 사이의 효율적 상호작용, 현장에서 새로운 보도소재를 포착하는 기자의 뛰어난 능력, 그리고 관련매체가 보도사업에 적극적으로 호응한 결과, 대외 커뮤니케이션 효과가 한층 극대화되었다. 세부적인 내용은 기자회견 후에 실린 신화사 기자의 업무보고를 참조하라.

사례분석 〈콕스보고서〉를 반박함

1999년 7월 15일 국무원 신문판공실에서는 "사실은 웅변보다 낫고 거짓말은 공격하지 않아도 스스로 무너지는 법 : 콕스보고서를 다시 반박하며"라는 제목으로 베이징에서 기자회견을 열었다. 이는 지난 5월 31일에 국무원 신문판공실에서 주최한 내외신 기자회견에서 〈콕스보고서〉를 반박하고 난 후, 두 번째로 〈콕스보고서〉를 비판하는 기자회견이었다.

신화사 기자에게 이것은 기회였다. 어떻게 기회를 포착할 것인지는 기자에게 달려있다. 이번에도 신화사의 해외기사는 여전히 회전식이었다. 즉, 먼저 헤드라인을 뽑고 지속적으로 새로운 내용을 보완하는 방식이다.

자오치정 주임은 지난번과 마찬가지로 노트북을 이용하여 담화내용을 발표했다. 그는 과거 기자들에게 이런 방식이 원고를 읽는 것보다 훨씬 효과적이라고 평가했다. 이와 동시에 그가 발표하는 내용 중에서 중문과 영문으로 요약된 내용과 담화 속에서 언급했던 과학자 사진이나 프로필을 멀티미디어를 통해 회의장에 있는 대형 스크린에 띄웠다.

기자회견이 시작된 지 10여 분쯤 되었을 때, 자오치정이 "중국은 일찍이 1980년대부터 중성자탄 기술을 가지고 있었다"고 말하자 기자들은 휴대폰으로 본사에 즉각 "중국은 이미 중성자탄 설계 기술을 가지고 있었다"라는 제목으로 첫 번째 속보를 타전했다.

짧은 한마디였지만 그 후 피드백된 자료로 보면, 이 뉴스는 베이징에서 워싱턴과 런던으로, 아일랜드에서 도쿄로, 타이베이에서 홍콩으로, 베를린에서 모스크바로 삽시간에 전해졌다. AP통신, AFP통신, 로이터 통신, DPA, 교도(共同)통신, ANSA 등 외국통신사들도 속보, 상보(祥訊), 뉴스분석, 연대기, 뉴스요약, 종합뉴스, 문자와 만평 등 다양한 형식으로 자신들의 독자들에게 주요뉴스로 보도했다. 거의 모든 해외통신사는 신화사의 이 한마디 속보를 옮겨가며 타전했다. 타이완 중앙통신사는 이후 며칠간 거의 매일 5~6개의 중성자탄에 대한 해외반응을 담은 뉴스를 내보냈다.

그 후 상황은 신화사에서 속보를 하나 내면 해외통신사가 따라서 하나를 내는 과정이 기자회견이 끝날 때까지 지속되었다. 현장에서 '살아있는 물고기'를 잡고자 기다리고 있었던 기자들은 수확이 적지 않았다. 자오치정이 기자들에게 〈콕스보고서〉를 비판하는 장문의 글을 소개한 후, 중국 공정물리연구원 주주량(朱祖良) 원장, 중국 항공(航天)과학기술그룹 연구발전부 장리후이(張麗輝) 부장은 현장에서 기자들과 질의응답 시간을 가졌다.

자오치정은 뉴스거리를 찾는 기자들이 항상 떠올리는 사람이다. 외신들 사이에서 '중국정부 대변인'이라고 불리는 그는 수위를 적당히 조절하여 교묘하게 기자들의 질문에 답하는 데 능숙했다. 그는 "답변드릴 수 없습니다"는 식으로 질문에 대응하지 않았다. 그는 기자들의 심리를 잘 알고 어떻게 해야만 홍보효과를 효과적으로 낼 수 있는지 알고 있었다.

한 일본기자는 "중국정부는 〈콕스보고서〉가 완전히 날조된 것이라고 지적하면서 확실한 이유와 근거를 들어 반박했는데, 쉽게 이해할 수 있었다. 그러나 왜 그것이 인종주의와 인종차별 경향이 있다고 말하는 것인지, 자오치정 주임의 설명을 부탁드린다"고 질문했다.

자오치정은 바로 〈콕스보고서〉에서 중국이 미국의 핵기술 기밀을 '훔쳤다'는 것을 사례로 들어 답변했다. 그는 풍자조로 콕스의 방식으로 '반격'함으로써 분노하지 않고 가볍고 설득력 있게 대답했다. 자오치정은 또 다른 생생한 사례를 들면서 콕스 논리의 황당함을 입체적으로 설명했다. 여기까지 듣고 있던 기자들의 눈이 다시 한 번 반짝했다. 즉, "중국은 〈콕스보고서〉의 내용과 표현이 인종차별의 색깔로 가득차 있다고 생각한다"는 제목으로 원고를 보냈다.

기자회견 당일은 또한 미·중 양국이 주 유고슬라비아 중국대사관 피폭사건의 배상을 협상하던 중이었다. CNN 베이징 특파원이 "주 유고슬라비아 중국대사관 피폭사건이 실수로 인한 오폭이라는 미국의 해석을 믿고 있느냐"고 질문했다.

기자회견 당일은 또한 미·중 양국이 주 유고슬라비아 중국대사관 피폭사건의 배상을 협상하던 중이었다. CNN 베이징 특파원이 "주 유고슬라비아 중국대사관 피폭사건이 실수로 인한 오폭이라는 미국의 해석을 믿고 있느냐"고 질문했다.

고급 엔지니어 출신인 자오치정은 이에 대해 그 자리에서 옳고 그름을 답하지 않고 현장에 있는 내외신 기자들에게 '주사위의 확률'을 이용하여 미국의 해석이 어처구니없다는 것을 생동감 있게 설명했다. 이러한 답변방식은 많은 독자들이 쉽게 공감할 수 있었다. 중국에는 "목소리 높다고 이치에 맞는 것은 아니다"(有理不在聲高)라는 옛말이 있는데 우리는 항상 이러한 이치를 잊어버린 채 격정적 감정을 여과 없이 드러내 버리곤 한다. 그러나 이는 때때로 효과적이지 못하다.

사실상 '자오치정은 미국이 주 유고슬라비아 중국대사관을 폭격한 이유를 성실하게 설명할 것을 촉구했다'고 한 문장은 효과가 좋았다. 많은 미디어들은 자오치정의 '주사위' 논리를 큰 제목으로 뽑기도 했다.

기자들은 현장 상황에 따라 '중국의 우주항공 사업은 〈콕스보고서〉의 제지를 받지 않을 것이다', '중국은 가까운 미래에 유인 우주기술에서 성과를 낼 것이다', '중국 전문가가 미·중 무기실험실 상호방문의 세부사항을 말하다'와 같은 기사를 실었는데 그 결과는 매우 이상적이었다.

다음날은 〈베이징청년보〉(北京青年報)의 〈청년주말〉(*Youth Weekend*)판을 펴내는 금요일이었다. 이 신문사는 큰 글씨로 "확률론으로 오폭주장을 반박하다"라는 제목으로 헤드라인을 뽑고 '자오치정은 미국이 주 유고슬라비아 중국대사관을 폭격한 이유에 대해 성실하게 설명할 것을 촉구했다'는 기사를 실었다. 뿐만 아니라 이 뉴스는 〈북경신보〉(北京晨報), 〈북경만보〉(北京晚報), 〈인민일보〉(人民日報), 〈신화매일신문〉(新華每日電訊), 〈경제일보〉(經濟日報), 〈신민만보〉(新民晚報), 〈양성만보〉(羊城晚報) 등 중앙과 지방신문에 전재되었다.

홍콩 〈대공보〉(大公報)의 헤드라인도 대부분 이 기자회견으로 채워졌다. 그리고 1면에 붉은 글씨로 "중국은 일찍이 중성자탄 기술을 보유했다"는 제목으로 신화사의 발표내용을 상세하게 전했다.

> 독자적으로 중성자탄 정보를 보도한 것은 이번 기자회견의 주제를 약화시킨 것이 아니라 오히려 이 주제를 널리 전달함으로써 더 좋은 홍보를 할 수 있었다. 이 뉴스가 한 번씩 실릴 때마다 기자들은 그 뉴스의 출처와 배경을 설명해야 했고 때로는 일부 비판적인 내용까지도 설명해야 했다. 이렇게 중국이 〈콕스보고서〉를 반박한 뉴스는 전 세계 각지로 널리 전해졌다.
>
> 중성자탄의 공개 보도 과정(자오치정의 뉴스브리핑) – 황옌 4

5. 대변인의 자질

대변인은 '일반인'이 아닌 '직업인'(職務人)이다. 아마 정부의 대변인은 1인 2역, 즉 공무원이자 기자와 다름없는 '신문방송인'으로 불러도 무방하다. 대변인은 미디어의 중요한 뉴스 출처의 하나이며 많은 미디어 보도를 연결하는 고리의 시작점인 동시에 정부의 정보를 전달하는 역할도 담당하기 때문에 책임이 막중하다. 미디어는 정부를 대표하는 대변인을 중요한 뉴스 출처로 보기 때문에 기자회견장에서 주요기사가 되기도 한다. 한편, 정부와 공무원은 미디어의 감독대상이기도 하다. 이런 점에서 때때로 대변인은 '딜레마'에 빠진다. 그러나 어떤 정부 대변인도 주지하듯이 그 자리에서 그들이 모든 말은 검증을 받아야 하고 그에 합당한 책임을 져야 한다. 정부의 뉴스브리핑 제도는 대변인의 책임을 규정했다. 즉, 대변인은 발언할 때 항상 뉴스브리핑 제도의 제약을 받으며 결코 대변인의 역할에서 벗어나 임의로 대응하고 감정적으로 일해서는 안 된다는 것이다.

---

4 황옌(黃燕)은 현재는 작가로 활동 중이지만, 당시 신화사 외신편집실 선임기자였다. 이것은 그녀가 작성한 업무보고의 일부이다.

대변인에 대한 요구사항은 적어도 다음과 같은 세 가지로 요약할 수 있다.

첫째, 정치적으로 성숙하고, 입장이 정확하며, 용감하게 책임져야 한다. '정치적으로 성숙하다'는 것은 마르크스-레닌주의, 마오쩌둥 사상, 덩샤오핑(鄧小平) 이론, '삼개대표'(三个代表) 이론, '과학발전관'에 대한 정확한 이해가 있어야 한다는 것이다. 또한 당과 국가의 정책, 그리고 대표하는 정부부처의 정책을 철저하게 이해하여 정치적으로 성숙하게 전체 국면을 파악하고 대응할 수 있어야 한다는 의미이기도 하다. '입장이 정확해야 한다'는 것은 국가와 인민의 근본이익을 수호해야 한다는 의미이다. 그리고 '용감하게 책임져야 한다'는 것은 사전에 준비되어 있지 않은 문제에 직면하여 상부의 지시를 받을 수 없는 상황에서도 이를 용감하게 책임지고, 대답할 수 있는 문제는 반드시 대답해야 한다는 것이다. 이것은 대변인이 국가를 대표하고 국가의 이익과 명예를 수호해야 하는 직책이기 때문에 요구되는 것이다.

둘째, 내적으로 국정을 알고 외적으로 세계를 알아야 한다. '내적으로 국정을 알아야 한다'는 것은 최근에 발생한 시사문제를 포함한 중국 국정에 관한 기본지식을 쌓고 전문지식을 축적해야 한다는 것이다. '외적으로 세계를 알아야 한다'는 말에는 두 가지 뜻이 포함된다. 한편으로는 대답하는 문제가 국제사회에서 어떤 맥락인지, 유사한 사례가 있는지, 또한 현재 어떠한 여론이 있는지를 알고 있어야 한다는 것이다. 다른 한편으로는 외국인의 문화배경과 그들의 이해능력에 대해서도 일정한 지식이 있어야 한다는 것이다. 그렇게 해야만 우리가 그들에게 전달하고자 하는 정보를 정확하게 전달할 수 있고, 보다 쉽게 좋은 효과를 거둘 수 있다.

셋째, 논리를 강구하고 이치에 맞아야 한다(講究邏輯, 有理有節). 논리가 통하지 않으면 사람들을 설득할 수 없고 오히려 그들은 견강부회(牽强附會)하고 터무니없는 말로 억지를 부린다고 생각할 수 있을 것이다. '논리를 강구하는' 기초는 실사구시이다. 간혹 우리가 여전히 잘 파악하지 못하는 상황이나 잘 모르는 문제 그리고 국가기밀과 관련된 문제에 접하게 될 경우가 있다. 이때는 "다음에 알려드리겠다"(下次告訴你)라고 하거나 "이 문제에 대해서는 대답해 드릴 수 없습니다"(這個問題不能回答)라고 해도 된다. 발언을 줄이거나 말을 하지 않는 것이 거짓말을 하거나 함부로 대응하는 것보다 낫다. 실사구시는 기자회견의 생명이며 뉴스브리핑이 권위를 지니게 하는 기초이다.

'이치에 맞아야 한다'는 것에서 가장 중요한 것은 '기자들을 소중히 대해야 한다는 것'이고, 이 말은 곧 바른 태도로 기자를 대해야 한다는 것이다. 기자는 방송인이고, 뉴스를 찾아다니는 사람들이다. 이들은 신문방송에서 없어서는 안 되는 구성요소이다. 대변인은 정부가 전달하고 싶은 내용만 그들이 기사로 내보기를 원하지만, 그들은 대변인이 더 많은 정보를 제공하거나 심지어 대변인이 말하고 싶지 않은 내용까지 말해주기를 기대한다. 이러한 상충되는 입장차가 있지만, 좋은 질문은 유사한 답변을 유도하여 서로가 이득을 볼 수 도 있다. 대변인이 반드시 기억해야 할 점은 기자는 "당신의 학생도 부하직원도 친구도 '적'도 아닌 '도전자'"라는 것이다. 이 점은 매우 중요하다. 이를 명심해야만 대변인이 처한 상태에서 긴장을 늦추지 않을 수 있다. 그들은 당신의 학생이 아닌 만큼 강의실에서와 같이 장황한 논리를 늘어놓아서는 안 된다. 그들은 당신의 부하직원이 아니기 때문에 지시하거나 명령하는 어투로 말해서도 안 된다. 또한 그들은 당신의 친구가 아니기 때문에 "너한테만 하는 얘기니까 남들한테는 말하지 마"와 같은 '비밀이야기'를 해서도 안 된다. 그들은 당신의 '적'도 아니기 때문에 때때로 그들이 신랄하게 문제를 제기한다고 해도 대부분의 경우는 직업상의 필요 때문이라는 것을 기억해야 한다.

이 밖에도 질문에 답할 때는 간결해야 한다. 지나친 해석은 거품이 되어 전달하고자 했던 요점을 가릴 수 있고, 말이 많으면 허점을 보이기 쉽기 때문에 잇따른 질문을 받을 수 있다. 통계에 따르면, 일반적으로 미국 백악관과 미국 국무원 대변인이 하나의 질문에 대답하는 시간은 평균 1분을 넘지 않았다.

또 한 번은 중국인민대학에서 개최한 현급(縣級) 시 대변인들을 위한 교육에서 두 사람의 지방정부 대변인이 다음과 같은 질문을 했다.

"만약 외신기자들이 대변인의 답변을 믿지 못하면 어떻게 합니까?" 나는 "아마도 그것은 '원죄'일 것입니다"라고 답했다. 아마도 앞의 대변인이 거짓말을 했을 것이다. 현재 대변인으로서는 억울한 일이지만 '속죄'하는 유일한 방법은 실사구시의 태도로 적시에 정보를 전달하는 수밖에 없다. 시간을 끄는 것은 '발 없는 소문이 멀리 퍼지'게 하는 기회를 준다. 소문이 다 퍼진 후에 발표하는 정보나 기사는 더욱더 사람들의 의심을 사기 쉽다.

다른 한 사람은 현지정부가 청사를 재건축하는 과정에서 "사고가 좀 있었다. … 만약 시장이 기자들을 피하면 대변인은 어떻게 해야 하는지"를 물었다. 나는 "만약 대변인이 사실이 어떻게 전개되고 있는지 그리고 정부의 대처방법이 무엇인지를 잘 모른다면 기자를 만나기 어려울 것이다. 기자를 피하면 이 시장은 더 큰 문제에 빠지게 될 수 있으며 한 도시의 뉴스브리핑 업무의 책임은 본질적으로 시장에게 있다"고 대답해 주었다.

이 밖에도 대변인 이외의 모든 공무원들도 뉴스에 대한 일정한 소양을 갖추어야 한다. 일반 공무원은 일반적으로 기자를 접할 기회가 적다. 그러나 그들의 업무영역도 기자들의 관심을 살 수 있는 미디어의 뉴스출처인 동시에 미디어의 감독대상이다. 공무원은 이러한 신분을 자연스럽게 받아들이고 기자들의 인터뷰에 자신 있게 대해야 한다.

04

‘국가만들기’와 ‘이미지 전파’

‘국가이미지를 만든다’는 것은 사실상 두 가지 뜻이 내포되어 있다. 즉 ‘국가 만들기’와 ‘이미지 전달’이다. 국가정책이 바르면 국가를 잘 건설할 수 있고 홍보할 자원이 생긴다. 이러한 좋은 자원은 그에 상응하는 좋은 홍보 기술이 뒷받침할 때 우호적 국가이미지를 창출하는 것으로 이어진다. 즉 내용과 형식이 서로 보완되어야만 우호적인 국가이미지가 형성되는 것이다.

1. 국가의 현실은 국가이미지의 기초

사람들은 교과서, 소설, 영화, 신문, 인터넷 등과 같은 매체나 인간관계, 심지어는 소문을 통해 일국의 정보를 접하고 나아가 그 나라에 대한 이미지를 형성한다. 국가의 진실한 상황에는 여러 가지 내용이 포함된다. 예컨대 국가의 규모, 인구, 민족과 자원 등 기본정보와 역사, 문화전통, 사회제도 등 인문적인 특징도 있다. 이 중에서도 사회동향, 정치활동과 경제발전은 미디어가 매일같이 보도하는 중점 대상이다. 한 나라의 진실한 상황에 관한 한 학자의 연구성과나 기자의 보도는 비록 이론적으로는 상대적인 객관성을 유지하지만 연구방법, 이데올로기 그리고 불충분한 자료로 인해 항상 편차가 있기 마련이다.

개혁개방 정책을 실시한 30여 년 동안 급속한 사회경제의 발전으로 인해 중국은 세계무대의 주변에서 점차 중심으로 이동하고 있다. 과거와 비교해 볼 때, 중국의 발전에 미치는 국제정세의 영향이 두드러지게 나타나고 있다. 이것은 추진력으로도 저항력으로도 작용할 수도 있다. 반면, 중국의 사건사고도 항상 세계가 주목하는 대상이다. 중국특색의 사회주의 노선은 새로운 경로로, 구미 자본주의 노선이나 구소련의 사회주의 노선과는 다르다. 따라서 세계가 중국을 이해하기에는 여전히 더 많은 시간이 필요하다. 더욱이 냉전이 남긴 이데올로기의 장벽은 서구 정치세력과 매체가 중국을 정확하게 파악하는 데 부정적 영향을 미치고 있다. 따라서 국제여론에 비친 중국의 이미지와 중국의 실제상황은 부합하지 않는 부분이 많다. 이것이 바로 중국이 공공외교를 추진해야 하는 긴급하고도 중요한 근거이다.

중국 공공외교의 기본임무는 세계에 진실한 중국을 설명하는 것이며 중국에 관련된 정보를 전면적으로 제공하고 정보의 투명도를 높이는 것이다. 다른 국가 사람들이 중국의 역사, 문화에 대한 타국 국민들의 이해에 많은 오해와 논쟁이 있는 것은 아니다. 따라서 우리가 세계에 설명하고자 하는 중점은 중국이 발전하고 변화하는 방향을 알려주는 것이다. 이는 또한 국제사회가 큰 관심을 가지고 있는 문제이기도 하다.

원자바오(溫家寶) 총리는 2010년 9월 23일 뉴욕에서 열린 제65차 UN회의에 참석하여 '진실한 중국을 알자'라는 제목으로 연설했다.[1]

"중국의 국내총생산은 세계 제3위[2]이지만 1인당 GDP 수준은 여전히 선진국의 10분의 1에 불과하다. 중국경제는 30여 년 동안 고속성장을 해왔지만 향후 발전과정에는 에너지, 자원 그리고 환경의 제약을 받게 될 것이다. 일부 중국의 주요제품 생산량이 세계 선두권을 차지하고 있지만 전반적으로는 여전히 세계 산업구조의 하부에 위치해 있다. 비록 중국은 세계무역대국이 되었지만 수출상품은 기술력과 부가가치가 낮은 제품들이고 핵심기술도 대부분 수입에 의존하고 있다. 중국의 연해지역과 일부 중대형 도시는 현대화의 번영을 과시하고 있지만 중서부와 드넓은 농촌지역은 상대적으로 낙후되어 있다. 아직도 1억 5천만 명에 달하는 인구는 UN이 정한 빈곤선 이하의 생활을 하고 있다. 중국의 민생문제는 크게 개선되었지만, 사회복지체계는 여전히 건전하지 못하고 취업난도 심각하다. 중국인의 사회정치생활이 활발해지고, 국민의 기본권도 비교적 잘 보호되고 있지만, 민주법치는 여전히 건전하지 못하고 사회적 불공정성과 부정부패 문제도 심각하다. … 중국의 현대화는 발전과 낙후가 병존하고 신구모순이 뒤섞인 전대미문의 도전에 직면했다. 중국은 여전히 사회주의 초급단계에 처해있

1 〈新華社〉(2010. 9. 23).

2 (역주) 원자바오 연설 당시는 중국의 국내생산총액이 세계 제2위라는 것을 공식적으로 확인할 수 없었다. 공식적으로는 2011년 말 기준 일본을 능가하여 세계 제2위의 무역대국이 되었다.

고 개발도상국이다. 이것이 바로 우리의 기본국정이고 진실한 중국의 모습이다. … 중국은 확고하게 평화발전의 길을 갈 것이다. 평화발전의 정수는 무엇인가? 그것은 바로 평화로운 국제환경 속에서 자국의 발전을 도모하는 것이며 자국의 발전으로 세계의 평화에 기여하는 것이다. 이것이 바로 중국특색의 사회주의가 담고 있는 의미이다. … 중국은 지속적으로 세계 각국과 공유할 수 있는 이익교차점을 모색하고 확대해 나갈 것이다. 중국의 발전은 어느 누구에게 피해를 주지도, 어느 누구를 위협하지도 않을 것이다. 중국은 결코 '국가가 강대해져 패권을 잡는 길'(國强必霸)을 선택하지 않을 것이다. 중국은 친선을 도모하고 원칙을 지킬 것이다. 다만 주권, 영토수호에 관련된 문제는 결코 물러서지도 타협하지도 않을 것이다. 중국은 UN이 국제문제에서 발휘하는 주도적 역할을 지지한다. 중국은 개발도상국의 영원한 친구이자 형제이다."

2. 진정한 중국을 세계에 알리기

세계에 중국을 설명하는 능력은 중국의 '소프트파워'의 하나이며 종합국력의 중요한 구성부분이다. 중국의 대외개방이 계속적으로 확대되고 국제교류가 빈번해지면서 대외홍보와 세계에 중국을 설명할 기회도 많아지고 있다.

'대외홍보'와 '대외선전'은 중국어에서는 큰 차이가 없다. 그러나 '선전'을 의미하는 프로파간다(*propaganda*)는 부정적 의미를 내포하기 때문에 점차 '대외홍보'를 사용하게 되었으며 그 함의도 상당히 변했다. 대외홍보의 과제는 세계에 중국의 진실한 국정, 즉 정치, 경제, 문화, 군사 등 각 영역의 발전과 대내외정책을 설명하는 것이며 그에 따른 문제, 그 해결방법과 방향에 대해서도 설명해야 한다. 대외홍보는 공공외교의 중요한 구성요소이다. 이것은 주로 신문, 라디오, TV, 잡지, 도서, 네트워크 등의 매체 또는 영화, 음악, 연극, 미술 등 예술의 힘으로 구현된다. 전통적 대외홍보에서 외국인들은 이러한 매체나 예술의 대상이었고 따라서 일방적인 커뮤니케이션이었다. 중국이 개혁개방 시대에 들어서면서 대외홍보도 크게 발선했으며, 외국과의 대화를 강화하는 방향으로 확대되었다. 그리고 홍보주제와 대외홍보에 참여하는 주체도 점차 확대되고 있다.

대외적으로 중국을 표현하는 일은 단지 외교, 선전, 문화 등 전문부처와 전문가들만의 일이 아니다. 넓은 의미에서는 정부 각 부문, 민간조직, 사회단체, 그리고 모든 중국 국민들의 책임과 의무이다. 전 국민의 참여가 없이 중국을 홍보하는 것은 공허한 외침일 뿐이다. 전 국민이 참여할 때, 대외적으로 전달하고 소통하는 내용과 형식이 발전할 수 있다.

비록 아직까지는 부족하지만 우리는 대외홍보와 소통을 위한 유리한 조건을 함께 가지고 있다. 즉, 종합국력의 지속적 강화, 국제지위의 지속적 상승, 중국의 정보에 대한 국제사회의 수요증가, 대외홍보와 소통에 대한 국가의 투자확대, 그동안 대외 홍보업무의 실천과정에서 축적된 경험 등이 그것이다.

3. 대외홍보 원칙

대외홍보를 할 때는 홍보의 목표와 객체의 수요와 선호를 결합하여 목표를 명확히 해야 한다. 즉, 외국인들이 이해할 수 있는 표현방식으로 설명해야 하고 딱딱하거나 슬로건 식의 설교는 삼가야 한다. 어디까지나 대외홍보 대상이 외국인이라는 것을 명확히 해야 한다. 대내홍보와 대외홍보의 표현방식에는 차이가 있기 때문에 대외홍보를 전개하는 방식과 방법에도 새로운 발전과 혁신이 있어야만 좋은 효과를 거둘 수 있다.

1) 의도적인 포장은 역효과

이미지를 만드는 것은 예술가가 조각을 하는 과정과는 달리, 현실을 떠나서는 그 이미지를 구상할 수 없다. 인간과 국가의 차원에서도 마찬가지다. 실제에 부합되지 않는 홍보는 의도와 다른 방향으로 전개되어 오히려 신뢰성을 떨어뜨릴 수 있다. 덩샤오핑은 다음과 같이 경고했다. "중국의 성과를 선전할 때는 지나치게 포장하지 말고 여지를 남겨두어야 하며 단정적인 말은 하지 말고 실사구시의 태도로 중국을 평가해야 한다." 그는 중국에 대해 다음과 같이 말했다. "기초가 취약하고 인구는 많은 데 비해 경작지가 적으며, 대국이기도 하고 소국이기도 하다. 대국이라 함은 사람이 많고 영토가 넓은 것을 의미하고, 소국이라는 함은 여전히 개발도상국이며 빈곤하다는 것이다."[3] 덩샤오핑의 이런 사상과 국정인식에 대한 기본원칙은 대외 홍보업무를 추진하는 데 있어 지극히 중요한 의의가 있다.

3 《鄧小平文選》, 第3卷(北京: 人民出版社, 1993), p. 94.

만약 낯선 손님을 만나야 하는데 짙은 화장을 하고 나간다면 보는 사람이 편하지 않을 것이다. 영국의 유명작가이자 중·영이해협회(Society for Anglo-China Understanding, SACU) 회장인 그린(Felix Green)은 신화사 기자와의 좌담에서 중국의 현실 자체가 멋지기 때문에 글 쓰는 과정에서 일부러 포장할 필요가 없으며 그렇게 하지 말라고 말했다. 예컨대, 외국 손님들이 중국 어린이들을 보고자 하는데 굳이 아이들을 화장해서 보여줄 필요는 없다. 왜냐하면 중국의 아이들 자체만으로도 아름답기 때문이다. 미국의 금융전문가이자 작가인 쿤(Robert Lawrence Kuhn)도 이렇게 말한 적이 있다. "100% 긍정적인 내용만 선전하면 미국의 수용자들은 아마 아무것도 믿지 않을 것이다. 그러나 좋은 것도 말하고 나쁜 것도 말해주면 '신뢰성 제로'의 한계를 극복하면서 일부 사람들은 믿기 시작할 것이다." 이러한 외국 친구들은 외국인의 사고습관과 습관을 잘 알고 있기 때문에 그들 자신의 경험과 느낌에서 우러난 선의의 충고를 해주며, 이는 참고할 만한 가치가 있다. 쿤 박사는 《중국의 30년: 인류사회의 한 차례 위대한 변화》4라는 책에서 서구사람의 시각으로 커다란 변화를 겪고 있는 중국을 묘사했다. 그는 학자이자 과학자로서, 또한 방송인으로서 중국의 발전과 그 과정에 존재하는 문제를 진지하게 찾아 솔직하게 평가했으며 중국 개혁과정의 네 가지 지도원칙을 개괄했다. 이 책을 통해 우리는 외국 작가가 중국을 바라보는 사고방식과 언어습관에 대해 더 많이 이해할 수 있었다.

우리가 대외홍보를 하는 목적은 중국의 진실한 상황을 외국인들에게 알리고자 하는 것이다. 외국인들이 진정한 중국을 알아야만 그들이

4 Robert Lawrence Kuhn,《中國30年: 人類社會的一次偉大變遷》(上海: 上海人民出版社, 2008).

전해들은 소문으로 상상했거나 과장되게 '악마화'(妖魔化) 된 중국이미지에 대한 오해를 해소할 수 있다.

2) '비타민제를 먹는 것보다는 사과가 낫다'

실질적 효과란 외국인들이 우리의 표현을 이해하고 나아가서는 이를 수용하는 것을 말한다. 대외홍보의 내용, 형식과 요령은 실제 효과에 맞추어 설계되고 시행되어야 한다.

모든 국가의 대외홍보는 정치적 목표(자국이 타국 국민들 속에서의 이미지를 제고하는 것)가 있다. 그러나 만약 정치 용어의 나열만으로 자국의 정치적 상황을 이해시키고자 한다면 그것은 매우 일방적이다. 정치 용어가 많이 들어간 문장이나 책 또는 (대외적인) 영화나 드라마는 처음부터 외국인들의 경계심을 유발하게 될 것이다. 따라서 그것은 이미 절반은 실패한 것이다. 이런 의미에서 정치 용어를 덜 사용하고 정치적 효과를 많이 낼 수 있는 것이야말로 진정한 의미에서의 정치홍보라고 할 수 있다. 예컨대, 중국이 파리에서 열었던 문화주간행사와 미국에서 열었던 '미국으로 간 중화문화' 행사는 모두 문화를 출발점으로 했고 외국인이 알아듣기 어려운 정치용어는 사용하지 않았다. 그럼에도 불구하고 그들은 중국문화와 사회발전을 실감할 수 있었고 좋은 정치적 효과를 거두었다.

대외홍보에서는 중국의 실질적인 발전이나 중국인들의 생활, 즉 '차이나 스토리'를 말해야 한다. 우리가 전달하고 싶은 핵심적인 내용이 중국식 사회주의의 특색이라면 그것은 비타민C와 같다. 사과에는 원래 비타민C가 함유되어 있다. 이 '사과'가 바로 중국의 사회현실과 관련된 이야기들이다. 그렇다면 외국인들에게 비타민제를 주는 것보다 자연산 사과를 주는 것이 더 좋지 않겠는가. 그것은 그들이 직접 중국의 사회주의의 본질을 체험하고 그것을 소화하고 경험할 여지를 남겨 두는 것이다. 그렇게 하면 이야기를 하는 쪽도 이야기를 듣는 쪽도 모두 유쾌하고 즐거운 일이 될 것이다.

3) 분초를 다투는 돌발사건 보도

대외홍보는 능동적으로 수행해야 하고, 피동적으로 해석당하는 것은 줄여야 한다. 대외홍보는 국제사회의 이해를 구하고 민심을 얻는 일이다. 따라서 업무수행과정에서 유리한 시기를 제때 포착하는 능동적 자세를 지녀야 한다.

사람들은 먼저 보도된 기사에 의해 선입견이 생기기 때문에, 그 뒤에 전달된 후속기사는 주목을 받기도, 신뢰를 얻기도 쉽지 않다. 특히 돌발사건 보도는 빠르면 빠를수록 좋다. 정부와 매체는 국민들에게 알릴 책임이 있으며 다른 한편으로 만약 진실한 정보가 제때 보도되지 않는다면 난데없는 소문이 떠돌거나 나아가 쉽게 사회적 혼란을 야기할 수 있다. 내가 사실을 이야기하기 앞서 다른 사람이 거짓말을 하면 나중에 말한 내 이야기는 아무리 그것이 사실이라고 해도 사람들이 쉽게 받아들이지 않을 것이다.

돌발사건에 대한 보도와 소문을 잠재우기 위해서는 관련부문과의 적극적 협조가 필요하고 최대한 빨리 사실을 파악하고 되도록 빠른 시간 내에 보도해야 하며 늦게 알린 원인을 차분하게 설명하여 국제여론에 올바른 영향을 주어야 한다. 중국과 관련된 기사에 관한 한, 국제여론이 우리가 제공한 사실을 존중하도록 유도하여 피동적으로 해석되는 상황이 늘어나지 않도록 해야 한다.

2008년 '원촨(汶川) 대지진'이 발생한 후, 중국매체는 신속하고 투명하면서도 정확하게 현지상황을 생중계하여 적시에 피해상황과 관련

구조상황을 보도했을 뿐만 아니라 매일 일어나는 감동적인 이야기를 국민들에게 전달함으로써 돌발사건 보도에 있어 세계적 성공사례로 인정받았다. 이를 통해 다원적이고 시기적절한 보도는 사회발전에 유리하다는 사실이 입증되었다.

4) 테마 선정의 적절성

대외홍보를 단순하게 홍보자 중심으로 전개해서는 안 된다. 반드시 수용자의 현실에 부합해야 하고 수용자의 진정한 수요를 파악해야 한다. 이를 위해서는 좌담회, 조사연구 등을 통해 깊이 있게 조사하고 믿을 수 있는 실증자료를 테마 선정의 근거로 삼아야 한다.

베이징올림픽을 준비하는 기간에 우리의 대외홍보는 초기 정보의 수요공급 전도현상이 점차 합리적 상태로 조정되는 과정을 거쳤다.

사례분석 베이징 올림픽과 공공외교

2007년 4월부터 8월 사이, 전국 정협 외사위원회는 '베이징 올림픽과 공공외교'라는 주제로 2008년 베이징 올림픽 준비상황에 관한 특별조사연구를 진행했다. 연구조사팀에는 중국인민대학, 칭화(淸華)대학의 관련 학자들이 포함되었고, 두 대학의 조사자료와 연구성과를 참고하여 올림픽 이전에 중국이 전달하고자 하는 정보와 타국 국민들이 원하는 정보 사이의 '수요공급 괴리'를 극복하는 방안을 제안했다.

중국인민대학의 연구자료에 의하면, 외국인이 베이징 올림픽 기간에 중국을 방문하고자 하는 주요한 목적은 '관광과 중국문화체험'이며 스포츠경기를 관람하는 것은 이 목적 가운데 하나일 뿐이었다. 문화요소는 외국인이 중국방문을 고려하는 요소 중에서 제1순위였다. 이 조사결과는 과거 몇 차례의 올림픽을 주최한 도시의 경험과도 일치했다.

이 조사연구에 의하면, 외국인이 베이징 올림픽 기간 동안 가장 접하고 싶은 중국인은 일반시민(33.5%), 대학생(16.6%), 전문가와 학자(9%) 순이었고 연예스타(2%), 운동선수(3%)와 정부관리(4%)는 매우 적었다. 중국을 방문하는 수십만의 외국인들은 베이징의 시민과 그들의 생활상에 대해 가장 큰 관심을 가지고 있었다. [비록 의도적으로 관심을 가지는 내용이 아니라고 해도 반드시 접하게 되는 '중국의 얼굴'(China's Face)이다.] 또한 올림픽을 보도하는 3만여 명의 외국기자 중에서도 일부만이 스티디움에서 경기를 보도하고 대부분 기자들의 관심사는 '민간'에 집중되어 있었다. 이들은 주로 중국의 생활상을 관찰하고 분석하여 보도했다.

그러나 올림픽 준비기간 동안 중국의 주류매체는 올림픽과 관련된 활동에 참석하는 정부관리들의 기사를 보도하는 데 초점을 맞추었다. 이는 중국매체들이 전달하고자 하는 것과 이를 수용하는 국민들의 기대 사이에 현저한 차이가 있음을 보여준다.

따라서 당시 우리가 제기한 다음과 같은 제안은 관련 부문의 주목을 받고 적극적으로 채택되었다. 즉 서울, 애틀랜타, 시드니, 아테네 등 역대 올림픽에서 '시민이 주인공이 되고, 국민이 외교했던' 일반적인 경험을 참고하여 베이징 올림픽에서도 보다 많은 시민활동을 기획하고 조직하여 다각적으로 시민이 참여한 무대를 구축하고자 했다. 정부는 조직관리, 자원배치, 안전보장 등 '직무 내 업무'를 처리하되, 뉴스 프로그램은 맡지 않았다. 따라서 국민들이 국가이미지, 베이징이미지의 전달자가 되고, 그들이 문화체험과 문화교류의 주체가 될 수 있도록 했다.

이 밖에도 조사연구과정에서 베이징 올림픽 조직위원회, 주요 매체의 책임자들이 공동으로 언급한 사안은 베이징 올림픽을 국가이미지를 개선하고 홍보하는 좋은 기회로 활용하는 것이었고, 그 중점사업은 '문화중국'의 이미지를 널리 알리는 것이라고 지적했다.

그러나 문제는 당시 베이징 올림픽의 '3대 이념'이 전달하려던 구조는 불균형상태에 놓여 있었다. '녹색 올림픽'이 차지하는 비중이 55%로 제일 높았고, '인문 올림픽'은 26%, 그리고 '과학기술 올림픽'이 19%로 상대적으로 낮은 비중을 차지했다. 다시 말해, 환경, 스타디움, 교통 등 하드웨어에 대한 건설과 투자가 주요한 지위를 차지했고 인문영역에 관련된 정보는 매우 부족했다. 사실상 역사적, 정치적 원인, 그리고 '발언권' 때문에 대외홍보를 추진하는 데 중국정부는 경제건설의 성과, 민주법제의 건설성과 등에 집중하였고, 중국문화에 대한 언급은 상대적으로 부족했다. 설사 언급했다고 할지라도 주로 중국의 전통문화에 관한 것이었다. 따라서 우리는 중국문화에 관한 내용을 좀더 구체적으로 늘릴 것을 제안했다.

위의 사례에서 대외홍보에서 수용자를 중요한 위치에 두어야 한다는 점을 알 수 있다. 그렇지 않으면 '수요와 공급이 어긋나고', 실천과정에서 '목적한 바를 이루지 못하며', 따라서 결과는 당연히 기대에 미치지 못하게 될 것이다.

5) 살아있는 언어를 통한 국가이미지 홍보

살아있는 이야기는 항상 진리에 가깝다. 불경과 성경에도 이러한 이야기는 부지기수이다. 이런 이야기들은 교리를 구현하고 사람들을 쉽게 설득할 수 있으며 듣는 이들도 이를 오랫동안 기억한다. 만약 우리가 이론으로 이솝우화의 "농부와 뱀"에 나오는 이치를 설명하려고 한다면 무척 어려울 것이다. 국가이미지를 홍보하는 것도 마찬가지다. 우리가 국민들에게 우리들의 이야기를 생생하게 들려주지 못한다면 그들을 감동시킬 수 없고, 우리의 사상을 전달하지도 못하며 심지어 오해를 살 수도 있다.

존 나이스비트(John Naisbitt)는 몇 년 전 장쩌민(江澤民) 총서기를 만났을 때 이런 말을 했다. "타이완은 작고 이야기가 적지만 그것을 아주 생동적으로 그려내는 데 비해, 중국대륙은 크고 이야기도 매우 많다. 그러나 이야기를 잘하는 것 같지는 않다." 장쩌민 총서기가 "그럼 당신이 이 이야기를 해보는 것은 어떤가"라고 하자 나이스비트는 "아직까지 명확한 아이디어가 없다"고 답했다고 한다. 그러나 그 후, 나이스비트는 중국의 이야기를 담은 《메가트렌드 차이나》[5]라는 책을 출판했다. 이 책에서 그는 중국의 새로운 사회경제체제를 지탱하고 있는 여덟 개의 기둥을 개괄했다.

---

5 John Naisbitt, 《中國大趨勢》(北京: 中華工商聯合出版社, 2009).

우리말로는 이야기를 잘 엮어내는데 이를 외국어로 번역하면 효과적으로 전달되지 않는 것을 반성해야 한다. 대외적으로 표현할 때 살아있는 이야기가 없이 대부분 정책, 원칙, 수치를 나열하곤 한다. 이것이야말로 가장 중요한 원인 중 하나이다. 어느 주중 외국대사는 "중국에서 많은 정부관원들과 접촉했지만 기층에서부터 고위간부에 이르기까지 그들이 말하는 내용과 방식은 거의 똑같아서 생동감이 부족하다. 그렇다보니 사람들을 설득하고 감동시키기 어려운 것 같다"고 말했다.

오늘날 중국에는 시시각각 새로운 이야기가 있다. 모든 장면, 모든 변화, 모든 인물이 '차이나 스토리'의 소재이다. 우리는 중국을 더 생동감 있고 다채롭게 표현할 이유와 책임이 있다.

6) 대외홍보의 자세: 당당함과 의연함

일반적으로 사람들은 자신감이 넘치고 민족적 자부심이 있을 때 당당해진다. 교류의 기술에서 '당당함'(理直气壮) 보다 멋진 경지는 의연함(理直气和) 이다. 의연함이 마음속에 감추어진 것이라면 당당함은 외적으로 드러난 것이다. 만약 전자를 자신감이라고 표현한다면 후자는 자신감에 태연함이 더해진 것으로 볼 수 있다.

1999년 필자가 미국의 〈콕스보고서〉를 비판하는 기자회견 사회를 맡았을 때, 이 보고서는 심각한 인종차별이 있다고 언급한 적이 있다. 그때 어떤 기자가 "왜 그렇게 말하는지 근거를 밝혀 달라"라고 요청했다. 필자는 이렇게 대답했다. "미국이 첨단 핵탄두기술을 장악하기까지 1,030번의 실험을 했는데, 중국은 45번 만에 달성했습니다. 〈콕스보고서〉는 어떻게 이것이 가능한가에 대해 중국이 미국의 기술을 '훔쳤기' 때문이라고 했습니다. 콕스가 보았을 때 중국인이 그렇게 똑똑

할 수는 없으니 '훔쳤을' 수밖에 없는 것 아니냐는 거지요. 이것이 인종차별이 아니고 무엇이란 말입니까? 법적 절차도 거치지 않고 콕스는 중국계 미국과학자가 간첩이거나 간첩혐의가 있다고 독단적으로 지적했는데 이것이 인종차별이 아니란 말입니까?"

또 한 번은 미국 기자가 미국이 주 유고슬라비아 중국대사관을 '오폭'한 사건에 대해 질문했을 때도 이렇게 답했다. "피커링(William Henry Pickering)이 해석한 것에 따르면 미군은 세 장의 지도를 잘못 사용했는데 모두 낡은 지도였고 정확한 지도는 한 장도 없었습니다. … 낡은 지도 이외에도 피커링은 다른 일련의 요소가 이번 중국대사관의 피폭을 초래했다고 했습니다. … 제가 하고자 하는 말은, 미국의 논리로 따지면 오류가 발생할 확률은 없다는 것입니다. 예컨대 '주사위'를 던진다고 합시다. 6개의 면에서 어느 한 면이 나타나는 확률은 6분의 1입니다. 그렇다면 세 장의 낡은 지도를 사용했다는 것은 세 개의 주사위를 동시에 던져 모두 한 면이 나왔다는 말인데 그 확률은 216분의 1입니다. 더욱이 다른 10여 가지 잘못까지 더하면 그것은 열 개의 주사위를 동시에 던져 모두 같은 면이 나왔다는 말이 아닙니까. 확률적으로 보면 이런 가능성은 거의 제로에 가깝다는 것입니다."

이 두 차례의 질의응답은 중요하고 예민한 사안이었지만, 우리는 확실한 증거가 있고 충분한 이유가 있었기 때문에 그들의 질문에 평화롭고, 자신감 있고 태연하게 대응할 수 있었다. 그리고 마음으로부터 당당했기 때문에 겉으로도 '평화로울' 수 있었다. 두 사례에서도 볼 수 있듯이, 국가 간 대화든 개인 간의 교류든 도리를 따지려면 반드시 근거가 있어야 한다. 근거가 있으면 논리가 정연해지고 마음이 든든하며 흥미진진하고 감칠맛 나게 이야기할 수 있으며 당연히 '평화롭게' 된다. 이러한 자세는 권위를 떨어뜨린다기보다는 말 속에 담긴 힘(潛能)을 느끼게 한다.

05

국가의 전체이미지와 지역의 기여

국가이미지가 하나의 앨범이라고 한다면 각 지방의 이미지는 앨범 속의 한 페이지와 같다. 독자들이 볼 수 있는 페이지가 많을수록 국가이미지에 대한 인식이 더 온전해진다. 외국인들은 대부분 하나 또는 몇 개의 지역 혹은 도시만으로 중국을 인식하고, 심지어는 자신이 느낀 중국의 어느 한 지역에 대한 지식, 경험과 인상을 중국 전체에 대한 이미지로 받아들일 수도 있다. 따라서 지역은 국가의 전반적인 이미지를 홍보하는 데 대체 불가능한 역할을 수행하고 공공외교에서도 중요한 책임을 담당해야 한다.

1. 국가 공공외교와 지역의 책임

외국인에게 중국을 설명하고자 할 때 종종 이런 경우에 부딪친다. 중국의 개혁개방을 소개할 때, 막연한 이야기로 설명한다면 외국인들은 아마도 이해하지 못할 것이다. 그러나 중국의 선전(深圳)과 같은 경제특구의 구체적인 정책과 그 발전을 소개한다면 그들은 더 많은 것을 이해할 수 있을 것이다. 중국의 연해(沿海) 개방도시의 건설성과를 소개할 때도 거시적인 발전데이터와 정책만을 소개한다면 깊은 인상을 주지 못할 것이다. 그러나 누추하고 낡은 거리였던 상하이 푸둥(浦東) 루자주이(陸家嘴) 지역이 오늘날 고층빌딩이 우뚝 솟은 생기발랄한 금융무역지역으로 발전했다고 구체적으로 설명한다면 외국인들은 매우 흥미를 느낄 것이다. 외국인들에게 중국의 문명과 역사를 소개할 때도 중국을 5천여 년의 역사를 가진 문명고국으로서 찬란한 문화, 유구한 역사가 있다고 설명한다면 그들에게 깊은 인상을 주지 못할 것이다. 그러나 구체적으로 베이징의 고궁, 바다링(八達嶺) 만리장성, 시안(西安)의 진시황 병마용 등을 설명한다면 외국인들은 자연스럽게 중국의 문명과 역사를 존경하게 될 것이다.

이처럼 하나하나의 진실하고 구체적인 지역이미지는 생동감 있고 풍성한 국가이미지를 구성하며, 지역은 국가의 공공외교 전반에서도 지극히 중요한 책임을 담당한다. 오늘날 지역의 대외홍보는 경제 글로벌화와 현대 과학기술의 끊임없는 발전이라는 큰 추세와 함께 추진되고 있다. 또한 지역의 경제, 사회의 끊임없는 발전으로 인해 중국을 이해하려는 외국인의 수요가 크게 증가하고 있다. 지역홍보는 분명히 중국의 전반적인 대외홍보에 크게 기여할 것이다.

1) 지역의 공공외교 수단

지역에서 공공외교를 추진하는 주요한 수단은 국제 우호도시 활동이다. 여기에는 지방정부의 '외사활동'(外事活動, 중앙정부의 외교활동과 구분되는 것으로 지방정부의 대외활동을 지칭함)과 지방 주민이 참여한 공공외교 활동이 있나. 국제 우호도시 활동은 이미 중국의 지방과 도시의 주된 대외교류 수단이다. 이것은 또한 중국과 교류 상대국의 양자관계에서 중요한 부분을 구성한다. 수십 년간 중국은 이미 126개 국가와 1,717건의 우호 성(省)·주(州)·도시 관계를 맺었으며, 초기의 양자협력 형태에서 다자협력 형태로 발전했다. 협력내용도 정치·경제무역에서 문화·교육·인재·도시건설·환경보호 등 다양한 영역으로 확대되었다. 또한 각 국가의 도시 간 정치·경제·문화 등 영역에서의 교류와 협력을 촉진하고 서로 다른 국가 국민들 간의 이해와 우의를 강화했다.[1]

이 밖에도 중국의 많은 성(省)과 시(市)에서는 다양한 지방특색의 국제문화제, 박람회와 국제포럼 등의 활동을 진행하는 관례를 가지고 있으며, 이것은 중앙정부의 부서나 위원회와 공동으로 주최하기도 한다. 이런 활동이 성공한다면 지방과 국가이미지를 동시에 높일 수 있다. 여기에서는 다음과 같은 세 가지 사례를 들고자 한다.

첫째, 1957년 중앙정부의 상무부와 광둥성 인민정부가 공동으로 주관한 중국 수출입상품 박람회(이하 광저우박람회, 廣交會)는 매년 봄과 가을에 광저우(廣州)에서 열린다. 행사기간, 수준, 규모, 교역상품 종류, 관람객, 교역효과 등에서 중국에서 최고로 손꼽히는 종합적 국제무역모임이다.

---

1 吳宇, 王宇丹 "中國已與126個國家建立了1717對友好城市關係", 〈新華社〉(2010. 9. 8).

둘째, 중국 국가라디오 · 영화 · TV 방송국과 상하이시 인민정부는 1993년에 공동으로 상하이 국제영화제를 만들었다. 이 영화제는 이듬해부터 국제영화 제작자연맹(FIAPF)의 인증을 받았고, 세계의 저명한 9대 국제영화제(Competitive Film Festivals)의 하나로 자리 잡았다. 뿐만 아니라 국내에서는 가장 중요한 영화계 모임으로 국제영화계에서 각광을 받고 있으며, '아시아 제일의 레드카펫'이라고 불린다.

셋째, 중국과 ASEAN 10개국의 경제무역을 주관하는 부문과 ASEAN 사무국에서 공동추진하는 광시(廣西) 좡족(壯族) 자치구 인민정부는 2004년부터 '중국-ASEAN 박람회'(약칭 남부박람회, 南博會)를 개최했다. 이 박람회는 국가급 국제경제무역교류 모임으로 매년 광시성 난닝(南寧)에서 열린다. 남부박람회는 '중국과 ASEAN 자유무역지대 건설을 촉진하고 협력과 발전기회 공유'를 취지로 상품무역, 투자협력과 서비스무역 같은 3대 내용을 포괄하고 있다. 중국과 ASEAN의 상품무역협력을 확장하는 새로운 무대로 활약하고 있다.

이 밖에도 지역에서 올림픽, 아시안게임(the Asian Sports Games)과 동아시안게임(East Asian Games) 등 대규모 국제경기대회를 개최하는 것도 국가이미지를 홍보하는 데 크게 기여한다.

아울러 각 지역에서 오랫동안 지속하고 있는 일들은 특히 주목할 만하다. 몇 년 전, 일부 지역에서는 현지의 문화, 경제 등을 소개하는 외국어 도서나 팸플릿(畵冊)을 제작하여 이를 중국의 해외주재 기관들을 통해 발송하고 현지정부를 방문하는 외국인들에게 배포하고 있다. 이 과정에서 한동안 현지에 찾아온 여행객이나 경제무역활동에 종사하는 외국인들을 소홀히 하여 그들이 중국에 있으면서도 적당한 정보를 얻지 못하는 상황이 발생하기도 했다. 이에 따라 각 성시에서는 '등잔 밑 밝히기'(灯下亮) 활동을 벌였다. 즉, 각종 기회를 활용하여 중국을 방문한 외국인들에게 외국어자료를 제공하여 일상에 필요한 기본정보를 제공하는 한편, 그들에게 현지의 특색을 소개하여 중국이미지를 홍보하고 있다.

2) 지방에서의 돌발사건 대응: 국가이미지에 미치는 영향

지방의 대외홍보에서 중요한 측면 중 하나가 바로 지방정부가 현지에서 발생한 공공적 돌발사건에 대응하고 이를 처리하는 것이다. 일부 지역에서 일어나는 공공적 돌발사건은 늘 국제사회의 주목을 받는다. 이런 의미에서 지방정부도 공공외교에 책임이 있으며 그들이 공공적 돌발사건에 대응하고 처리하는 행위에 공공외교의 성격이 내포되어 있다. 따라서 어떤 학자들은 이를 '돌발사건 공공외교'[2]라 부르기도 한다. 대부분의 경우 지방정부는 이런 공공적 돌발사건, 특히 위기사건의 가장 중요한 책임자이다. 정부가 돌발사건을 처리하는 능력과 수준은 지방정부 이미지와 관련될 뿐만 아니라, 국가이미지와도 관련된다.

돌발사건이 나타났을 때 지방정부가 제대로 처리하면 위기를 모면하고 지역의 긍정적인 이미지를 보여줌과 동시에 국가이미지 제고에도 도움이 된다. 그러나 반대로 위기를 악화시키면 지역이미지가 손상되고 국가이미지에도 부정적 영향을 미친다.

2008년 11월 충칭(重慶)에서 발생한 '택시파업' 사건은 '위기'를 '기회'로 전환한 전형적 사례이다. 11월 3일 7시경 충칭 시내 주요 지역에서 택시기사들이 파업을 하여 시민들이 외출하는 데 불편을 겪었다. 이런 위기상황에서 충칭시정부에서는 적극적으로 대응했다. 사건발생 당일 오전, 자발적으로 기자들을 초청하여 뉴스브리핑을 했으며, 오전 10시 신화사에서 일련의 보도기사를 냈다. 오후 4시 반에는 공식

2 張九桓, "公共外交芻議", 〈亞非縱橫〉, 第 2期 (2001).

기자회견을 열어 택시 운행정지 사건의 발생원인과 정부의 조치 등에 대해 설명했다. 사건발생 이틀 후, 충칭시 당서기 보시라이(薄熙來)가 택시기사대표, 시민대표들과 간담회를 갖고 그들과 직접 대면하여 대화를 나누는 과정이 TV를 통해 생방송되었다. 충칭시정부가 즉각적이고 자발적으로 전개한 공개적이고 투명한 소통방식은 이중의 효과를 거두었다. 파업은 평화적인 방식으로 종결되었고, 자신감 있고 투명하며 책임감 있는 정부이미지를 사람들에게 심어 주었다.

이와 선명한 대조를 이루는 사건은 2009년 후베이(湖北) '스서우(石首) 사건'이다. 호텔 주방장이었던 투원가오(涂遠高)의 비정상적 사망사건에 대한 유가족 및 여론의 의혹 제기에도 불구하고 현지 정부는 즉각 대응하지 않았다. 또한 '정전', '인터넷 통신망 연결 단절' 등 소식을 봉쇄하는 조치를 취하고, 기자들의 취재에 응하지 않았다. 사건 발생 3일 후에야 정부는 관변사이트를 통해 "비정상적인 사망사건 발생"이라는 제목으로 수백 자의 짧은 글을 발표했다. 그러나 자세한 내용을 언급하지 않아 일반사람들은 이해하기 어려웠다. 그 사이 사실과 루머가 섞인 각종 정보가 인터넷을 통해 빠르게 확산되었다. 현지정부가 뒤늦게 위기에 대응하고 봉쇄수단을 사용한 점은 위기상황을 악화시켜 수만 명의 주민들이 현장에서 구경하거나 소방대원, 경찰과 충돌하게 만들었다. 결국 민심도 잃고 정부이미지도 손상되었다.

위기사건이 끊임없이 일어나는 것은 일부 정부부처에서 장기간 형성되어 온 잘못된 PR(*Public Relations*) 관념과 관계가 있다. 일부 정부부처는 위기가 발생했을 때 습관적으로 침묵하고 소식을 차단하거나 또는 매체를 피하거나 통제하는 관(官)본위적 사고를 보이며, 또는 걸핏하면 정부를 국민과 대립적으로 보는 행태를 보인다. 만약 이런 관습적이고 잘못된 정부PR 관념이 시대에 맞게 발전·조정되지 않는다면 더 많은 '스서우사건'의 비극이 되풀이될 것이며, 수많은 위기관리

전략과 전술도 효력을 잃게 될 것이다. 왜냐하면 정확한 PR관념이 '도'(道)라고 할 때, 전략과 기술은 '술'(術)에 지나지 않기 때문이다. 만약 '도'가 틀렸다면 '술'이 아무리 좋아도 소용없다.

2005년 하얼빈에서의 수질오염사건은 일부 지방정부에서 위기사건에 대응하는 관습적인 사고방식과 그에 따른 잠재적 위험성을 반영해주었다. 수질오염사건 발생 조기, 현지정부는 국민들의 불안을 우려하여 수차례 매체와 국민들에게 사실을 숨겼다. 그 결과 '선의의 거짓말'은 그들이 의도한 대로 전개되지 않았고 오히려 사람들의 불안심리를 확산시켰다. '선의의 거짓말' 방침을 수정하고 사실을 국민들에게 공지하고 난 후에야 시민들의 불안심리가 다소 진정되었지만 정부의 신뢰는 조금씩 하락하고 있다.

위기사건을 처리하는 경험은 매우 소중하다. 같은 동북지방이지만 2년 후에 또 다른 수질오염사건이 지린(吉林)성에서 발생했을 때는 처리방식이 크게 개선되어 좋은 사회적 효과를 거두었다. 2007년 7월 28일 지린성 용지(永吉)현에서 대홍수가 발생했다. 용지현 경제개발구의 신야강화화학공장(新亞强化工廠)에서는 약 7천 배럴의 클로로트리메틸실란(Chlorotrimethylsilane)이 홍수에 휩쓸려 쑹화(松化)강에 유입됐다. 사건 발생당일, 지린성에서는 이러한 위험사실을 공지했다. 성정부는 쑹화강 연안에 8개 방어선을 설치하여 화학유해물질의 유입을 막는 신속한 조치를 취했다. 지린의 화학회사는 200여 명의 전문 긴급대책반을 현장에 파견하는 등의 조치를 취해 사회적 위기를 무사히 넘길 수 있었다.

그러나 지방정부의 PR관념은 2009년 허난(河南)성 치(杞)현의 '코발트 60(Co-60) 누출사건'을 통해 다시 한 번 한계를 드러냈다. 2009년 7월, 현지 한 방사선 조사(*irradiation*) 공장에서 기계고장이 발생했는데, 많은 사람들이 떠도는 소문을 듣고 '방사능 누출로 인해 폭발사고가 발생할 것'이라고 믿었다. 이런 상황에서 현지정부는 적시에 권위 있는 입장을 발표하지 않고 머뭇거렸다. 소문이 진실인 줄로만 알았던 많은 주민들은 40도의 무더위에 가족과 함께 주변지역으로 피난을 떠났다. 일시적으로 승용차, 트럭, 삼륜차 등이 주변지역으로 통하는 도로를 마비시키며 심각한 사회혼란을 야기했다. 비록 정부의 권위 있는 발언으로 유언비어는 사라졌으나 현지정부는 이미지에 큰 손상을 입었다. 이 사건은 지방정부의 적절한 위기처리 실패가 사태를 통제하기 어려울 정도로 확산시키는 결정적 요인임을 잘 보여 준다.

이러한 사례에서 알 수 있듯이, 글로벌화와 뉴미디어 시대에 지방정부는 근본적으로 위기관리수준을 높이고 공공외교의 시각에서 책임져야 지역이미지라는 '한 페이지'를 잘 그려낼 수 있고 나아가 국가이미지라는 '앨범'에 긍정적 역할을 할 수 있다. 지방정부는 돌발사건 대처에 대한 기존 관념을 바꾸어야 한다. 즉, 차단과 봉쇄에서 개방으로, 늑장대응에서 적시대응으로, 모놀로그(*monologue*)에서 다이얼로그(*dialog*)로, 내부통지에서 매체PR로 변화해야 한다. 각급 지방정부는 이러한 과학적인 PR과 공공외교 관념을 수립해야 한다. 또한 이를 모든 정책결정자들이 내면화하여 정부공공위기를 처리하는 '프로세스'가 형성되도록 해야 한다.

2. 뚜렷한 특징을 지녀야 할 지역홍보(地區傳播)

현재의 지역 대외홍보는 다음과 같은 두 가지 경향을 보인다. 첫째, 해당지역의 특색을 찾아볼 수 없고 지역 자체의 장점을 내세울 줄 모르는 것이다. 둘째, 사실 위주가 아닌 공허한 형용사로 묘사하거나, 심지어 임의로 조작하거나 지나치게 과장하는 경우가 있다.

홍보자원은 지역이 가진 특색 있는 문화자원에 기초하여 자체적으로 발굴해야 하며, 대외적으로 홍보할 때는 각지의 구체적 실정에 맞는 방법으로 그 지역만의 독특한 점을 선명히 부각시키고, 지역사회의 발전과 역사문화자원을 충분히 활용해야 한다.

중국은 국토의 면적이 넓고 찬란한 문화와 유구한 역사를 가진 국가이다. 문화유형으로 보면 독서문화, 가정문화, 교육문화, 종교문화와 음식문화, 복식문화, 여행문화, 기업문화 등이 있다. 지역적으로 분류하면 각 민족문화와 지역문화, 예컨대 연조(燕趙) 문화, 제노(齊魯) 문화, 초한(楚漢) 문화, 장강삼각주(長江三角洲) 문화〔장쑤(江蘇) 성과 저장(浙江) 성 지역의 문화〕, 민월(閩粵) 문화, 홍콩 · 마카오 · 타이완문화 등이 있다. 이러한 유형과 지역마다 나름대로의 문화전통과 특징이 있다. 이런 것들은 모두 대외홍보에 있어서 매우 풍부한 자원이다.

또한 각 지역마다 무한한 자원을 갖고 있다. 예컨대 각종 사회발전, 문화생활의 다양화, 민족의 단결발전 등과 같은 내용은 중국인들이 보기에는 일상사일지 모르지만 외국인들에게는 새로운 내용일 수 있다. 그러나 홍보대상의 수요와 현지의 특징을 잘 연결시켜야만 대외홍보 내용의 차별성을 확보할 수 있다.

산둥(山東)을 예로 들어보자. 대외홍보 문화상품 개발에 있어서 산둥은 공자 등 선현(先哲)들의 조각상을 중점적으로 개발할 수 있다. 고대 그리스에는 소크라테스, 플라톤, 아리스토텔레스와 같은 철학자가 있는 것처럼, 중국에는 공자와 같은 위대한 인물이 있다. 공자는 산둥의 것이기도 하지만 전 중국의 것이고 또한 전 세계의 것이기도 하다. 필자는 많은 나라들을 방문하면서 현지인들이 정밀한 모형틀에 화강암 분말과 수지를 섞어 만든 현지 유명인사들의 정교한 조각상을 관광상품으로 판매하는 것을 보았다. 이런 상품들은 크기도 다양하고 이미지도 실물 같아서 관광경제의 발전을 이끌고 있었다. 더욱 중요한 것은 현지의 문화자원, 국가이미지 보급에도 매우 좋은 역할을 하고 있었다. 중국도 이런 방법을 본받아 공자를 대표로 하는 중국 철학자들의 조각상을 세계에 선보이고, 이를 통해 공자의 모습과 표정을 모두 갖춘 '표준화'된 일련의 상품을 디자인하여 제작해볼 만하다. '표준화'된 일련의 상품은 각종 장소에 비치할 수 있고, 대외 증정용이나 판매용으로 사용될 수 있을 것이다. 또한 공자상을 통해 동방 철학자들의 지혜와 기품을 전할 수 있을 것이다. 이로써 공자에 대해 비교적 통일된 좋은 인상을 외국인들에게 남길 수 있을 것이다. 고향의 재료로, 고향사람들이 만든 조각상이 해외에 우뚝 서 세계가 중국철학자들의 사상의 빛을 함께 나눈다면 얼마나 자랑스러운 중화문화가 될 것인가!

이제 변경지역을 예로 들어보자. 중국의 변경지역은 여러 국가와 인접해 있는데 이런 지역들은 대외홍보에서 우위를 갖고 있다. 변경의 무역왕래는 그들이 인접한 국가와 언어, 문화에 대해 비교적 익숙하기 때문에 왕래도 비교적 쉽다. 예컨대, 몇 년 전 내몽골자치구 방송국이 몽골에 몽골어 드라마 〈수호전〉(水滸傳)을 방영했는데 시청률이 매우 높았다. 또한 〈수호전〉의 주제곡 '호한가'(好漢歌)는 몽골어로 노래하기에 매우 적합하다고 했다.

이 밖에 유의해야 할 점은 대외홍보를 할 때 많은 시간을 할애하여 대부분의 중국인들조차 모르는 특이한 문화현상을 설명하는 것은 적합하지 않다. 특히 오늘날의 시각에서 볼 때 이미 시대에 뒤떨어진 문화를 언급하여 외국인들이 일부 현상을 전체 현상으로 판단하여 오해하지 않도록 해야 한다.

3. 지역경제발전 성과를 해외에 알리기

경제 글로벌화와 과학기술이 빠르게 발전하는 때에 서구선진국과 신흥공업국들, 그리고 그 지역과 도시들은 모두 자신의 경제이미지를 만들고 홍보하는 것을 중시하고 있다. 미국의 매체들은 보도과정에서 자주 그들의 경제력을 홍보하여 자국을 세계최강의 경제대국으로 묘사한다. 또한 유럽연합 각국의 매체들은 보도과정에서 항상 자신들이 세계 정치, 경제구도에서 '하나의 극'으로서의 실력을 갖추고 있음을 주요한 홍보내용으로 삼고 있다. 일본의 대외홍보는 무역대국, 세계의 몇몇 대형 채권국의 하나로서 그 경제적 지위를 강조한다. 한국, 싱가포르, 브라질 및 기타 발전이 빠른 국가들은 그 주체가 정부관료든 매체든 모두 경제발전 속도를 주요 홍보내용으로 삼고 있다. 일부 세계적으로 유명한 뉴욕, 런던, 파리, 도쿄와 같은 대도시들은 대외홍보에서 특히 그들이 세계의 금융, 무역중심이라고 홍보하며 고도로 현대화된 대도시의 이미지를 내세운다.

개혁개방 이후, 중국 현지 경제사회에 대한 각 지역매체들의 보도도 큰 성과를 거두고 있다. 예컨대 남방지역 현지매체들의 선전(深圳), 주하이(珠海), 산터우(汕頭), 샤먼(廈門)과 하이난(海南) 등 경제특구에 대한 보도, 광둥성의 현지 '광저우 박람회'를 필두로 무역대성(貿易大省)의 지위를 강조한 보도, 상하이의 푸둥 경제개발구와 금융중심지 그리고 현대화 공업도시로서의 위상을 강조한 보도, 톈진의 뒤늦은 개발에도 불구하고 연해지역 다른 도시의 발전을 추월한 발전성과에 대한 보도, 그리고 중서부와 동북의 지방매체의 서부대개발을 실시하고 '동북진흥', '중부부상' 전략이 가지는 의의와 이에 관련된 보도 등이다. 이런 홍보기사는 중앙매체보다 보도횟수가 많을 뿐만 아니라 생동감 있고 구체적이기 때문에 해당 성, 해당 지역의 이미지를 보다 잘 구축할 수 있다. 또한 이는 외국인들이 중국특색의 사회주의 현대화건설의 생기와 활력을 깊이 느낄 수 있게 할 것이다.

06

문화에 기초한 대외홍보의 전개

대외홍보는 공공외교의 주요한 방식이지만 모든 공공외교 활동은 초국적 문화(跨文化)의 속성을 가졌다. 인류가 진화하고 발전하는 과정에서 문화는 공동으로 형성되고 발전한 것이다. 따라서 일정한 계승성과 공통점이 있다. 그러나 역사, 민족 그리고 지역의 차이로 인해 문화는 상당한 차이점 또한 지니고 있다. 비록 문화 간 교류에 있어 언어, 가치관, 역사전통 등 다양한 측면에서 한계가 있지만, 그동안의 실천을 통해 볼 때, 문화에 기초한 공공외교가 상호이해를 증진시키는 매우 효과적인 방법이란 것이 입증되고 있다.

중국은 언어, 역사와 문화의 특수성으로 인해 다른 나라, 특히 서구국가들과는 문화적으로 큰 차이가 있다. 이는 세계가 중국을 이해하고 중국이 세계를 이해하는 데 걸림돌과 어려움이자 나아가 현대중국의 공공외교의 새로운 과제이기도 하다.

1. 문화: 인류 공통의 DNA

인류가 존재하는 한, 문화와 공생한다. 모든 국가 간 교류에는 문화적 요소가 포함되어 있다. 경제글로벌화 추세가 지속적으로 강화되면서 세계 각국의 교류는 갈수록 광범위해지고 심화되고 있다. 이 가운데 문화적 요소의 역할이 더욱 커지고 있다. 문화의 영향은 문화교류 자체에 구현되기도 하지만, 정치, 경제협력 그리고 민간교류 등 모든 영역에 포함되어 있다. 문화적인 상호이해는 모든 영역에서의 상호이해를 위한 토대와 다리를 마련해 준다. 이에 반해 문화적 차이와 오해는 교류의 걸림돌이 되기도 한다. 따라서 문화는 인류의 모든 영역에서 작용하는 DNA라고 할 수 있다.

'차이를 존중하고 다양성을 포용'하는 원칙을 통해 인류문화에 접근하는 것은 전 인류의 근본이익에 부합한다. 문화적 차이에 적극적으로 대처하고 문화의 다양성을 존중한다면 문화 간 소통이 수월해진다. 또한 우리가 문화의 차이를 서로 보완하고 학습하며 공동번영의 자원으로 삼는 데 도움이 된다. 그러나 어떤 문화를 다른 문화에 강요한다면 문화의 비극을 초래할 수 있다. 이것은 인류 역사와 현실에서 반복적으로 검증된 사실이다.

2. 보편적 문화 차이

인류문화의 다양성은 매우 중요하고, 인류가 존재하는 한 문화와 공존해야 하는 것은 인류의 영원한 과제이기도 하다. 문화의 '다양성'은 객관적으로 존재한다. 서로 다른 민족, 서로 다른 국가가 오랜 역사 발전과정을 통해 점차 다른 문화유형을 형성하게 되는데 이것이 바로 문화의 '다양성'이다. 이미 역사가 된 문화든, 아니면 지금 형성중인 문화든, 또는 끊임없는 변화가 진행 중인 문화든, 그 어떤 문화도 역사의 선택을 거쳐 각 민족의 의지와 결합하여 형성된 것이다. 이는 생물의 종의 다양성이 대자연의 선택결과라는 것과 같은 이치이다. 경제 글로벌화가 아무리 빠르게 발전한다고 해도 문화의 다양성은 여전히 오늘날 세계의 기본특징이며 인류사회가 지속적으로 존재하고 발전하는 방식이라고 할 수 있다.

어떤 문화든 오랜 형성과정이 있고, 각자의 종교, 철학전통과 깊고도 복잡한 관계가 있다. 량수밍(梁漱溟) 선생은 〈표 6-1〉과 같이 서양, 중국, 인도에서 종교와 철학의 측면에서 나타난 공통점과 차이점을 자세하게 비교하였다. 이것은 우리가 문화의 다양성을 이해하는 데

〈표 6-1〉 서양, 중국, 인도의 사상

구분		서양	중국	인도
종교		초기사상에서 강한 힘을 가졌으나, 이후 비판을 받고 힘을 잃었으며 시대에 따라 점차 변화함.	평소 이에 대한 관심이 많지 않았음. 이후 다른 문명을 모방하여 이에 대한 관심이 넓어짐.	사상의 모든 것을 차지하고 있음. 그 힘도 변화 없이 시종 압도적임.
철학	형이상학	초기에 흥성했지만 이후 비판을 받아 거의 명맥을 잃음. 현재 힘을 잃은 채 길을 모색 중.	독자적인 것으로 서양, 인도와는 완전히 다름. 그 힘도 매우 폭넓고 변함이 없음.	서양과 같지만, 연구의 동기는 다름. 종교와 함께 흥성하였고, 이후 변화 없음.
	지식	현재 성행하고 있음. 모든 것을 누르고 철학의 중심문제가 됨.	관심이 거의 없음.	연구가 진행 중이고 섬세하지만, 흥성하지는 않음.
	인생	앞의 두 가지 만큼 흥성하지 못하고 허술함.	가장 흥성하고 심오함. 형이상학과 연결되어 중국철학의 전부를 차지함.	종교로 귀결됨. 종교 외에 다른 인생사상이 거의 없기 때문에 윤리관념이 희박함.

출처: 梁漱溟, 《东西文化及其哲学》(上海: 上海人民出版社, 2006) p.71.

도움을 준다.

문화에는 인위적으로 통일된 표준이나 모델이 없으며 WTO처럼 많은 국가가 공인하는 '규칙'을 제정할 수도 없다. 인력으로 작물재배를 하는 농업국에게 몇 년 사이에 농업생산의 기계화를 실현하라고 요구할 수 없으며, 컴퓨터가 부족한 국가에게 몇 달 사이에 인터넷을 보급하라고 요구할 수 없다. 또한 한 나라의 법률체계를 다른 나라의 법률로 대체할 수 없으며, 어떤 종교를 믿는 민족에게 신앙을 바꾸라고 요구할 수도 없다. 문화는 신앙이고 가치관이며, 사고방식이고 생활방식이기도 하다. 문화는 기계가 아니고 컴퓨터도 아니며, 함부로 조작규칙을 변경하거나 다른 프로그램을 설치하여 작동시킬 수 있는 것이 아니다.

3. 문화 차이와 커뮤니케이션 장애

교육배경의 차이, 사고방식의 차이, 언어표현의 차이, 종교관의 차이와 같은 모든 것은 모두 문화적 차이이다. 이런 차이가 문화 간 교류과정에서 나타날 때는 언어와 표현방식의 장애로 나타나며 심지어 교류, 홍보, 커뮤니케이션과 협력의 장애를 만들기도 한다.

예컨대 종교신앙의 차이를 보자. 오늘날 세계 인구의 81%가 자신이 종교를 가졌다고 밝혔지만, 13억 명의 중국인구 중에서는 오직 1억 명에서 2억 명(많은 사람들이 부처를 믿지만 자신이 불교도라고 생각하지 않음)만이 종교를 믿는다고 했다. 어떤 외국 신자들은 이런 수치에 근거하여 중국인들이 천국에도 가고 싶지 않고 지옥도 무서워하지 않기 때문에 아무런 거리낌 없이 행동한다고 생각한다. 이것은 오해다. 사실 중국인들이 종교를 믿지 않는다고 해서 신앙이 없는 것은 아니다. 그들에게는 수천 년 동안 전통문화를 통해 이어져온 '문화신앙'이라는 것이 있다. 중국인의 문화신앙에는 배타적인 신이 없다. 따라서 중국인들은 각종 종교에 대한 뚜렷한 배타성이 없다. 중국인의 문화신앙은 '화'(和)라는 정신으로 구현되고 '인의예지신'(仁義禮智信)이라는 신념으로 나타난다. 또한 '하루에 세 번 자신을 반성하자'(吾日三省吾身)는 교훈에 따라 친구와의 교제에서 신의를 버리지 않았는가 등에 대해서도 반성하고 돌아보는데, 이 역시 중국인의 문화신앙이라고 할 수 있다. 이처럼 중국인들은 자신들의 신앙을 굳게 지켜왔기 때문에 중국문화와 문명은 수천 년 동안 이어져 올 수 있었다. 문화신앙과 종교신앙에는 서로 통하는 점도 많아 절대적인 대립이 존재하는 것은 아니다.

언어적 장애라는 측면을 보면, 중국 언어문자의 특수성으로 인해 중국인들은 대외교류에 있어서 서구 각국 간 교류보다 더 심각한 장애를 겪고 있다. 중국어는 사용자가 가장 많은 언어이기는 하지만 사용하는 나라가 많지는 않다. 영어, 불어, 독일어, 스페인어와 비교할 때 중국어는 독특하여 번역에도 많은 어려움이 있다. 번역자들은 외국어에 능통해야 할 뿐만 아니라 자신이 원저자의 사회생활환경에 처해있다고 상상하고 그들의 문화와 그들이 전달하고자 하는 내용의 배경을 이해해야 한다. 또한 번역을 접하는 사람들이 처한 사회생활환경과 문화배경도 고려해야 한다. 그렇지 않으면 '격의'(格義) 현상이 나타나기 마련이다. 즉, 주관적이고 편파적으로 자신의 문화배경에 근거해 상대방의 뜻을 해석하고 이해함으로써 외국문화를 '수정'해버리는 것이다. 예컨대 당나라 이전에는 외부에서 전해온 불경을 번역할 때 유가와 도가(道家) 사상으로 불경을 '격의'하였다. 오늘날 번역과정에서도 이에 대해 유의하지 않으면 새로운 '격의'현상이 발생할 수 있다. 이런 이치는 외국인이 중국어를 번역할 때도 똑같이 적용된다.

교류과정에서 나타나는 표현방식의 차이도 문화배경이 다른 사람 사이에서 장애가 되기도 한다. '중국식' 표현방식에 익숙한 우리는 외국의 수용자들의 필요에 적합한 교류방식을 잘 알지 못한다. 사교의 예의를 예로 들어보자. 만약 우리가 교류하는 대상의 에티켓을 잘 모른다면 깊이 있는 교류가 불가능하고 신뢰감을 구축하기 어려울 것이다. 또 예컨대 언어습관을 보아도 중국인들은 일반적으로 큰 것에서 작은 것에 이르는 서술방식에 익숙하다. 이는 편지봉투에 수신자 주소를 적는 순서는 물론, 우리가 정세를 논할 때도 먼저 국제정세를 언급하고 차츰 국내정세를 언급하는 데서도 나타난다. 그러나 서양인들의 습관은 이와는 정반대이다.

이 밖에도 해외독자들을 상대로 글을 쓸 때, 단지 형식만을 추구하고 의미전달은 소홀히 하여 중국인들이 습관적으로 사용하는 단어에 대해 충분히 해석할 수 있는 여지를 주지 않으면 외국인들의 오해를 사기 쉬우며 좋은 홍보효과를 거두기 어려울 것이다. 예컨대 '중국특색의 사회주의 시장경제'에 대해 어떤 외국인들은 특별한, 색다른 시장경제일 것이라고 생각하고 이에 근거하여 중국이 완전한 시장경제라는 것을 부인한다(또는 이를 핑계로 인정하지 않을 수도 있다). 그러나 사실 세계 각국의 시장경제는 모두 다르다. 미국, 일본과 유럽도 서로 다르며 유럽각국 사이에도 차이가 있다. 중국은 단지 이런 다른 것들 중 하나에 불과하며 시장경제라는 공통된 특징에 일부 중국특색을 추가했을 뿐 '완전히 특수한' 시장경제는 아니다. 또 예컨대 우리가 간혹 말하는 '사람의 힘으로 운명을 극복할 수 있다'(人定勝天)는 것은 자연재해를 극복하는 정신과 자연을 이해하는 탐색과정을 의미하는 것인데, 외국인들은 종종 중국인이 자연을 존중하지 않는다고 오해한다.

4. '대화'와 '한정된 컨센서스'(共識)

문화는 한 민족의 영혼과 생명이며 이런 문화를 지탱하고 있는 민족 자체와 공생한다. 특정한 종교, 문화, 종족과 민족 배경 아래 자아를 고집하고 타자를 무시하는 것은 오만, 편견, 원한을 만드는 근원이었다. 한 민족의 문화를 배척하고 억제하는 것은 그 민족을 배척하고 억제하는 것과 마찬가지이며 이는 인류의 조화와 공동번영이라는 이념에 위배되는 것이다.

어떤 문화든 모두 그 안에 독특한 정신세계와 영혼이 있고, 어떤 주의(主義)도 그 안에 핵심적인 신앙이 있으며, 어떤 사회도 그 안에 핵심적인 가치 관념이 있다. 서로 다른 문화가 만나면 교집합이 있을 수도 있고 여집합이 있을 수도 있으며 공통점이 있는가 하면 차이점도 있다. 인류가 같은 지구에서 생활하려면 소통이 필요하고 소통과정에서 '구동존이'(求同存異)에 도달하려면 어떤 점이 '같고' 어떤 점이 '다른'지를 알아야 한다. '구동'(求同)을 통해 서로 통하는 출발점을 찾을 수 있는데 이는 매우 중요하다. 서로의 차이를 알아야 하는 것은 그것을 포용하고 존중하기 위해서이다. 따라서 이 부분도 소홀히 할 수 없다. 두 문화 사이에 '완전한 컨센서스'를 추구한다는 것은 불가능하다. 그러나 양자가 대화를 통해 '한정된 컨센서스'에 도달하는 것은 기대할 수 있다. 필자와 미국의 저명한 신학자 루이스 팔라우(Luis Palau) 박사가 함께 인정한 것처럼 과학자와 신학자는 각자 지식의 산을 갖고 있다. 이들은 서로 사이좋게 지내야 하는데, 각자의 산에서 서로 인사하고 어떤 문제에 대해 각자의 경험과 체험을 나눈다. 이것이 곧 대화이다.[1]

---

1 趙啓正 · Luis Palau, 《江邊對話 --一位无神論者和一位基督徒的友好交流》(北京: 新世界出版社, 2006). 이 책은 이미 영어, 스페인어, 한국어로 번역되었다.

서로 다른 문화 간의 대화의 기초는 상통(相通)의 철학이다. 대화의 원칙은 솔직하고 정직해야 하며 '차이를 존중하고 다양성을 포용해야' 한다. 또한 대화의 목적은 '사람 간의 인연'을 중시하고 '국가 간 인연'을 맺어 공동의 염원을 이룩하는 것이다. 이것은 두 가지를 의미한다. 하나는 우리와 서로 다른 문화체계, 이데올로기, 신앙을 가진 사람들에게 우리의 관점을 받아들이도록 강요해서는 안 되며 우리의 관점을 이해하고 우리의 진심을 이해하기를 희망하는 것이다. 다른 하나는 우리가 대외적으로 중국을 설명하고 전달하는 출발점은 중국의 입장이며, 따라서 우리는 국격을 견지하고 국가명예의 굳건한 수호자가 되어야 한다는 사실이다. 요컨대 '한정된 합의'는 우리에게 문화 간 교류가 서로 다른 언어, 문화배경, 이데올로기를 가진 사람들에게 중국의 입장, 관념과 이야기를 전달하는 것임을 의미한다.

공자는 '충서'(忠恕: 충성과 용서)를 자신의 모든 학설에 나타난 '일관된' 정수라고 요약했다. 후세는 '충'을 자기신념을 열심히 신봉하는 것이고, '서'는 타인의 신념과 입장에 대한 관용과 이해라고 해석했다. 여기서 '충'과 '서'는 두 가지 측면을 융화한 것으로 지혜로운 삶의 경지를 의미한다. 이를 통해 우리는 최대한 타인의 독특성을 올바르게 바라보고 자신의 신념을 보다 높고, 자각적인 차원으로 승화시킬 수 있게 된다.

문화의 충돌과 융합에 대해서는 적극적이고 낙관적인 태도를 취해야 한다. 우리는 문화의 충돌과정에서 문화 간 상호참조와 상호보완에 관심을 두어야 할 것이다. 즉, 문화 간 충돌을 통해 다른 하나의 문화가 소멸되게 하는 것이 아니라 충돌과정에서 서로 상대방의 장점을 받아들여야 한다.

대외 홍보과정에서 소통은 반드시 필요하며 또한 가능하다. 이런 소통에는 학술적인 것, 예술적인 것, 경제적인 것, 정치적인 것이 있을 수 있다. 그러나 미국과 인디언의 문화소통에서 결국 인디언 문화가 거의 사라진 것처럼, 한 문화가 다른 문화에 동화되어서는 안 된다. 중국은 한편으로는 서구의 선진적인 내용들을 받아들이고 도입해야 하지만, 맹목적으로 서구화되지 않도록 해야 한다. 우리는 맹목적 서구화로 인해 중국 전통문화의 정수를 잃을 수도 있다. 심지어 부분적으로 자아를 상실하여 최종적으로는 동·서양문화의 격렬한 충돌을 야기할 수 있으며, 나아가 민족과 사회 발전을 가로막을 수 있다. 이른바 전면적 서구화(全盤西化)는 이론적으로도 성립되지 않으며 실천적인 측면에서도 결코 있을 수 없는 일이다.

인권문제를 예로 들어보자. 인권의 실현은 사회의 문명발전과 밀접한 관계가 있으며, 끊임없이 발전하는 과정이다. 각국의 경제발전 수준과 역사문화적 배경이 서로 다른 만큼 국가마다 서로 다른 발전방식과 인권모델을 채택하기 마련이다. 세계 각국이 똑같은 발전모델, 똑같은 인권모델을 채택하도록 요구하는 것은 인류발전 법칙에 부합하지 않으며 인권의 기본정신에도 위배된다. 중국과 서구가 인권문제에서 큰 차이가 있는 것은 확실하다. 그러나 이런 차이가 대항의 이유와 소통의 장애물이 되어서는 안 되며 오히려 소통을 강화하고 상호 참고하는 동력이 되어야 한다.

5. 문화의 동일성과 차이

문화의 다양성은 차이로 드러난다. 그러나 문화 간의 공통점과 차이점은 동시에 존재한다. 인류사회가 다원문화의 조화로운 공존을 실현할 수 있었던 것은 각종 문화가 인류 공동의 자산으로서 어느 정도 공통점을 갖고 있기 때문이다. 인류의 공통성은 서로 다른 문화 간에 존재하는 공통점들의 기초이다. 즉, 모든 문화가 포함하고 있는 사람과 사람 사이의 사랑과 관용, 행복에 대한 추구, 인류에 대한 궁극적 관심(*ultimate concern*) 등이다. 단지 신학자들은 궁극적 관심을 종교신앙으로 대답하고, 무신론자들은 과학의 진보가 이를 탐구해 낼 것이라고 기대할 뿐이다. 또한 기독교 문명은 '박애'(博愛), "타인을 자신처럼 사랑하라"(愛人如己), 심지어는 "당신의 적을 사랑하라"고 말하고, 이슬람 교리는 "당신은 무엇이 고통스럽다고 생각될 때, 그것이 모든 사람들에게도 고통임을 알아야 한다"고 말한다. 중국의 유교에서는 "인이라는 것은 타인을 사랑하는 것이다"(仁者愛人), "내가 원하지 않는 바를 남에게 행하지 말라"(己所不欲, 勿施于人), "내가 서고자 하면 남을 세워주고 내가 도달하고자 하면 남을 도달하게 하라"(己欲立而立人, 己欲達而達人)고 강조한다. 이처럼 각종 문화의 심층구조에는 공통성이 있으며, 이 때문에 서로 다른 문화 사이에는 서로 이해하기 위한 기초와 대화를 실현할 수 있는 가능성이 존재한다.

공통성은 차이점을 메우는 기초이며 차이점이 있기 때문에 나아가 소통하는 동력이 생긴다. 사람과 사람 사이의 소통이 때로는 서로의 이해를 구하는 것처럼, 나라와 나라 간의 소통도 서로 간의 차이점을 이해하고 나아가 보다 많은 합의에 도달하기 위해서이다. 문화 간 교류는 서로 다른 문화를 갖고 있는 사람들이 서로에게 호감을 갖고 자신들의 문화방식으로 진실한 관점을 전달하여 상대방의 이해, 존중과 인정을 얻는 것을 우선으로 해야 한다. 그렇지 않고 자신의 문화로 타문화를 동화시키거나 대체하려고 해서는(사실 실현 불가능하다) 안 된다.

대화의 과정은 '구동존이'를 실현하는 과정이다. 필자는 미국의 저명한 신학자이자 복음주의 전도사 루이스 팔라우 박사와 세 차례에 걸쳐 비교적 심도 있는 대화를 나누었다. 여러 저명한 신학교의 박사인 그와 무신론자인 필자는 《성경》, 유학 등 철학적인 화제를 두고 진솔한 대화를 나누었다. 내용은 《성경》과 하느님, 종교와 정신, 중국의 종교신앙, 중 · 서문화와 철학, 종교와 과학 등이었다. 대화를 통해 우리는 상대방을 보다 깊이 이해할 수 있었으며, 많은 컨센서스에 도달할 수 있었다. 때로는 의견 차이도 있었고 심지어는 심각한 대립도 있었지만 모두 유보해 두었다. 예컨대, 우리는 하느님, 현세와 영원함(永恒)에 대한 견해는 여러 측면에서 많이 달랐지만 이런 의견 차이는 서로를 존중하고 진정한 우정을 쌓는 데 방해가 되지 않았다. 우리는 자신과 다른 문화를 가진 상대방을 '다른 눈으로 보지' 않았다. 그렇기 때문에 첨예하고 대립적인 분위기로 흐르기 쉬운 화제들도 자연스럽고 부드럽게 전개되었다.

이런 구동존이에 기초한 대화는 양측이 서로 깊이 이해하고 합의에 도달하게 할 뿐만 아니라 이 대화를 경청하던 청중들도 폭넓은 배경지식을 습득하고 더 쉽게 대화내용을 이해할 수 있도록 만들었다. AP통신사의 최고경영자인 토머스 컬리(Thomas Curley)는 필자에게 "대화에는 배경과 연륜(經歷)이 있어야 한다는 말에 매우 공감하며 자오 주임과 팔로우 박사의 대화를 통해 중국의 유구한 역사와 뿌리 깊은 문화에 대해 알게 되었다"는 편지를 보내주었다.

한 나라의 문화를 관찰할 때는 그 나라의 전통문화와 대부분의 사람들이 표현하는 문화를 보아야 한다. 일시적이거나 한 가지 사건만 보고 판단하면 쉽게 치우치거나 잘못 이해할 수 있다. 따라서 부분적으로 쉽게 오해를 불러일으키는 특별한 사건, 특히 오해가 이미 발생했을 때는 제때에 사실과 설득력 있는 말로 설명해 주어야 한다. 다음과 같은 두 가지 사례를 들고자 한다.

> 2002년 필자가 독일 베를린에 있을 때, '9 · 11'사건이 발생했다. 그 후 며칠 동안 현지에서 열린 아태문화주간(亞太文化週) 기자회견장에서 어떤 사람이 이렇게 물었다. "'9 · 11'사건 이후 인터넷에서 중국 대학생들이 미국의 피습을 기뻐하고 있는데 이는 어떻게 된 것인가."
> 필자는 이렇게 대답했다. "중국의 1천여 만 명[2]의 대학생들은 아직 젊고 감성이 풍부하다. 그들 대다수는 인터넷 서핑을 즐긴다. 그들은 인터넷에서 이 소식을 접한 순간 중국의 주 유고슬라비아 대사관이 미국에 의해 폭격된 사건과 중국 근해에서 미국과 중국의 비행기가 충돌한 사건을 떠올렸을 것이다. 그래서 다소 흥분된 말이 오갔을 것이다. 이는 감정적 표현이지 철학적 사고(이 문제에 대답하기 직전 필자는 독일 철학에 대한 흠모와 철학적 소양을 지닌 독일인들을 존경한다는 내용을 언급했다)가 아니다." 청중들은 그제야 이해하고 박수를 치면서 "아~ 그런 일이 있었구나!"라고 반응했다. 오해와 불만이 있을 수 있는 상황이었지만 진솔한 대화로 문제를 풀 수 있었다.

2006년 9월, 필자는 베이징에서 있었던 '중 · 독 포럼'에서 중국과 독일 간 문화차이와 문화교류에 관한 연설을 발표했다. 당시 양국 국민들에게 널리 알려진 문화현상과 사건을 사례로 들었는데 청중들의 공감을 불러일으켰다.

---

2 이 기자회견은 2002년에 열렸는데, 당시 대학 재학생 통계이다. 2008년 현재 중국의 전문대학, 학부, 대학원생을 합치면 2,100만 명을 넘었다.

사례분석 2006년 9월 베이징에서 열린 '중 · 독 포럼'에서의 연설문(일부)3

중국과 독일 양국의 문화는 유구한 역사를 갖고 있다. 양국은 문화교류에서 서로 배우고 영향을 미치며 상대방의 풍부한 자양분과 정수를 흡수하면서 두터운 우정을 쌓아왔다.

독일은 유구한 역사와 찬란한 문화를 가진 나라이다. 오랫동안 중국인들은 주로 철학, 인문예술과 과학적 성과로 독일을 이해해 왔다. 물론 중국인과 독일인의 교류는 일본인, 미국인들과 비교하면 역사적 방식(평화적인 역사가 있었는가 하면 잔혹한 전쟁의 역사도 있었다)이 다르다. 또한 직접 대면한 교류도 매우 적었다. 중국이 개혁개방 정책을 실시한 최근 30여 년 동안 중국인은 독일과 독일 사람들을 알아갈 새로운 기회를 가지게 되었다.

얼마 전 독일은 성공적으로 월드컵을 개최했다. 축구는 독일문화를 가장 잘 전파하는 '울림상자'이다. 독일은 이 월드컵을 통해 20일 동안 독일문화와 독일정신을 세계에 알리는 '독일강의'를 했다. 수억 명의 중국인들은 TV를 보면서 저 멀리 떨어진 나라에 있는 사람들과 함께 환호하고 함께 긴장하고 함께 침울해 하기도 했다. 독일이 보여준 독창적 개막식, 강력한 축구팀, 국가에 대한 자긍심과 이성적 자신감은 세계의 주목을 받았다. 과거 조심스럽고 지나치게 신중하며 다소 낡은 것을 답습하는 듯한 인상이 완전히 사라졌다. 중국의 CCTV 방송국의 13개 채널만 해도 월드컵 기간 동안 290여 개의 프로그램을 방송했다. 부지런한 중국기자들은 축구경기만 보도한 것이 아니라 독일의 풍토와 국민정서에 대해서도 많은 분량을 할애했다.

독일은 비통한 역사를 경험한 나라지만, 훌륭한 점은 비극에서 깨우친 국가라는 것이다. 전 세계는 과거 역사를 깊이 반성하고 완전히 새롭고 정확한 역사관을 가진 독일에 경의를 보내고 있다.

중국도 우리들만의 유구한 문명과 찬란한 문화를 가진 나라이다. 중국문화는 독일을 포함한 많은 나라에 중요한 영향을 주었다. 칸트는 스피노자의 범신론(汎神論)이 노자(老子)의 영향을 받았다고 했으며, 1697년 라이프니츠는 그의 라틴어 저작 《중국근황》에서 "철학을 실천하는 면에서 유럽인들은 중국인만 못하다"고 언급했다. 괴테는 1827년 애커만과의 대화에서 "중국인들의 사상, 행위와 감정 면은 거의 우리와

3 공공외교영역의 더 많은 연설과 대화는 이 책의 실천편을 참고하라.

똑같아 그들이 우리와 같은 종류의 사람이라는 것을 쉽게 알게 된다. 다만 중국은 모든 면에서 우리보다 밝고(明朗) 순수하며 도덕에 부합한다"고 말했다. 세월은 이미 17세기에서 20세기까지 수백 년이란 시간이 흘렀고 당시 《중국근황》은 '중국의 옛일'이 된 지 오래다. 오늘날 사람들은 중국인과 독일인이 같은 종류의 사람이라는 것을 증명할 필요도 없게 되었고 중국과 독일에는 매일 수많은 항공편이 각각의 도시를 오가고 있다. 또한 인터넷을 통해 양국 국민들이 실시간으로 접촉할 수 있게 되었다. 그러나 언어, 지역, 역사와 이데올로기 등의 요인 때문에 중국과 독일 양국 사이에는 여전히 많은 문화적 차이가 존재하며 이런 차이가 양국의 교류에 지장을 줄 수도 있다.

문화적 차이는 우선 언어에서 나타난다. 중국어와 독일어는 모두 가장 독특하고 배우기 어려운 언어로 알려져 있다. 스위스 작가 하인리히 페더러는 독일어가 "무성하고 신비한 원시림으로서 그곳에는 큰 길이 없으며 생소한 오솔길뿐이다"라고 했다. 또한 한자는 표음문자(알파벳)에 익숙한 외국인들에게 더없이 어려운 과제이다. 정확한 중 · 독 번역에는 분명히 어려움이 있다. 이러한 어려움은 언어문자 자체의 요인도 있지만, 언어인지(認知) 차원의 요인도 존재한다. 또한 역사와 문화적 요인도 있고, 가치관에 관계된 요인도 존재한다. 진정한 번역은 문화의 번역이다. 번역을 통해 상대의 문화를 '본토화'(本土化)하는 것을 지양해야 한다. 예컨대 중국고대의 번역가들은 불경을 황로(黃老)사상 성향의 번역본으로 만들었다. 같은 책을 번역하더라도 옮긴이에 따라 완전히 달라질 수 있다. 따라서 상대방의 문화배경을 정확하게 이해하지 못한다면 교류과정에 장애가 생길 수 있으며 심지어 오해를 일으킬 수도 있다. 중국인과 독일인은 생활방식, 사고방식과 성격 등에서 큰 차이가 있다. 현대가정 생활에서도 독일인과 중국인은 많은 차이가 있다. 독일가정에서는 결혼한 여성이 밖에서 일하는 경우가 많지 않고 대부분은 집에서 아이들을 교육하며 가사를 돌본다. 그러나 중국에서는 맞벌이 부부가 일반적이기 때문에 24시간 보육하는 시설이 많으며 주말에야 아이를 집으로 데려온다. 그에 비해 독일인들은 아이와 부모가 함께하는 시간이 너무 짧으면 아이의 성장에 좋지 않으며, 심지어 비인도적이라고 생각한다. 또한 중국에서는 미성년자들이 연애하면 학교와 학부모들은 크게 긴장하면서 반대하지만 독일의 학부모들은 청소년들이 사랑을 알게 되었으니 기뻐해야 한다고 생각한다.

독일의 해외라디오 방송인 '도이체 벨레'(Deutsche Welle) 중국어판 홈페이지에 따르면 2006년은 '모차르트의 해'였다. 노르트라인 베스트팔렌(Nordrhein-

Westfalen)주 청년 교향악단이 중국을 방문하기 전에 독일에서 가진 연습공연에서 특히 중국 민요 '모리화'(茉莉花)와 '야오족 무곡'(瑤族舞曲)을 준비했다고 한다. 그 공연은 '야오족 무곡'으로 마쳤는데 독일 관중석이 들끓기 시작했고 지휘자가 다섯 번이나 커튼콜에 응했고 앵콜요청에 할 수 없이 '야오족 무곡'의 마지막 악장을 연주했다고 한다. 그러나 '모리화'로 공연을 마쳤을 때 독일 청중들은 침묵을 지켰으며 박수도 치지 않았다고 한다. 알고 보니 독일 청중들은 연주가 끝난 것인지 아닌지 몰랐던 것이다.

중국과 독일 양국은 국정이 다르기 때문에 서로 이해하지 못하는 점이 많을 것이다. 예컨대 저출산, 높은 복지를 실현한 독일에서는 중국의 산아제한정책을 잘 이해하지 못할 것이다. 또한 독일은 경제가 발전했기 때문에 중국이 왜 생존권과 발전을 우선순위에 두는지 이해하지 못할 것이다. 그러나 이런 것들은 중요하지 않다. 소통의 경로가 원활하기만 하면 점차 '구동존이'의 경지에 도달할 수 있기 때문이다. 양국 매체들도 이를 위해 충분히 노력해야 한다. 이 점에서 중국의 각 매체들이 적극적이고 많은 노력을 기울여 왔다. 그들이 보도한 독일관련 기사는 양적으로도 많을 뿐만 아니라 내용도 우호적 · 객관적 · 포용적이며 독일의 정치와 문화를 충분히 존중했다. 따라서 독일에 대한 중국인들의 이미지도 좋다. 그러나 이에 비해 도이체 벨레에서 보도하는 중국관련 기사는 종종 왜곡된 내용이 있으며 개선해야 할 부분이 분명히 있다. 시대는 우리가 같아질 것을 요구하기도 하지만 차이를 남겨둘 것을 요구하기도 한다. 만약 세계를 하나의 큰 꽃밭으로 만들고자 한다면 다양한 스타일을 자유롭게 추구해야 한다. 문화의 매력은 다양성에 있기 때문이다. 문화교류는 문화적 차이를 넘어 경제협력과 정치교류의 기초와 동력이 되어야 한다.

엥겔스는 《자연변증법》 서론에서 "지금은 거인을 필요로 하고 거인을 생산하는 시대"라고 말했다. 엥겔스는 다빈치와 뒤러 등 과학자와 사상계 거인들을 예로 들면서 16세기 르네상스는 거인을 필요로 했고 거인을 낳은 시대였다고 지적했다. 경제 글로벌화의 시대, 대형 제트여객기, 위성 TV와 인터넷이 보급된 시대는 문화적 차이를 넘어 조화로운 세계를 만드는 거인이 필요하다고 생각한다. 중국이든 독일이든 아니면 세계의 더 많은 지역에서 이런 거인들이 출현하고 있을 것이라고 믿는다.

데이터는 그 어떤 문화 간 교류에서도 통할 수 있는 유력한 근거이다. 데이터 비교를 통해 관점을 추출해내거나 데이터로 문제를 설명하는 것도 문화 간 교류에서 자주 볼 수 있는 방식이다. 필자는 어느 연설에서 청나라가 서구 열강들에게 지급해야 했던 배상금 액수에 대해 언급한 적이 있다. 오늘날 청중들이 청나라의 주요 화폐였던 은에 대해 인식하기 어려울 것을 고려하여 청 정부의 배상금과 당시 중국과 일본 양국의 한 해 재정수입을 다음과 같이 비교했는데 그 효과가 좋았다.

> 1840년부터 1911년에 이르기까지, 각국의 열강들은 모두 중국을 침략했으며 중국과 1,640여 건의 불평등조약(이면조약 제외)을 체결했는데 배상금액은 무려 은(銀) 13억 7천 냥(兩)에 달했다. 이러한 거액의 배상금은 중국의 재정상태를 심각하게 만들어 중국인들의 부담을 크게 가중시켰다. 이 중에서 1895년에 체결한 '시모노세키(下關) 조약' 배상액은 은 2억 냥이었는데, 이는 당시 청나라의 2년 이상의 재정수입이었으며, 일본의 1년 재정수입의 세 배가 넘었다. 이 돈의 85%는 일본 정부의 군비로 충당되어 이후 중국에 대한 침략전쟁을 일으킨 밑거름이 되었다.[4]

4 중국이 외국과 체결한 불평등조약에 관한 자세한 내용은 다음을 참고하라. Hosea Ballou Morese, 《中華帝國對外關系史》(上海: 上海書店出版社, 2000).

6. 중국의 입장을 세계에 알리기

문화적 거리를 단축하려면 표현방식이 국제화되어야 하고 예술적이어야 한다. '중국의 입장을 세계에 전달한다'는 것은 중국의 입장에서 자신을 진솔하게 해외에 전달할 때는 국제적으로 소통할 수 있는 방식으로 표현해야만 기대했던 효과를 거둘 수 있다는 것을 의미한다. 한 사람을 이해하기도 어려운데 한 민족을 이해하는 것은 더욱 어렵다. 중국인의 존중을 받았던 프랑스 드골 장군은 "사람과 사람 사이의 거리는 지구와 달 사이의 거리보다도 멀다"[5]고 말한 적이 있다. 그러나 우리는 세계의 다른 국가와 민족이 지리적, 문화적 거리와 걸림돌을 제거하고 더욱 가깝고 친밀하게 지낼 수 있기를 바란다. 문화 간 교류는 이 목표를 실현하는 방법이며, 표현과 소통방식은 이 방법이 얼마나 원활하게 진행되는지를 결정하는 것이다.

외교관, 대변인, 언론인 그리고 다양한 국제적 공공장소에서 발언하는 사람들은 당연히 자국의 입장에서 발표하는 것이며 청중인 외국인도 사전에 그렇게 생각하고 있을 것이다. 중국인의 대외전달은 우선 중국을 설명하기 위해서이다. 중국의 국정, 정책을 설명하여 외국인들의 궁금증을 해소해 주고 세계가 중국을 정확하게 이해하도록 해야 한다. 다만 유의할 점은, 국가 입장에서 외국인들을 상대로 말하고 글을 쓸 때는 국가의 정당한 이익을 수호하는 것도 중요하지만 동시에 상대방의 이익도 고려해야 한다. 완전히 자신만의 이익을 수호하는 것은 마치 '보호무역주의'와 같이 타국의 이익, 심지어 세계이익에 손해가 되며 자국의 이미지에도 부정적인 영향을 미칠 것이다. 이미지의 손실은 일종의 이익손실이다. 이 밖에도 국가입장에서의 언행은 실사구시

5 영어원문은 다음과 같다. "Going to the moon isn't very far. The greatest distance we have to cover is still between us."

적 태도를 필요로 하며 사실무근인 입장표명은 백해무익하다.

홍보는 일종의 예술로서, 수학이나 물리처럼 아무런 감정 없이 정확한 언어나 공식으로 묘사할 수 있는 것이 아니다. 오히려 홍보와 관련된 문학, 연극, 음악과 그림 등의 기호체계는 모두 감정이 이입된 것이다. 인간의 내면을 움직이는 연설은 근거가 분명하고 생동감 있는 언어를 통해 현실을 반영해야 한다. 대외홍보는 내용이 진실하다는 전제 아래 예술적 표현을 활용해야만 좋은 홍보효과를 거둘 수 있다.

중국이 대외홍보에서 특히 유의해야 할 것은 중국인은 잘 알고 있지만 외국인은 잘 이해하지 못하는 정치용어를 사용하지 말아야 한다는 것이다. 미래학자 존 나이스비트는 2010년 〈21세기 포럼〉에서 중국인은 항상 '중국특색의 시장경제'라고 말하는데 당신이 중국인이 아니라면 아마 이것이 무슨 뜻인지 잘 이해하지 못할 것이라고 말했다. 사실상 이 문제에 대한 가장 좋은 표현법은 "중국의 경제상황과 가치관이 끊임없이 변화하는 상황에서 형성되고 발전된 것이 중국의 시장경제"라고 할 수 있다. 그러나 서구와 소통하는 과정에서 '중국특색'에 대해 상세한 설명을 부연하지 않는다면 거의 모든 사람들이 이를 이해하지 못하거나 극소수의 사람들만이 이해할 것이다.

나이스비트는 차이나 스토리를 더욱 잘 전달하기 위해서는 "중국이 더 투명해지고 더 많은 외국인들이 중국을 소개할 수 있도록 중국의 정보를 (해외로) 내보내야 한다"[6]고 제안했다. 외국인이 객관적으로 중국을 관찰할 수만 있다면 진실에 가깝게 중국을 표현할 수 있을 것이다. 또한 언어와 문화배경 때문에 이들의 표현예술은 외국인들이 쉽게 중국을 이해할 수 있게 해 줄 것이다. 1936년 미국기자 애드가 스노(Edgar Snow)가 쓴 《중국의 붉은 별》이 바로 성공적인 사례라고 할 수 있다.

---

6 趙啓正 · John Naisbitt, Doris Naisbitt, 《對話: 中國模式》(北京: 新世界出版社, 2010). 이 책은 영문으로도 출판되었다.

07

문화 간 전파에서의 담론력 문제

담론의 힘이 있는지 여부는 자신의 목소리를 효과적으로 냈는지에 달려있고, 또한 청중에게 받아들여졌는지도 중요하다. 이른바 '청중에게 받아들여졌다'는 것은 청중이 당신의 관점에 동의하는 것과는 무관하게 담론 출처의 권위와 중요성을 고려해 진지하게 경청하고 담론이 자신에게 미치는 영향에 대해 생각한다는 것을 의미한다.

2010년 3월 필자는 전국 정협 기자회견에서 VOA(Voice Of America, 미국의 소리) 기자의 질문에 대답하면서, 정협은 강력한 '담론권'(話語權)을 가지고 있다고 말해 국내외 기자들의 흥미를 끌었다. 그들은 이를 잇달아 보도하면서 '담론권'이 '담론권력'(power of discourse)인지 아니면 '담론권리'(right of discourse)인지 질문을 던졌다.

사실상 우리가 해외홍보 영역에서 말하는 '담론권'은 담론의 힘이나 영향력을 가리키며 '소프트파워'의 범주에 속한다. 즉, '담론권력'이지 '담론권리'가 아니다. 이러한 사고에 기초하여, 이 책에서는 대외홍보에서의 담론의 영향력을 논의할 때, 흔히 사용하던 '담론권'이라는 개념을 '담론력'(話語力)으로 대신했다.

담론력은 국가의 국제지위와 발전에 관계된다. 문화 간 소통(cross-cultural communication, 跨文化傳播)의 객관적 사실과 경험은 지배문화가 흔히 강력한 물질적 토대, 기술력과 우수한 문화전통 및 표현예술을 갖추고 있다는 것을 의미한다. 따라서 국가 발언권이 강하고 약한 것은 적어도 두 가지 요인과 관련이 있다. 하나는 국가의 전반적 역량이고 다른 하나는 국가의 레토릭 능력(修辭力)이다.

1. 국력: 담론력의 기초

담론과 권력의 관계에 대한 논의는 국제 홍보방식이 어느 정도 발전한 후에 시작되었으며, 담론력은 맥락(*context*)에 따라 다른 의미를 내포한다. 서구의 학술사상, 담론의 권력문제는 그람시의 '헤게모니', 푸코의 '권력담론', 하버마스의 '합법화', 롤랑 바르트(Roland Barthes)의 '기호화', 보드리야르의 '시뮬라크라'(*simulacrum*)[1] 등으로 거슬러 올라갈 수 있다. 현재 많은 학자들은 여전히 이러한 이론을 통해 사회생활에서 일어나는 많은 문제와 현상들을 분석하고 연구하고 있다. 또한 대부분 문화 간 업무협력 과정에서 담론의 권력 또는 영향력이 중요한 기능을 한다는 사실에 공감하고 있다.

국제무역에서도 담론권 경쟁은 존재한다. 예컨대, 중국은 세계에서 가장 큰 철광석 수입국이지만 철광석 가격의 결정권은 오스트리아, 브라질과 같은 수출국의 손에 있다. 중국은 세계에서 제일 큰 희토류 수출국이지만 과거에 가격 결정권은 항상 수입국에 있었다. 왜 중국은 물건을 수출하는 입장에서든, 수입하는 입장에서든 항상 담론력이 없었는가? 여기에는 경제적 문제도 있고 문화적 문제도 있다. 국가 담론력의 기초는 국가의 종합국력이며 거기에는 물론 소프트파워도 포함된다. 국가가 강하면 담론력도 강하고, 국가가 약하면 담론력도 약하다.

2009년 3월, 저우샤오촨(周小川) 중국인민은행장은 주권국가에서 벗어난, 장기적으로 안정적인 화폐가치를 유지할 수 있는 국제기축통화를 만들어 주권 신용화폐가 기축통화가 되는 내재적인 결함을 피해

1 (역주) 프랑스어로 시늉, 흉내, 모의(模擬) 등의 뜻을 의미한다. 가상, 거짓 그림 등의 뜻을 가진 라틴어 시뮬라크룸(*simulacrum*)에서 유래한 말이다. 원본의 성격을 부여받지 못한 복제물을 뜻하는 개념으로 들뢰즈, 데리다 등의 철학자를 통해 현대 철학의 중요 개념으로 제시되었으며, 보드리야르 등의 사회학자를 통해 현대 사회의 특성을 담고 있는 개념으로 평가되었다.

야 한다고 주장했다. 국제 경제구조에서 보면 이런 제안은 일리가 있지만 미국의 근본이익을 건드렸다. 이에 대해 오바마 미국 대통령은 즉각 '글로벌 화폐'를 만들 필요가 없다고 주장했다. 오바마 대통령은 "미국은 투자자들이 인정하는 세계에서 가장 강력한 경제대국이며 정치제도도 가장 안정된 국가이기 때문에 달러의 지위는 굳건하다"고 말했다. 그는 '투자자들이 인정하는'이라고 말했는데, 이는 미국인 스스로 그렇게 생각하는 것이 아니라는 것을 암시한다. 저우 행장이 이러한 글을 발표한 직후, 가이트너 미국 재무부 장관, 버냉키 미국 연방준비제도 이사회 의장은 공개적으로 '글로벌화폐/기축통화'를 별도로 만드는 데 반대하는 입장을 밝혔다. 만약 10년 전에 중국인민은행장이 이런 발언을 했다면, 미국은 이렇게 열심히 경청하고 반대입장을 표명하는 데 급급하지 않았을 것이다. 이 밖에 아르헨티나, 브라질 등은 저우 행장의 제안을 지지하기도 했다. 지지든 반대든 이런 국가들이 중국의 목소리에 신속하게 반응했다는 사실 자체가 이미 중국의 담론력이 높아지고 있다는 것을 의미한다. 이것은 또한 경제관료나 경제엘리트들의 담론이 간혹 공공외교 효과가 두드러진다는 것을 알려준다.

2. 서구 매체의 게임규칙에 대한 적응

서구 매체는 오랫동안 강력한 지위를 차지해 왔다. 이로 인해 오늘날 세계 언론계의 게임규칙은 모두 서구 매체에서 기원하거나 그 영향을 받는다. 따라서 여론전략에서도 서구 매체의 게임규칙에 익숙해져야 하고 국제교류에서의 담론력을 강화해야 한다.

언어 헤게모니는 정치적 담론력에 영향을 미친다. 영어는 세계에서 보급률이 제일 높은 언어이고 '준 세계언어'인 만큼 영어는 국제담론의

'특권의 상징'이기도 하다. 영어가 널리 전파되면서 영어를 사용하는 나라들의 문화와 가치관도 널리 전파되었다. 이것은 거대한 문화적, 정치적, 경제적 이익을 가져다주었다. 그러나 중국어를 외국어로 번역하려면 비용이 많이 든다. 여기에는 언어의 전환뿐 아니라 문화를 뛰어넘는 전환도 있어 사람들이 외국원서를 정확하고 충분히 이해하기는 매우 어렵다. 언어에 헤게모니가 형성되었다는 것은 그 언어를 모국어로 하는 국가와 민족은 쉽게 정보헤게모니와 문화헤게모니를 장악하게 된다는 것을 의미하며 정치적 담론력에서도 유리하다. 이처럼 자국 언어의 영향력을 높이는 것은 국가의 영향력을 높이는 매우 중요한 방법이다. 많은 국가는 자국 언어를 전파하는 전략을 추진하는데 여념이 없다.

오랫동안 서구 매체가 중국을 보도하는 데는 세 가지 고정된 틀이 형성되어 있었다. 즉, '이데올로기 구조', '이익경쟁 구조', 그리고 '이데올로기 구조'에 속하지만 특히 강조된 '인도주의 구조'이다. 이러한 서구 매체의 게임규칙에 대한 중국의 대응은 다음과 같은 내용들을 포함해야 한다. 실사구시의 원칙을 견지하여 정보발표의 공신력을 강화하는 것, 다원화된 주체들이 발표하는 구조를 만들어 공공외교를 전개하고 민간의 목소리를 높이는 것, 국가의 표현능력(修辭能力)을 높여 긍정적 효과를 달성하는 것이다.

물론 대화에는 상대방의 반응, 반박과 저항이 포함되어 있지만, 더 중요한 목적은 서로 가까이하고 참여하고 공유하는 과정에서 그 혜택을 같이 누리면서 여러 행위자들이 상생하도록 하는 것이다. 예컨대, 경제영역에서 최근 몇 년 동안 중국은 국제경제 영역에서 충돌과 분쟁에 직면했다. 예컨대, 중국해양석유총공사(China National Offshore Oil Corporation, CNOOC)가 미 천연가스 회사 유노컬(Unocal)을 인수한 것에 대해 '미국 안보에 대한 위협'이라고 지적한 것, 서구에서 'Made in

China'의 브랜드위기를 조장하고 국제원자재의 가격상승 책임을 중국에 전가하는 것 등이다. 이처럼 경제전략의 기획 · 실시 · 확대는 반드시 여론기초의 형성 · 유도 · 대응이라는 여론전략 또는 어젠다 설정을 수반해야 한다. 중국경제의 여론전략은 더 이상 경제전략에 있어도 되고 없어도 되는 보충적 역할이 아니다. 갈수록 많은 상황에서 직 · 간접적으로 경제전략의 성패를 좌우하는 결정적인 요소가 되고 있다.

2008년 베이징올림픽 외신기자 취재규정은 중국이 국제관례를 참고하여 공공외교 차원에서 담론력을 강화하는 중요한 시도였다. 베이징올림픽을 준비하는 동안 중국정부는 '베이징올림픽 및 준비기간 동안 외신기자들의 중국 취재에 관한 규정'과 '베이징올림픽 및 준비기간 외신기자 취재서비스 가이드북'을 내놓았다. 이에 따르면, 외국기자들은 중국에서 취재대상 기관이나 개인의 동의만 있으면 취재가 가능했다. 이로 인해 해외매체는 중국 국민들과 가까이에서 접촉하는 것이 가능해졌으며, 중국 국민들은 세계를 향해 더욱 직접적이고 진실한 중국의 이미지를 전달할 수 있게 되었다.

3. 대외교류와 사실의 힘

대외교류에서 문화표현방식의 다양화는 물론 교류내용의 엄밀성과 사실성 또한 중요하다. 실사구시의 원칙 속에서 사실에 근거해서 말해야 설득력이 있다. 그렇지 않으면 쉽게 반박당할 수 있다.

사례분석 콕스는 사실에 근거해 말하지 않았다

1999년 5월 31일 국무원 신문판공실에서는 〈콕스보고서〉에 반박하는 기자회견을 열었다. 당시 82개 외국신문기관과 150여 명의 국내외 신문기자들이 기자회견에 참가했다. 국무원 신문판공실의 컴퓨터 엔지니어들이 참가자들 앞에서 직접 컴퓨터를 켜고 인터넷에 접속하자 컴퓨터 모니터와 연결된 대형 스크린에서는 '현재 미국의 핵보유 능력', '미국 핵무기의 지속적 타격', 'W80 탄두' 등 미국 핵무기에 관한 자료가 한눈에 펼쳐졌다. 국내외 기자들은 즉시 스크린에 몰려들었고, 수십 대의 카메라, 촬영기가 스크린을 찍고 있었다. 중국이 '훔쳤다'고 모함했던 이른바 미사일과 핵기밀은 사실 미국의 몇 군데 핵무기 연구소 홈페이지에서 쉽게 입수할 수 있는 내용들이었다. 이렇게 거짓말은 스스로 허점을 드러내고 무너졌다. 이 사건 이후 서구 매체들은 이번 기자회견에 대해 많은 보도기사를 썼다.

4. 국가레토릭(修辭)과 국가핵심담론의 역할

여기에서 말하는 '국가레토릭'은 두 가지 함의를 내포한다. 하나는 국가가 발전하고 국제관계를 처리하는 과정에서 사용하는 습관적인 용어, 예컨대 '통일전선', '발전이 더욱 중요하다'(發展是硬道理), '삼개대표'(三个代表) 이론 등이다. 이런 용어들은 전문사전에 규범용어로 수록될 수 있다. 다른 하나는 최근 자국에서 생겨난 개념을 설명하기 위해 만들어진 새로운 용어, 예컨대 '과학발전관'이다. 이런 경우 국가레토릭은 동적인 과정이므로 새로 만들어진 단어와 문구는 일정한 시간 동안 사용하면 익숙한 담론으로 정착된다.

국가레토릭의 주체는 국가이다. 단어와 문구의 혁신과 선별, 표현방법의 선택 그리고 발표시기의 선택 등은 국가라는 주체가 대내외적으로 발표할 때 반드시 고려해야 할 내용들이다. 실천과정에서 국가레토릭은 대부분 정치가, 사상가, 파워엘리트, 정부 대변인 등이 구체적으로 담당한다. 동시에 미디어는 국가레토릭 중에서도 가장 중요한 것을 선별한다. 이러한 과정 또한 국가레토릭이 국민들에게 인정받는 과정이기도 하다.

세계 제일의 강국으로서 미국은 국가레토릭의 역할을 매우 중시했다. 미국 대통령 취임연설에서 국가레토릭은 정점에 도달한다. 예컨대, 오바마 대통령은 취임연설에서 "나의 당선은 다시 한 번 미국은 어떤 일도 실현할 수 있는 국가임을 증명했다"고 말해 미국을 개인의 꿈을 실현할 수 있는 곳으로 표현했다. 나아가 예전에 봤던 미국의 홍보영상 서두에는 이런 내용이 담겨져 있다. "한 아이가 미국에서 태어났다. 이 아이가 미래에 무엇을 할 것인지는 누구도 모른다. 그러나 그는 미국 대통령이 될 수도 있다." 이런 표현은 매우 생동감이 있다. 오랜 홍보를 거쳐 '민주, 자유'는 이미 미국의 담론력을 구성하는 핵심단어가 되었다. 이번 상하이 엑스포 미국관에서 드러내고자 했던 가치관도 세 개의 단어 '다원, 혁신, 낙관'이었다. 물론 여기에도 '민주, 자유'의 이념이 내포되어 있다.

국가레토릭은 엄밀한 논리, 풍부한 내용으로 민의에 '부합'하는 이념을 표현하고 국가발전의 역사단계와 세계발전 정세에 대한 인식을 전달한다. 이를 통해 국민들을 매료시키고 고무시킬 수 있으며, 이는 타국 국민들이 자국을 이해하는 키워드가 되기도 한다.

국가레토릭은 국가담론력의 기본요소이다. 국가능력이 일정하다는 전제에서, 국가레토릭은 국가담론력을 강화할 수 있으며 국제여론에도 일정하게 영향을 미칠 수 있다.

국가레토릭은 '핵심담론'을 떠나서는 존재할 수 없다. 이른바 '국가핵심담론'은 한 나라의 정치, 경제, 문화 특징을 설명하는 데 없어서는 안 될 중요한 어휘이고, 담론이다. 이것은 국가의 핵심가치관을 구현하고 국가의 정치적 특색을 드러낼 수 있으며, 사회발전단계를 반영하고 대외적으로 국가의 기본 정치입장을 표명한다. 일국의 '핵심담론'은 대내적으로는 통일된 인식을 형성하고 대외적으로는 광범위한 이해를 얻는 역할을 한다. 중국 공산당 당대표대회 정치보고와 국무원의 정부공작보고는 '핵심담론'의 진원지이다.

국제관계를 처리하는 데 중국이 제기한 '평화공존 5원칙'은 바로 국가 핵심담론의 한 사례이다. 1953년 12월 저우언라이(周恩來) 총리는 인도정부 대표단을 접견하면서 처음으로 '평화공존 5원칙'을 제기했다. 그 내용은 영토주권에 대한 상호존중(이후 반둥회의 Asian-African Conference에서 주권의 상호존중과 영토완정으로 변경), 상호불가침, 상호내정불간섭, 평등호혜와 평화공존의 원칙이다. 1954년 6월 저우 총리는 인도와 미얀마의 초청을 받고 인도총리 자와할랄 네루, 미얀마 총리 우누와 회담했다. 회의를 마친 후 공동성명을 발표하여 '평화공존 5원칙'을 양자관계의 지도원칙으로 삼을 것을 재차 표명했다. 1955년 4월 아시아-아프리카회의는 인도네시아 반둥에서 열렸고 저우 총리는 이 회의연설에서 '구동존이'(求同存異)의 시대적 의의를 집중적으로 밝혔다. 그는 '구동존이'란 사회주의 제도와 이데올로기적 차이를 한편에 남겨두고, '평화공존 5원칙'의 기초에서 공통점을 찾아나가야 한다고 주장했다. 저우 총리의 발언은 회의에 참석한 대표들의 넓은 지지를 받았다. 마지막으로 '평화공존 5원칙'은 반둥회의 공동성명에 반영되었다. 이후 이 원칙은 중국이 다른 국가와의 관계를 해결하는 기본원칙이 되었으며, 독립자주 평화외교정책의 기초가 되었다. 또한 세계 대다수 국가들에 의해 수용되어 규범적인 국제관계를 형성하는 중요한 원칙이 되었다.

5. 국제정치대화의 담론력 경쟁

수년간 중국정치체제와 인권상황에 대한 공격은 서구의 반(反) 중국세력들의 주요한 정치이슈였다. 만약 우리가 중국의 진실한 상황과 관련 정책을 중국의 현실(성과와 존재하는 문제를 모두 포함)에 근거하여 외국인들이 이해하고 받아들일 수 있는 방식으로 설명하지 못한다면 국제정치대화의 경쟁에서 주도권을 장악하기 어렵다.

1) '인권백서': 주류담론으로 수용된 '인권'

중국정부의 백서는 영향력이 크다. 매번 백서가 발간되면, 세계의 주요 통신사들은 이를 적시에 보도하고 있으며 세계 주요 국가의 많은 기관, 심지어 정부에서도 이에 대해 평가하고 있다. 백서 편찬과정에서는 가능한 많은 사실을 설명하고 많은 통계를 활용하는 동시에 정확함, 간결함과 적시성을 추구한다. 이와 관련하여 국무원 신문판공실은 매년 국정, 외교, 국방, 인권과 지방문제에 관한 백서 4~5종을 발간하고 있다. 최근에는《기후변화에 대한 중국의 정책과 행동》, 《2008년 중국의 국방》, 《중국의 정당제도》, 《중국의 인터넷상황》, 《중국의 인권상황》, 《티베트 민주개혁 50년》, 《중국의 민족정책과 각 민족의 공동번영발전》 등을 발표했다.

1991년 11월 국무원 신문판공실에서는 처음으로《중국의 인권상황》백서를 발표했다. 이를 통해 중국정부는 '인권'을 주류담론에 포함시키기 시작했으며 국내외에 공식적으로 인권문제에 대한 중국정부의 태도, 입장, 기본정책과 실천상황을 알렸다. 이후 중국 인권발전 실정에 기초하여 국무원 신문판공실에서는 여러 종류의 인권에 관한 백서를 잇달아 발표했다. 이 중에는 티베트, 신장 등과 같은 지역의 인권상황을 전문적으로 다룬 내용도 있으며, 어떤 백서에서는 지적 재산권, 산아제한 등의 문제에 대한 특집도 있었다.

중국정부는 2009년 4월 13일 〈국가인권행동계획(2009~2010)〉을 발표하여 인권보호와 신장을 위해 향후 2년간 중국정부가 실시할 사업의 목표와 구체적 조치를 밝혔다. 이것은 중국이 최초로 인권을 주제로 제정한 국가계획이었다. 이 책자가 발표된 직후 국제사회의 폭발적인 반향이 일어났다. 각계에서는 중국의 인권사업이 거둔 중대한 발전이라고 평가하기도 했다.

2) 중국정치체제를 표현하는 담론력 강화

2005년 10월 국무원 신문판공실에서는《중국의 민주정치건설》백서를 발표했다. 백서에는 다음과 같은 내용을 담고 있다. 중국공산당의 영도적 지위는 중국인민이 민족의 독립, 부강한 국가, 행복한 생활을 추구한 오랜 투쟁과 실천과정에서 점차적으로 형성된 것이며, 이는 역사의 선택이고 인민의 선택이었다. 또한 현대 중국에서 중국공산당의 영도와 집정은 중국이 발전하고 진보하는 객관적인 요구이며, 중국 사회주의 민주정치는 중국의 국정과 사회발전요구에 부응하는 선택이다. 아울러 중국의 제도는 중국인민의 이익에 유리하며 절대다수 중국인들의 마음으로부터의 지지를 받고 있다.

《중국의 민주정치건설》 백서에서는 최근 20여 년 동안 중국사회주의 민주정치건설이 실천과정에서 거둔 많은 중대한 발전에 대해 소개하고 있다. 여기에는 인민대표대회제도, 중국공산당 영도 아래의 다당합작과 정치협상제도, 민족구역자치제도 등 국가민주제도의 끊임없는 개선과 발전상황을 포함하고 있다. 동시에 이 백서에서는 앞으로 극복하고 해결해야 할 많은 문제점들도 지적하고 있다. 예컨대 민주제도가 불완전하고, 법이 있어도 법대로 엄격하게 집행하지 않으며, 위법현상에 대해 추궁하지 않는 문제들이 여전히 존재한다. 또한 관료주의 행태와 부정부패현상이 아직 일부 부서와 지방에서 만연하고 확산되고 있으며, 권력 작동과정을 제약하고 감독하는 효과적인 메커니즘이 더욱 개선되어야 한다는 것 등이다.

《중국의 민주정치건설》 백서에 나타난 사례들은 중국의 진실한 상황을 세계에 공개하는 것이 중국 민주정치건설에 대한 국제사회의 의심과 오해를 풀고 외국 국민들이 중국의 민주정치제도를 정확하게 이해하는 데 도움이 될 수 있다는 것을 보여주었다.

08

번역
문화 사이의 다리

다른 언어를 쓰는 민족들이 소통하고 공존하며, 인류문명을 지속적으로 발전시키려면 반드시 번역의 도움을 받아야 한다. 인류가 번역을 통해 소통과 교류에 주력하는 노력은 위대하고 숭고하다. 고대 그리스문화의 전승과 전파에서부터 유럽 르네상스시기에 이르는 번역활동은 매우 다채로웠다. 또한 중국 동한(東漢)에서 당송(唐宋)에 이르는 불경번역, 명말청초(明末淸初)의 과학기술번역, 아편전쟁 이후의 '서학동점'(西學東漸), 5 · 4운동 이후 마르크스-레닌주의, 러시아 10월혁명의 불씨가 중국에 전파되기까지……. 세계의 문명발전이라는 오랜 역사에서 그리고 중화민족의 위대한 부흥이 진행되는 과정에서 번역은 없어서는 안 되는 길잡이 역할을 담당해 왔다.

1. 개혁개방과 번역사업

개혁개방은 중국의 모든 민족이나 국가에 새로운 기회를 가져다주었다. 개혁개방의 첫걸음은 전 세계와 교류하면서 수시로 국제동향을 파악하고 '나를 알고 남을 아는'(知己知彼) 것이다.

1980년대 초, 전국 각 성(省)의 신문을 펼쳐보면, 이 중의 몇몇은 국제뉴스나 국제논평을 한 편도 실지 않은 것을 발견하게 된다. 그것은 당시 중국의 국제교류가 너무 적어 일반 독자들이 국제적으로 어떤 변화가 있는지 큰 관심이 없었기 때문이다. 당시는 국제정보에 대한 중국 독자들의 수요가 형성되지 않았다. 그러나 오늘날은 예전과는 크게 다르다. 중국매체가 보도하는 국제기사는 갈수록 많아지고 있으며, 논평도 깊이를 더하고 있다. 일본의 내각교체, 미국 대통령의 중국방문 등과 같은 국제뉴스는 중국 국민들의 관심사가 되었다. 그 원인은 오늘날 중국이 이미 국제무대에서 중요한 일원이 되었고, 갈수록 늘어나는 국제교류로 인해 세계 다른 국가에서 발생하는 사건들과 중국의 관계가 밀접해졌기 때문이다. 이러한 변화과정에서 번역의 중요성이 갈수록 부각되고 있다.

상하이 푸둥지역 개발 초기, 국제시장을 개척하는 중요한 임무에서 최전선에 선 사람들은 번역 종사자들이었다. 필자는 예전부터 '외사는 칼, 경제는 몸'(外事爲刀, 經濟爲体)이라고 강조했다. 왜냐하면 대외개방을 위해서는 우선 외국인과 어울려야 하고, 중국을 정확하게 설명해야 하며, 중국의 경제정책을 정확하게 설명해야만 잠재성 있는 투자자들과 '지피지기'할 수 있기 때문이다. 해외시장을 개척할 때 우선적으로 외국어 능통자가 필요한가, 아니면 경제를 잘 아는 사람이 필요한가. 물론 경제도 알고 외국어도 잘하면 더 없이 좋겠지만, 당시 중국은 이런 조건을 갖추지 못했다. 기존의 교육방식 때문에 당시 개발구의

40세 이상 정부 공무원들은 외국어만을 잘하거나 혹은 경제만을 알았을 뿐 두 가지 조건을 모두 갖춘 사람은 비교적 적었다. '외사는 칼 경제는 몸'을 실천하는 것이 푸둥, 나아가 전체 상하이 발전에서 가지는 의의를 과소평가할 수 없다. 2008년 말까지 상하이에는 138개 국가와 지역의 외자기업과 체결한 직섭투자계약이 52,500건, 계약금액은 1,465억 1,600만 달러, 실제 투자한 금액은 847억 6,700억 달러였다. 상하이에 지역본부를 둔 다국적 기업은 224개에 달했고 투자형 기업이 178개, 외자연구개발센터가 274개에 달했다. 키신저 박사가 푸둥에서 '당신들은 이렇게 좋은 국제적 공공관계를 갖고 있는데 이것이야말로 제일 소중한 자산'이라고 말한 바 있다. 그러나 이렇게 좋은 국제공공관계도 '외사는 칼, 경제는 몸'이라는 방식으로 구현되었다. 즉, 외교업무에 종사하는 사람들이 선두에 서서 중국의 투자환경을 소개하고 해외투자자들의 이해를 얻고 그들에게 상하이가 가장 좋은 외국어 환경을 갖추고 있다는 것을 보여주었기 때문이다.

2003년 필자가 스페인을 방문했을 때, 스페인 고위관리에게 홍보엽서를 선물한 적이 있다. 거기에는 중국에서 주최한 스페인 라디오방송, 잡지와 인터넷에 대한 소개가 들어있었다. 그 관리는 그 엽서를 본 후 "중국은 대국인데 스페인과 같은 작은 나라를 이렇게 중시했습니까? 우리는 중국어 라디오 방송, 잡지와 인터넷을 구축할 힘이 없습니다. 그러나 스페인어는 세계의 32개 국가와 지역에서 통용되기 때문에 우리의 책과 신문은 번역하지 않아도 어느 정도의 전파력이 있습니다"라고 감동하면서 말했다. 그렇다. 세계에서 중국어를 사용하는 국가는 비교적 적고 중국어에 능통한 외국인들도 많지 않다. 따라서 세계에 중국을 설명하기 위해서는 외국어 교육을 보급해야 한다. 또한 많은, 특히 높은 수준의 번역인재가 필요하다.

2. 번역의 시대적 요구

번역가 양장(楊絳) 선생은 번역가란 "두 주인을 섬기는 종"(一僕二主)이라고 했다. 그는 한 주인은 원저자이고 다른 한 주인은 독자인데 양쪽 다 잘 모시기는 어렵다고 말했다. 이 비유는 옌푸(嚴復) 선생이 번역에 대해 요구한 내용, 즉 "원작에 충실하고, 문장이 매끄러우며, 문채가 고상해야 한다"(信, 達, 雅)는 것과 표현은 다르지만, 같은 이치를 말하고 있다. 이들은 모두 번역과정에서 원작에 충실하고 진실하고 정확해야 하지만, 동시에 가독성과 예술성을 소홀히 해서는 안 된다는 점을 함축하고 있다. 이러한 요구는 오늘날에도 똑같이 적용된다. 다만 새로운 정보화 환경에서 한 가지를 더한다면 '빠른' 속도이다. 특히 현장통역과 중요한 장소에서의 동시통역은 특히 그러하다.

서로 다른 언어에서 사용되는 어휘들은 어떤 경우에는 직역을 해도 무방하나 그렇지 않은 것들도 있다. 예컨대 원자, 분자, 책상, 의자와 같은 물질명사들은 직역이 가능하다. 그러나 사유, 감정과 관련된 단어, 또는 여러 가지 뜻을 가지고 있는 단어들을 번역할 때는 직역하기 어렵다. 예컨대 헤겔의 《역사철학》의 원저는 독일어판인데, 이 책의 영어 번역서의 역자는 서문에서 독일어와 영어의 차이점을 강조하면서 '지력', '의지', '정신' 등과 같은 단어들은 원문에 완전히 부합하지는 않는다고 했다. 그는 "최선을 다했으나 영문판과 원작은 차이가 있다. 영문판은 영국 옷을 입은 《역사철학》이라고 할 수 있다"고 밝혔다. 사실상, 독일어와 영어의 차이는 독일어와 다른 언어와의 차이와 비교하면 매우 작다. 그럼에도 불구하고 번역에서 넘어서기 어려운 문제가 있었던 것이다. 이렇게 볼 때, 중국어와 서구 언어에는 보다 큰 차이가 있다. 따라서 중국인이 서양인들과 정신적 산물을 공유하려면 보다 많은 어려움에 직면하기 마련이다. 예컨대 중국어에서의 '하늘 천'(天, tian)

은 영어에서는 물질적인 하늘(*sky*), 정신적인 천국(*heaven*)이 있고, 이밖에도 한낮(*day*), 운명(*destiny*), 날씨(*weather*), 자연(*nature*), 신(*god*) 등으로 사용되기도 한다. 또 예컨대 《성경》에서 사용하는 로고스(*logos*)를 중국어로는 언어, 지혜, 규율, 이성, 사상, 도(道) 등으로 번역할 수 있지만, 로고스에 대응하는 가장 적합한 중국어를 찾기는 쉽지 않다. 조금만 유의하지 않으면 이탈리아 사람들이 줄곧 말하는 '번역은 곧 배신'(*Tradurre e tradire*)이라는 딜레마에 빠질 수 있다.

번역은 '문화의 번역'으로서 역자는 외국어에 정통해야 할 뿐만 아니라 외국문화에도 정통해야 한다. 대외홍보의 차원에서 번역 자체는 언어 간 소통이며 또한 문화 간 소통이기도 하다. 국내에서 대외홍보를 하면서 정확하게 표현된 말을 정확하게 외국어로 번역했는데도 외국인들이 잘 이해하지 못하는 경우가 종종 있다. 그 원인은 바로 문화적 장애 때문이다.

문화적 장애는 주로 신앙, 가치관 그리고 생활방식 등 문화적 배경의 차이에서 유래한다. 민족 특유의 예술형식 또는 특수한 것을 번역할 때 지나치게 단순한 유추방식에 의존하거나 단순하게 상대방 언어의 비슷한 이름에 수식어를 더한다면, 문화적 함의가 없어지거나 의미전달에서 진실성을 잃게 된다. 이렇게 자체 문화의 '특산'을 외국상품의 틀에 맞추는 행위는 자기폄하와 다름없으며, 심지어 자신의 예술을 파괴하는 것이다. 단적인 예로 중국에는 만두가 있고, 외국에는 빵이 있다. 만약 이를 번역할 때 간단한 유추를 통해 만두를 '중국의 빵' 또는 '쪄서 익힌 빵'(*Steamed bread*)이라고 번역한다면 외국인들은 이를 일종의 특수한 빵이라고 생각할 뿐, 결코 중국에서 찜통에 쪄서 만든 만두라는 것은 생각하지 못할 것이다. 따라서 '쪄서 익힌 빵'이 아니라 중국어 원래의 음을 살려 '만두'(Mantou)라고 번역하는 것이 나을 것이다. 간단한 유추 때문에 '중국 특산물'을 '외국 물건'으로 만들어버린 사례는

'경극'의 번역인 '베이징 오페라'(*Peking Opera*)이다. 수년 전 중국이 파리에서 '중국문화주간'을 열었을 때, '중국인들이 바라본 프랑스', '중국의 건축', '중국의 경극' 등을 주제로 몇 차례 관련된 회의가 열렸다. 당시 외국인들은 만약 다른 설명이 없었다면, '베이징 오페라'를 베이징에서 연출하는 〈라 트라비아타〉(*La Traviata*), 〈카르멘〉(*Carmen*) 또는 〈투란도트〉(*Turandot*) 등 서양 오페라인 줄 알았을 것이라고 말했다. '이름이 정확하지 않으면, 전달도 어렵다'(名不正言不順). 이런 상황에서는 발음 그대로 음역한 '징쥐'(京劇, Jingju)로 번역하는 것이 훨씬 낫다. 그 외에도 중국만담인 '샹성'(相聲)의 영어번역도 그렇다. 만약 '만담'을 '크로스 토크'(*Cross Talk*)라고 번역한다면 예술형식을 정확하게 표현하지 못할 뿐만 아니라 심지어 오해를 살 위험도 있다. 왜냐하면 '크로스 토크'에는 전화상의 '혼선'이라는 뜻이 있기 때문이다.

이 부분에서는 일본이 특유의 예술형식을 번역하는 방식을 참고할 필요가 있다. 일본에만 있는 예술인 '가부키'는 일본어에서 '카-부-키'(Ka-bu-ki)로 발음하며 그 영어번역도 '카부키'(*Kabuki*)이다. 일본의 또 다른 만담예술인 '만자이'(漫才)를 일본인들은 발음 그대로 '만자이'(*Manzai*)로 번역한다. 외국인들은 '카부키'나 '만자이'를 들었을 때 상상을 통한 오해를 하지 않고 "아, 그건 일본문화야"라고 알 수 있을 것이다.

필자가 나이스비트 부부와 대화하면서 도리스(Doris Naisbitt) 여사는 중국을 홍보할 때 새로운 단어를 만들어 새로운 현상을 설명할 것을 제안했다. 그러나 구조적인 이유로 한자는 표음문자만큼 새로운 단어를 만들기가 쉽지 않다. 이것은 영미권 국가와 크게 다른 점이다. 예컨대 미국의 저명한 싱크탱크는 미국의 대 중국정책을 요약할 때 '봉쇄'(*containment*)와 '개입'(*engagement*)을 결합해 '컨게이지먼트'(*congagement*)라는 새로운 단어를 만들어 냈다. 미국의 한 정치권 인사는 이 새로운 단어는 봉쇄적 개입이라는 의미로 봉쇄와 개입 사이에 위치한 전략이라고 한다. 필자는 이 새로운 단어가 전달하는 뜻은 마치 자동변속기어 자동차의 브레이크와 같다고 보았다. 즉, 밟으면 서고 발을 떼면 접촉하게 되는 것처럼 미국의 국가이익에 의해 결정된다는 것으로 생각된다. 그러나 '컨게이지먼트'(*congagement*)를 중국어로 간단명료하게 번역할 수 있을 것인가. 이것 또한 문제이다.

번역은 매우 엄격한 학술적 판단을 요구하는 전공이자, 한 언어체계에서 다른 언어체계로 진입하는 과정이며 문화전환의 재창작과정이다. 다른 언어를 사용하는 사람들에게 자신의 이야기를 잘 들려주려면 단순한 문자를 번역하는 것 이외에도 문화적 차원의 도움을 받아야 한다. 상대국가의 문화관습과 교류방식을 이해하고 나아가 상대방의 마음에 직접 닿을 수 있는 문화적 표현방식을 찾아내야 한다. 따라서 우수한 번역인재는 한정된 시간에 효율적으로 문화 간 홍보를 할 수 있는 능력을 갖추어야 한다. 이는 이 시대가 번역종사자들에게 던진 준엄한 도전이다.

3. 번역과 '국가 핵심담론'의 전파

앞서 말한 것과 같이 시대의 발전과 함께 끊임없이 새로운 '국가 핵심담론'이 나타난다. 사회변화가 빠른 국가일수록 중요한 담론이 자주 그리고 지속적으로 나타난다. '국가 핵심담론'은 해외에 중국을 설명하는 관건이며, 대외적으로 이런 핵심담론의 번역은 특히 중요하다.

현대중국의 '국가 핵심담론'은 중국특색의 사회주의를 건설하는 과정에서 나타난 것으로, 중국 특유의 시대적 특색이 있는 독창적인 '키워드'가 많다. 예컨대 '4항 기본원칙', '발전이야말로 진리이다', '자주

혁신', '삼개대표'(三个代表) 이론, '과학발전론' 등이다. 이런 새로운 단어들을 해외로 잘 전달하지 못한다면 세계에 중국의 사회제도와 기본 국정을 제대로 이해시키지 못할 것이며 중국의 문화와 정치도 해외로 전달하지 못할 것이다.

'자주혁신'이라는 단어를 예로 들어보자. 현재 '자주혁신'에 대한 여러 가지 번역이 있지만, 모두 중국어 원래의 뜻을 전달하는 데 적절하지 않다. 다른 역자들은 '자주혁신'을 '독립혁신'(*independent innovation*) 또는 '토착혁신'(*indigenous innovation*) 또는 '자기혁신'(*self-innovation*) 등으로 번역하는데, 각각 이해하는 관점이 다르다. 미국에서 중국을 연구하는 한 교수는 '독립혁신'이라는 단어에는 외국인과 협력하여 혁신하지 않겠다는 것을 의미하는데 현대의 과학기술혁신은 국제협력을 필요로 한다고 말했다. 2010년 미국 의회는 심지어 중국에서 실행한 자주혁신정책은 미국제품이 중국시장에 진입하는 데 영향을 미치는 가장 큰 원인이라고 지적하면서 중국에서 이 정책을 수정할 것을 요구했다. 그러나 중국정부가 중국인의 자주혁신을 고취하는 이 정책에는 외국인과의 협력을 환영하는 내용이 포함되어 있다. 그러나 현실은 미국 등 서구국가들이 여러 가지 방식으로 중국에 첨단기술 수출을 거부하는 이유가 되고 있다.

또한 '부저텅'(不折腾)이라는 단어를 예로 들어보자. 이 단어는 중국공산당 제 11기 3중 전체회의 개최 30주년을 기념하는 대회에서 후진타오 주석이 미래의 두 가지 목표로 제기한 후 "오직 우리가 동요하지 않고 게을리 하지 않으며, '부저텅'하여 확고부동하게 개혁개방을 추진하고, 중국의 특색 있는 사회주의의 길을 걸어간다면 반드시 위대한 청사진과 목표를 성공적으로 실현할 수 있을 것이다"라고 했다. 이후 '부저텅'을 번역하면서 여러 버전이 생겼지만 합의된 권위적 기준이 없었다. 여기에는 이랬다저랬다 하지 말라(*don't flip flop*), 옆길로 빠지지 말라(*don't get sidetracked*), 반복하지 말라(*don't sway back and forth*), 자기 소모적 정치운동을 하지 말라(*no self-consuming political movements*), 자초한 퇴보를 피하라(*avoid self-inflicted setbacks*) 와 같은 내용이 있는가 하면, 심지어 부저텅의 중국어 병음인 'buzheteng'으로 직역한 것도 있다. 이런 번역은 정도의 차이는 있지만 중국어의 본뜻을 정확하게 전달하지 못하고 있다.

필자는 우연한 기회에 "Don't rock the boat"라는 영어노래를 알게 되었는데 이 노래 제목에 내포된 함의가 '부저텅'에 가장 가깝다고 생각했다.[1] 이후 이 번역은 여러 미국의 대학교수들의 인정을 받았다.

중앙편역국(中央編譯局)은 중국에서 편집·번역 수준이 높은 권위 있는 기관이다. 일찍이 많은 마르크스-레닌주의 저서를 번역했으며, 당과 국가의 중요한 문헌, 지도자들의 저작 등도 번역했다. 그러나 최근 몇 년 동안 시사보도의 시의성이 강조되어, 새롭게 등장한 '국가 핵심담론'은 몇몇 대형매체의 대외부가 번역했다. 이런 번역들도 엄밀하고 합리적이지만 시사보도의 시의성 때문에 집중되고 통일된 번역이 불가능한 경우도 있다. 더욱이 학자들 사이에서 통일되지 못한 번역은 더욱 흔한 일이며 피하기도 쉽지 않다.

'국가 핵심담론'에 대한 번역의 중요성은 현대중국의 언어 환경에서 '도광양회'(韜光養晦)를 번역하는 데서도 찾아볼 수 있다. 이 문제에 대해서는 슝광카이(熊光楷) 장군, 양후이린(楊慧林)과 주웨이리에(朱威烈) 교수가 자세하게 분석했다.[2]

---

1 "Don't Rock The Boat"의 일부 가사는 다음과 같다. …Don't rock the craft dear, We're not on a raft dear, Love before and aft dear, Don't rock the boat dear, Keep our love afloat dear, Strike that happy note dear dear, Just for the likes of you and me ….

2 熊光楷, "中文詞匯 '韜光養晦' 翻譯外交戰略意義", 〈公共外交季刊〉, 夏季(2010); 楊慧林, "關于韜光的誤讀及其可能的翻譯", 〈讀書〉, 第7期(2010);

사례분석 도광양회로 보는 국가 핵심단어에 대한 번역

'도광양회'는 중국의 대외전략의 중요한 방침으로 자리 잡았고 중국외교정책을 이해하고 파악하는 키워드의 하나이다. 그러나 유감스럽게도 그동안 '도광양회'라는 단어는 정확하게 번역되지 못하거나 잘못 해석되는 현상들이 있었다. 그리고 일부 서구세력들은 이러한 잘못된 번역과 독해에 근거해 '중국위협론'을 확산시키기도 한다.

예컨대 2002년 미국 국방부가 처음으로 발표한 〈중국군사력보고서〉에서는 '도광양회'를 'hide our capabilities and bide our time'이라고 번역했는데, 그 뜻은 '자신의 능력을 감추고 시기를 기다려 다시 일어선다'는 뜻이다. 이후 미국정부는 2003~2007년과 2009년 6년에 걸쳐 〈중국군사력보고서〉에서도 이와 같은 영어 표현을 사용했다. 이외에도 해외 일부 영어서적이나 글에서도 '도광양회'를 '능력을 감추고 약한 척한다'(hide one's ability and pretend to be weak), '진정한 의도는 감춘다'(conceal one's true intention) 등으로 다양하게 번역했다. 이런 잘못된 번역의 숨겨진 의미는 결국 '도광양회'란 '자신의 진실한 의도를 감추고 있다가, 시기가 무르익으면 다시 재기하겠다'는 뜻으로 해석하고자 하는 것이다.

의심할 여지도 없이 이런 독해는 '도광양회'의 원래의 뜻과는 완전히 어긋날 뿐만 아니라 중국의 평화적 외교전략 방침의 내용과 실체를 심각하게 왜곡한 것이다. 이는 중국이 정상적 대외교류를 추진하는 데 부정적 영향을 미치고 있다.

"韜光養晦: 世界主流文明的共有觀念-朱威烈教授在上海國際問題研究院的講演", 〈文匯報〉, 第6版(2010. 8. 14).

4. 튼튼한 번역 인프라 구축[3]

글로벌 시대에서 번역활동은 이미 사람들의 생활 곳곳에 침투되어 있다. 국제통번역연합회 전 주석 코헨(Betty Cohen)은 "번역종사자는 전선에 흐르는 전류, 수도관의 물과도 같아서 그것이 없어져야만 우리는 얼마나 중요한지 알게 된다"고 말한 적이 있다.

중국에서 보편적으로 존재하는 '외국어를 알면 번역할 수 있다'는 인식은 잘못된 것이다. 이럼 점에서 '번역'의 수준문제는 병목현상에 놓여 있다. 이는 중국문화가 세계에 진출하는 데도 영향을 미치며 심지어 중국의 국제정치 표현에도 제한을 가하고 있다.

앞서 말한 것과 같이 번역은 겉으로 보기에는 문자를 번역하는 것이지만, 사실상 문화의 전환을 포함한다. 한 문화상품을 다른 언어 사용자들이 수용하고 이해하려면 번역자들의 숙련된 언어능력과 다른 문화에 대한 깊은 이해가 필요하다. 그러나 우리가 직면한 가혹한 현실은 중국에서 이런 높은 수준의 번역을 할 수 있는 직업번역가의 수가 200명도 안 되며, 해외에서 이런 높은 수준의 번역에 종사할 수 있는 한학자(중국연구자)와 해외중국인들도 200명을 넘지 않는다. 이는 번영하고 있는 중국경제, 중국문화의 발전추세와 문화시장의 수요에 맞지 않는다. 높은 수준의 전문화된, 특히 중국어를 외국어로 번역하는 데 능숙한 번역가들을 많이 육성하는 것은 현재 사회발전 단계에서 시급하게 해결해야 할 과제이다.

높은 수준의 번역인력을 육성하는 가장 중요한 방식은 교육이다. 중국은 초등학교에서 대학에 이르기까지 모든 학생들이 영어나 다른 언

---

3 이 부분은 국제통번역연합회 부주석 겸 중국번역협회 부주석 황유이와 기자간의 대화록을 참조하라. "走出去: 翻譯至關重要"(中國新聞出版社, 2009. 11. 20).

어를 배우는데 이는 중국에서 높은 수준의 번역 인프라를 구성하는 데 양호한 기초를 제공한다. 그러나 과거 중국의 고등교육에서는 학생의 외국어능력을 높이는 것을 중시했지만 전문화된 번역인력을 양성하는 데는 소홀히 했다. 그곳에는 부분적으로 '외국어를 아는 것'과 '번역을 할 수 있는 것'의 차이를 인식하지 못했던 점도 있다. 높은 수준의 번역을 위해서는 외국어의 숙련도 이외에도 더 많은 지식을 필요로 한다. 다행히 현재 이런 상황이 점차 개선되고 있다. 번역전공이 대학교육에서 발전하고 있다는 점이다. 2006년 교육부에서는 대학의 번역전공을 개설할 수 있도록 승인했고, 2007년 국무원 학위판공실에서는 번역학 석사과정을 개설하는 것을 허용했다. 이런 전공과 학위 개설은 번역이 독립적인 학과로서 그 지위를 인정받았다는 것을 의미한다. 현재 전국 대학에서 학부에 번역전공을 설치한 대학은 35개교에 달하고 158개 대학에서는 번역학 석사전공수업 개설허가를 받았다. 이는 정규적이며 전문화된 번역인력 육성사업이 정상적인 궤도에 올랐음을 보여준다.

이 밖에도 번역사업의 국제협력도 강조할 필요가 있다. 국제번역계는 외국어를 모국어로 번역하는 것이 그 반대의 것보다 질적으로 훨씬 우수하다는 사실에 공감한다. 번역이 잘 되었다고 공인된 중국 명저로는 《삼국지》, 《수호전》, 《서유기》 등이 있는데, 모두 내외 번역자들이 협력하여 번역한 것이다. 쌍방의 협력은 상대의 언어와 문화에 대한 이해를 심화시키기 때문에 이들이 공동으로 완성한 번역서는 문화간 산물이 되기 마련이다.

09

인터넷이 가져온 외교적 기회와 도전

컴퓨터와 디지털 통신기술이 빠르게 발전하면서 인터넷으로 대표되는 뉴미디어가 사람들의 생활 속에 깊이 자리 잡았다. 2010년 10월 현재 전 세계 네티즌 수는 이미 20억 명을 넘었다. 인터넷의 출현과 보급은 인간생활을 변화시키고 있을 뿐만 아니라 외교의 각 영역에도 크게 영향을 미쳐 공공외교를 발전시키는 데 기회와 도전을 동시에 제공하고 있다.

인터넷의 보급은 공공외교가 보다 풍부하고 복잡하게 변화할 수 있도록 해주었다. 모든 세력은 인터넷을 통해 자신의 관점을 전달하여 국내외에 영향을 미치고 있다.

1. 인터넷외교의 발흥

인터넷을 통한 외교활동을 '인터넷외교'라고 약칭한다. 현재 매체환경에서 인터넷외교는 많은 국가의 외교시스템에서 중요한 구성부분의 하나가 되었다. 인터넷은 공공외교에서 국민의 지위를 높였고, 공공외교는 정부와 국민이 별도로 작용하면서도 국가 간에 영향을 주는 방대한 종합시스템으로 발전할 수 있게 되었다.

인터넷외교의 목표는 국가마다 큰 차이가 있으며, '인터넷외교'의 함의 또한 상황에 따라 다양한 해석이 가능하다. 그러나 전체적으로 보면, 인터넷외교는 행위주체에 따라 정부의 인터넷외교와 국민의 인터넷외교로 구분할 수 있다.

1) 정부의 인터넷외교

각국 정부는 홈페이지를 개설하여 이를 자국의 국민, 국제사회와 소통하고자 한다. 각국의 해외주재 대사관은 현지 언어로 홈페이지를 개설하여 주재국의 국민들과 소통하고 있다. 어떤 국가에서 이를 비교·평가한 적이 있었다. 이에 따르면 외국주재 중국대사관 홈페이지 내용이 비교적 풍부하여, 주재국 평가에서 상위권을 차지하기도 했다. 중앙정부의 재정지원으로 중국은 60여 개 언어의 외국어 사이트를 가지고 있다. 많은 지방정부도 외국어 사이트를 개설했으며, 이 중 대부분이 영어 위주로 개설되었다. 변경도시에서는 인접국의 언어로 홈페이지를 개설하기도 했다.

2) 국민의 인터넷외교[1]

인터넷 등 뉴미디어는 강력한 기능을 통해 많은 정보자원을 생산할 뿐만 아니라 국민 사이의 정보교류범위를 전 지구적 범위로 확산시켜 누구든지, 언제 어디에서든지 타인과 다양한 형태로 정보를 소통하고 교류할 수 있게 해주고 있다.

공공외교에서 가장 중요한 구성부분은 국민 간의 국제교류이다. 디지털기술에 기초한 뉴미디어가 탄생하기 전에는 국가 간 국민의 원거리 정보교류는 비교적 제한적이었다. 소통방식, 정보속도는 물론 비용면에서도 대부분의 국민들이 접근하기 어려웠다. 그러나 인터넷 등 뉴미디어 기술이 점차 보급되면서 혁명적 변화가 일어났다. 이미 일반 국민들의 일상생활 속에서 볼 수 있는 전자메일, 인터넷전화, 인터넷 채팅프로그램 등 점 대 점(*point to point*)의 정보통신이나 전자게시판(BBS), 블로그, 친구사귀기 프로그램 등 정보 플랫폼은 갈수록 많은 국민들이 저렴한 비용과 간편한 방식으로 직접 국가 간 교류에 참여할 수 있도록 만들었다. 게다가 일부 공신력이 있는 유명 인사들의 블로그나 홈페이지, 트위터도 국경을 넘어 인터넷 세계에서 공공외교의 역할을 다하고 있다. 인터넷을 통해 국적이 다른 국민들도 서로 소통할 수 있을 뿐만 아니라 함께 관심을 가지고 있는 국제적 어젠다에 대해 의견을 발표하고 집단 토론을 할 수 있게 되었다.

바로 이러한 배경에서 국제적 교류경험과 능력이 있는 중국인은 외국의 단체나 개인과 인터넷으로 연락하고 있다. 이런 일상적인 연락은 상업적일 수도 있고 학술적일 수도 있으며, 우정의 차원일 수도 있지만 모두 중국의 세세한 국정을 전달하고 중국의 국제적 연계를 풍부하

1 이 내용에 대해서는 전국정협 외사위원회의가 펴낸 다음 논문을 참조하라. 李希光, 王晶, "如何面對网絡給公共外交", 〈公共外交季刊〉, 第 4期(2011).

게 만들고 있다. 중국 국민들이 인터넷에서 하는 사람 사이의 커뮤니케이션과 공공외교는 다양한 사회적 욕구에 기초한 자발적 행위이다. 따라서 전통적인 정부의 외교적 선전보다 자연스럽고 친화력이 있으며, 신빙성이 있고 상대방도 받아들이기 쉽다.

더욱이 오늘날 네티즌은 기자가 신문원고를 쓰는 것처럼 기사를 쓸 수 있을 뿐만 아니라, 통신사처럼 수시로 인터넷에서 정보를 발표할 수도 있다. 때로는 돌발사건현장에 있는 여러 명의 네티즌들이 각자가 수집한 정보를 발표하여 다각도에서 생중계할 수도 있다. 최근 몇 년 사이에 발생한 여러 건의 돌발사건은 이미 국민들이 제작한 콘텐츠가 인터넷에서 가지는 위력을 드러냈다. 어떤 상황에서는 대형 언론기관이라고 해도 이들처럼 전면적으로 사건을 추적하여 전개상황을 알리기는 어렵다는 것을 말해준다.

이와 관련하여 2008년에 발생한 뭄바이 테러사건은 유명한 사례이다. 그해 11월 26, 27일 테러리스트들이 뭄바이의 타지마할(Taj Mahal) 호텔을 점거하여 불태운 데 이어 연쇄 테러습격사건을 일으켰다. 사건 발생 지점에 있었던 많은 네티즌들이 지속적으로 문자를 보내기 시작했고 사건의 전개과정이 마치 중계하듯이 전달되었다. 국민들이 인터넷에서 만들어 보내는 뉴스가 발휘하는 기능을 잘 알게 해준 사례였다. 뭄바이 습격사건에서는 100여 명이 사망하고 약 300여 명이 부상을 입었다. 이 중에는 많은 외국인들도 포함되어 있었다. 어떤 블로그는 습격현장의 사진을 올렸으며, 비슷한 사진들이 공유 홈페이지인 플리커(fliker)에 등장하기도 했다. 또한 27일 당일 트위터 사용량이 급증했다. 그리니치 시간 27일(목요일) 오전 7시 48분 5초 동안 트위터에 80여 건의 소식이 올라오기도 했다. 어떤 정보는 자발적으로 매체에 제공되기도 했고, 일부는 직접 보도하기도 했다. 예컨대 "한 테러리스트가 나리만(Nariman)의 옥상에서 차바드(Chabad)의 옥상으로 뛰어

올랐으며 몇몇 특수경찰 습격대원들이 현장에 쫓아왔다"는 등의 현장 소식을 전하기도 했다. 전하는 바에 따르면, 몇몇 인도 현지의 뉴스채널은 테러습격과정을 트위터로 현장중계했다고 한다. 이런 사건은 블로그가 거대한 잠재적 가치가 있다는 것을 입증해 주었다.

2. 인터넷시대 공공외교의 새로운 도전

인터넷은 양날의 칼과도 같다. 즉, 정보를 교류하고 공공외교에 새로운 기회와 무대를 제공하는 것과 동시에 공공외교에 전례 없는 도전을 가져다주었다. 인터넷 집단(群體性) 사건, 정보안보 등은 모두 인터넷시대에 직면한 새로운 과제이다.

1) 인터넷 집단사건

인터넷의 개방성, 즉각적인 상호작용의 속성 때문에 서로 다른 지역, 서로 다른 신분을 지닌 국민들이 자신들의 관심주제에 대해 전 세계인들과 인터넷에서 의견을 발표하고 개방적으로 논쟁할 수 있다. 이 과정에서 국가 간 어떤 충돌은 양국 네티즌들 사이의 집단논쟁을 일으켜 사태를 더 복잡하게 만들 수도 있다. 이런 현상은 인터넷이 국민의 여론감독 권한을 높여주었지만 동시에 일정한 문제를 초래할 수 있다는 것을 의미한다. 즉, 일부 정확하지 않은 인터넷 정보나 일부 국민의 맹목적 · 감정적 심리가 반영되어 위기사태를 확산시키거나 가속화시킬 수 있다. 심지어 사회안정에 영향을 주고 어떤 지역, 국가의 이미지에 부정적인 영향을 미칠 수도 있다.

더욱이 테러리즘, 분열주의, 극단주의 그룹이 인터넷을 이용하여 집단사건을 일으키고 폭동과 폭력사건을 조장하기도 한다. 이런 문제들은 각국 정부, 경찰과 정보부에게는 골치 아픈 문제이기도 하다. 인터넷에서 각종 테러리스트, 분열주의자와 극단주의자들은 자신들이 민주, 자유와 인권을 위해 싸운다고 자처한다. 이런 언론의 전파가 사회에 끼치는 해악은 너무나도 분명하다.

2) 인터넷외교를 이용한 타국에 대한 내정간섭

인터넷은 거의 국경을 넘어 정보를 전달하는 침투력이 있기 때문에 각국의 공공외교에 활용되고 있다. 그러나 몇 년 동안 어떤 국가의 공공외교는 자국의 이미지를 높이는 것 이외에 그들과 다른 정치제도를 가진 국가에 대한 공격을 목표로 삼고 있다.

조지 부시 전 미국대통령은 "인터넷의 발전은 중국의 민주화를 촉진하는 데 중요하며 만약 다른 나라의 (인터넷) 발전방식으로 중국에 인터넷이 들어갈 수 있다면, 그 땅에 자유는 빠르게 자리 잡게 될 것이다"라고 말한 적이 있다. 올브라이트(Madeleine Korbel Albright) 전 국무장관도 "중국은 인터넷이라는 기술을 배척할 수 없을 것이다. 왜냐하면 중국이 현대화를 실현해야 하기 때문이다. 이는 우리가 이용할 수 있는 기회이다. 우리는 인터넷을 통해 미국의 가치관을 중국에 수출해야 한다", "인터넷이 있으면 (우리는) 중국에 대응할 방법이 있다"고 말한 적이 있다. 그들의 말은 그야말로 거침이 없었다.

2010년 1월 미국 힐러리 클린턴 국무장관이 워싱턴에서 한 연설에서 "아무런 제한 없는 인터넷 방문을 외교정책의 가장 중요한 임무로 삼는다"고 했으며 "앞으로 1년 동안 우리는 기업계, 학술계, NGO와 협력하여 인터넷 기술이 위력을 발휘할 수 있도록 장기적인 노력을 기울일 것이다. 또한 우리는 이런 기술들을 이용하여 외교목표를 추진해야 한다"고 선언했다. 미국의 인터넷외교는 명백하게 그들의 '공격적'이고 '패도'(霸道)를 추구하는 공공외교의 속성을 드러내고 있다.

3) 인터넷 비밀누설

개방된 인터넷 정보플랫폼은 자유롭게 교류할 수 있기도 하지만 정보보안의 문제가 있다. 2010년에 발생한 '위키리크스 기밀누설사건'은 일부 국가들의 외교관계에 심각한 타격을 주었으며 인터넷시대의 각국 외교에 경종을 울렸다.

사례분석 위키리크스 기밀유출 사건

'위키리크스'(wikileaks)는 정부와 기업의 부패행위 폭로를 목적으로 한 사이트로 2006년 12월에 설립되었다. 위키리크스의 홈페이지는 자체 서버와 지지자들을 중심으로 2010년 7월과 10월 미군이 아프가니스탄과 이라크전쟁에서 무고한 사람들을 살해했다는 내용의 기밀문건들을 잇달아 폭로했다.

2010년 11월 28일, '위키리크스' 홈페이지에는 미국의 〈뉴욕타임스〉(*New York Times*), 영국의 〈가디언〉(*The Guardian*), 프랑스의 〈르몽드〉(*Le Monde*), 독일의 〈슈피겔〉(*Der Spiegel*), 스페인의 〈엘 파이스〉(*El Pais*) 등 신문과 잡지를 통해 그들이 입수한 250여 개 미국 해외주재 대사관과 미국 국무원 사이의 교신내용 약 25만 1,287건을 공개했다. 이런 전보들은 대부분 주재국의 대사, 영사 및 외교관들이 작성했으며, 그들이 주재하고 있는 국가의 정치정세에 대한 분석, 수집한 관련인사와 사건의 배경자료, 정치가와 지도자들의 정치활동과 개인정보 등의 내용을 담고 있다. 또한 종종 외국 정치가에 대한 비판적인 언론도 포함되어 있었다. 이탈리아 외교부장 프라티니(Franco Frattini)는 이 사건을 "외교계의 9·11사태로 국가 간의 신뢰를 무너뜨렸다"고 평가했다.

미국은 기밀문건 유출로 인한 외교관계의 피해를 우려하여 매우 곤혹스러워했다. 힐러리 클린턴 국무장관은 장문의 성명을 통해 기밀문건이 세상에 공개되어 초래한 피해를 줄이기 위해 안간힘을 썼다. 그녀는 "기밀문건의 유출은 미국 외교정책과 이익에 대한 공격일 뿐만 아니라 전체 국제사회에 대한 공격이기도 하다"라고 말했다.

이 사건은 미국외교에 대한 많은 국가들의 신뢰에 타격을 주었고, 미국 이외의 다른 국가들 사이에도 상호불신이 나타났다. 스웨덴 칼 빌트(Carl Bildt) 외교장관은 이 사건이 전 세계의 외교관계를 약화시킬 것이며, 그 첫 번째 국가가 미국이라고 했다. 일부 국가 지도자들은 이 사건에 대해 '소 잃고 외양간 고치는' 것과 같다고 논평했다. 이란의 마흐무드 아흐마디네자드 (Mahmoud Ahmadinejad) 대통령은 유출된 문건이 테헤란과 다른 아랍국가 간의 관계에 영향을 주지 않을 것이라고 말했다. 아프가니스탄은 이 사건의 전보가 하미드 카르자이(Hamid Karzai) 아프가니스탄 대통령을 의심 많은 음모론자라고 표현했다고 해서 대미 관계에 영향을 주지 않을 것이라고 했다. 독일의 요슈카 피셔 외교장관은 유럽 정치인에 대한 험담은 사람을 기분 좋게 하지 않지만, 이런 기밀은 생명의 위험을 초래할 수도 있다고 말했다. 베네수엘라 우고 차베스 대통령은 위키리크스 창시자 어산지(Julian Assange)의 용기를 칭찬하면서 "미 제국이 벌거벗은 채로 세상 사람들 앞에 섰다"고 조롱했다.

러시아 푸틴 총리는 미국 CNN과의 인터뷰에서 위키리크스에서 공개한 자신과 메드베데프 대통령과의 관계에 대한 평가는 무례하고 비도덕적이라고 밝혔다. 위키리크스의 폭로에 따르면 미국 외교관들이 러시아 푸틴 총리를 배트맨으로, 메드베데프 대통령을 배트맨의 조수 로빈으로 비유했다고 한다.

미국을 위시한 서구국가들이 위키리크스에 대한 봉쇄는 그들이 지금껏 주창해왔던 언론자유나 인터넷 자유와 상충된다. 영국에서 위키리크스의 창시인 어산지를 체포하자 푸틴은 이는 서구에서 내세웠던 민주적 가치관에 위배된다고 말했다.

3. 인터넷 건설의 과제

세계 각국이 인터넷 정보기술을 중시하는 것은 그것이 인류사회의 정치, 경제 및 과학기술 문화생활에서 중요한 역할을 하고 있음을 인식했기 때문이다. 인터넷을 핵심으로 하는 뉴미디어는 단순한 도구가 아니라 일종의 생활환경이고 작업환경이며 사회환경이기도 하다.

인터넷을 통한 정보 전파가 갖는 시공의 제한을 뛰어넘는 장점과 상호작용(*interactive*)이라는 특징은 국경과 지역을 넘어 정보를 전파하는 데 유리한 조건을 만든다. 인터넷에 접속한 사람은 정보의 수용자인 동시에 정보의 전달자이다. 어떤 이는 이러한 인터넷상에서의 정보교류를 '항해'에 비유한다. 인터넷은 마치 사탕을 많이 쌓아둔 가게에 들어간 아이가 어른의 아무런 제재도 없는 상태에서 눈앞의 모든 것을 마음껏 골라가질 수 있는 기쁨과 자유롭게 비상하는 느낌을 주기 때문이다.

바로 이러한 느낌 때문에, 그리고 인터넷 정보 전파에서의 구속력이 부족하기 때문에 일부 네티즌들의 도덕적 자율의식이 건전하지 못하면 개인정보 유출과 악성정보 유통과 같은 사건들이 빈발할 것이다. 앞서 서술한 것과 같이, 이는 현재 세계 각국의 인터넷매체가 직면한 새로운 문제와 도전이다. 따라서 우리는 인터넷의 보급과 응용을 가속화하는 동시에 효과적인 조치를 취해 인터넷의 안전한 운영과 인터넷 정보의 안전한 유통을 확보할 필요가 있다.

요약하면 다음과 같은 네 가지 차원에서 인터넷 건설을 강화해야 한다.[2] 첫째, 국민의 인터넷 안전의식을 제고해야 한다. 현재 네티즌, 특히 청소년 네티즌들은 자기보호의식과 자기보호능력이 비교적 약하기 때문에 인터넷 유해정보로부터 피해를 입기 쉬우며 심지어 건강하

---

2 이 부분은 2009년 7월 국무원 신문판공실 부주임인 차이밍자오(蔡名照)가 제2차 중국-영국 인터넷 라운드테이블회의에서 발표한 내용을 정리한 것이다.

게 성장하는 데 지장을 받을 수 있다. 따라서 인터넷 안전지식을 폭넓게 보급할 필요가 있고 국민의 인터넷 안전의식을 높여 국민의 자기보호능력을 강화해야 한다.

둘째, 인터넷 안전에 관한 법제건설을 강화해야 한다. 인터넷이 상용화되기 시작한 1990년대에는 이른바 '국경, 법규, 통일된 관리기구'가 없는 '3무의 상태'였다. 그러나 전 세계적으로 이런 상태는 이미 변화했다. 중국뿐만 아니라 많은 국가가 관련 법규를 제정하거나 기존의 평면매체관리 관련 법규를 차용하여 인터넷정보관리를 규범화하고 있다. 현재 중국에서는 〈전국인민대표대회 상무위원회의 인터넷 안전보호에 관한 결정〉과 국무원의 〈인터넷정보서비스관리방법〉 등의 법률과 법규를 공포했으며, 정부의 관련부처에서도 상응하는 규정을 제정했다. 일부 서구국가는 중국이 중국의 법률을 위반하는 정보들을 '필터링'(*filtering*)하는 데 대해 늘 부정적인 평론과 공격을 가하는데, 이는 상식이 부족한 것이다.

셋째, 네티즌과 인터넷 업계의 자율성을 강화해야 한다. 인터넷 환경을 정화하려면 근본적으로 네티즌들이 각자 이성적으로 행동하고, 책임의식을 가져야 한다. 네티즌들은 엄격하게 스스로를 단속할 의무가 있으며 수준 높은 인터넷 문화 정립을 위해 기여해야 한다. 또한 인터넷 기업은 자각적으로 사회적 책임을 담당하고 법에 따라 경영하며, 스스로 국민의 감독을 받고 법에 따라 국민의 이익을 수호해야 한다.

넷째, 폭넓은 국제협력을 전개해야 한다. 인터넷의 중요한 특징은 전 지구적인 상호연결이 가능하다는 점이다. 인터넷 안전을 지키기 위해서는 세계 각국과의 밀접한 협력을 필요로 한다. 따라서 국제적 협력을 위한 통로를 확장하기 위해서는 정부, 업계 및 기업 간의 다양한 차원, 다양한 경로의 협력 메커니즘을 만들어야 한다.

10

커뮤니케이션 과정의 중국문화

미국학자 웨인버그(Albert Weinberg)는 "미국은 군대를 통해 영토를 정복하고 타국을 통제하고 자원을 약탈하는 등의 무력적 방식을 취하지 않고 이념을 강조하여 상대를 정복했다"* 고 말한 적이 있다. 그럴 수 있었던 원인은 간단하다. 어느 누구도 타인의 채찍 아래에 있는 노예가 되고 싶은 사람은 없다. 그러나 만약 외래문화에 의해 '정복'당한다면 사람들은 자신을 포로라고 생각하지 않고 오히려 자신이 그 외래문화를 소유했다고 생각할 것이다. 이것이 바로 문화가 채찍과 구별되는 매력이다. 지배문화(dominant culture)는 침투력과 영향력을 가지고 있을 뿐만 아니라 하나의 기준이 되어 다른 국가의 사람들이 이 문화를 쉽게 받아들이게 할 수 있다. 반면에 문화적 기반이 없는 국가가 세계 강대국이 된다는 것은 상상하기 어려운 일이다.

* Albert Weinberg, *Manifest Destiny: A Study of Nationalist Expansionism in American History*, (1935). p. 240.

1. 민족진흥과 문화진흥

인류의 문화 간 교류 역사는 유래가 깊다. 고대 불교가 인도에서 중국으로 전해진 이후 중국은 북방으로 불교를 전하는 중심지가 되었다. 일본과 한국은 중국의 한자를 참고하여 성공적으로 자국의 문자를 창조했고 자국문화의 발전을 촉진했다. 또한 메이지유신 이전 일본은 중국어로 번역된 서구 학문의 어휘들을 중국에서 도입했지만, 메이지유신 이후에는 반대로 일본이 유럽언어를 참고하는 과정에서 새로 만든 한자단어들을 중국이 도입하여 중국어휘를 풍부하게 만들었다.[1] 이런 사례들은 문화 간 교류가 어떤 문화에서도 모두 유익한 것임을 설명해준다.

서양사에서는 세 번의 패권기가 있었다. 로마패권, 영국패권과 미국패권이 그것이다. 3대 패권의 공통점은 강력한 경제와 군사 등 하드파워를 물질적 기초로 삼는 것 이외에도 예외 없이 강력한 문화 등 소프트파워를 그 정신적 기초로 삼는다. 브레진스키(Zbigniew Kazimierz Brzezinski)는 《거대한 체스판》(*The Grand Chessboard*)에서 "로마문화의 우월감은 로마제국의 사명감을 합리화시켰으며, 제국의 힘을 강화시켰다"고 했다. 영국도 지배문화를 통해 유럽문화를 전 세계에 확산시켰으며 영어를 세계어로 만들 수 있었다. 오늘날 미국도 마찬가지로 문화, 이데올로기와 이른바 민주제도의 구축과 전파를 중시하고 있다.

역사와 현실은 문화의 단절이 민족의 쇠퇴를 초래하며 민족의 진흥은 문화 진흥에서 시작된다는 것을 증명했다. 오직 세계문화에서 일정한 비중을 차지해야만 문화대국이 될 수 있고, 문화대국만이 세계강대국이 될 수 있다. 어떤 의미에서 누군가 당신의 문화를 좋아하게 되었

---

1 何芳川, 《中外文化交流史》(北京: 國際文化出版公司, 2008).

다면 당신은 그를 소유하게 되었다고 말할 수 있다.

중국은 4대 문명발원지의 한 곳이다. 중국 고대의 4대 발명 등 그 문화적 성과는 세계에 크게 기여했다. 그러나 최근 수백 년 동안 중국은 점차 낙후되어 대외 문화교류에서도 심각한 불균형상태를 초래했다. 신중국이 건립된 후, 특히 개혁개방 이후에야 비로소 중국의 대외 문화교류와 전파상황이 호전되어 크게 성과를 거두었다. 그러나 문화교류에서의 심각한 불균형문제는 여전히 근본적으로 개선되지 않았고 외국문화의 중국유입은 더욱 강화되어 이런 문제가 악화되고 있다. 문화적 차원에서 보면, 한 나라의 강성(强盛) 여부는 장기적인 문제이고 근본적으로는 문화매력에 의해 결정된다고 볼 수 있다. 중국이 사회주의 강대국이 되려면 반드시 정치, 경제 그리고 문화가 동시에 강해져야 한다.

문화는 살아있는 생명이다. 발전해야만 지속적으로 생명력을 유지할 수 있고 전파해야만 영향력을 발휘할 수 있으며, 영향력이 있어야만 국가가 지속적으로 강대해지는 힘을 가지게 된다. 따라서 문화는 축적되어야 할 뿐만 아니라 진흥되어야 하고 혁신되어야 한다.

2. 커뮤니케이션과 중국문화의 생명력

문화는 수학의 방정식과는 다르다. 정확한 답이 있다고 해서 다른 답을 부정할 수 없다. 서로 다른 문화는 공존할 수 있다. 문화는 서로 다르기 때문에 더 다채로울 수 있고, 모든 문화는 세계문화라는 대관원〔大觀園, 청대 소설《홍루몽》(紅樓夢)의 화려한 정원〕에서 아름답고 진귀한 한 송이 꽃이 될 수 있다. 서로 다른 문화 간의 교류, 학습과 참고과정은 상대를 이해하고 더불어 번영하기 위한 중요한 과정이다. 중국문화는 대외홍보과정에서 생명력을 강화해야 한다.

2002년 대처(Margaret Hilda Thatcher) 수상은《치국책: 변화하는 세계에 대응하는 전략》(*Statecraft: Strategies for a Changing World*)에서 이렇게 쓰고 있다. "중국은 냉전기의 소련과 같은 도전세력이 되지는 않을 것이다. 왜냐하면 중국은 여전히 군사적으로 초강대국이 아니며 앞으로도 그렇게 될 가능성은 크지 않다." 이 말은 사람들을 안도하게 하는 말이지만, 대처는 곧이어 그것은 중국이 아직 그들의 권력을 움직이고 서구국가들을 약화시킬 수 있는 국제적으로 전파력이 강한 학설을 가지고 있지 않기 때문이라고 밝혔다. 오늘날 중국이 수출하는 것은 TV일 뿐 사상관념은 아니다. 2005년 싱가포르의 리콴유가 상하이를 방문하면서 "중국의 부상은 경제적 하드파워의 부상일 뿐만 아니라 문화 등 소프트파워의 부상이기도 하다", "중국의 부상은 항공모함과 해군력이 부상하기 전에 먼저 문화의 부흥이어야 한다"고 언급했다.

두 나라의 두 정치가는 모두 같은 이치를 말하고 있다. 한 나라가 세계에 영향을 미치려면 군사력에만 의존해서는 안 되고, 중요한 것은 문화력에 의존해야 하며, 세계강대국이 되려면 우선 문화강국이 되어야 한다는 것이다.

우리가 기억해야 할 점은 언제까지 조상들의 유산에 만족하여 영광을 누릴 수 있는가 하는 점이다. 화석은 그 자체의 오랜 역사만으로도 가치가 있지만, 문화는 화석이 아니다. 또한 문화를 문물처럼 고고학적 가치만 강조해서도 안 된다. 문화는 발전하고 전파하는 과정에서 지속적인 생명력을 얻어야 한다.

대외문화교류에 있어서 우리는 문화 차이에 대해 정확하게 인식해야 한다. 즉 서로 다른 유형의 문화가 서로 융합되고 공존할 수 있어야만 이상적이고 품격 있는 문명이라고 할 수 있다. 국제적 문화충돌에 대응하는 태도는 주로 다음 몇 가지로 구분할 수 있다. 첫째, 다른 국가의 문화적 정수(精髓)를 존중하며, 다른 문화와 상호보완관계를 형성하는 것이다. 예컨대, 중국은 역사적으로 여러 차례 외래문화를 흡수하여 좋은 성과를 거두었다. 그중 가장 전형적인 사례는 불교의 유입, 명나라 이후의 '서학동점'(西學東漸), 그리고 마르크스주의 수용 등이 이에 해당한다. 둘째, 문화 간의 차이점을 무시하고 연구하지 않고 상대하지 않는 경우이다. 이런 경우 교류장애가 나타날 것이다. 셋째, 이문화(異文化)에 대한 차별적 태도이다. 오직 자신들의 문화만이 최고라고 여겨 타문화를 부정하는데, 이는 문화 간 충돌을 야기할 수밖에 없다. 특히 종교문제에 있어서 세 번째 태도를 취하게 된다면 서로 다른 신앙 사이의 충돌이 나타나고 이런 충돌이 정치적으로 이용되면 전쟁을 일으키기도 한다. 이는 역사적으로 흔히 볼 수 있는 사실이다. 이처럼 포용적 태도로 문명을 대하는 것은 세계평화와 화해(和諧)에 있어 최고단계의 문명이라고 할 수 있다. 중국에서 유교, 불교, 도교가 오랫동안 화해하고 공존해 온 것은 이런 측면의 본보기라고 할 수 있다.

3. 대외문화 커뮤니케이션과 중국의 '적자' 운영

경제 글로벌화와 정보기술의 발전에 따라 각국의 정치, 문화영역의 교류는 지속적으로 심화되고 있다. 외국인이 중국에 오면서 그들의 문화를 가져오고, 중국인들은 해외로 나가면서 중국의 문화를 가지고 나간다. 또한 인터넷의 보급과 발달 그리고 외국어학습 열기 때문에 국제적인 문화전파는 훨씬 쉬워졌다. 그러나 국가의 발전 정도가 다르고 문화적 차이로 인해 중국의 대외 문화교류와 전파에는 다른 많은 개발도상국과 같이 심각한 '수입초과', '문화적자' 현상이 나타나고 있다.

현재 중국문화의 세계적인 전파와 세계에 대한 영향력은 중국문화 자체의 내포와 잠재력에 훨씬 미치지 못하고 있다. 많은 외국인들의 중국에 대한 이미지는 만리장성을 제외하고는 판다와 '쿵푸'일 것이다. 중국문화의 핵심은 무엇이고 중국이 최근 어떤 성과를 이룩했는지를 잘 알지 못한다. 사실 중국의 도서, 연극, 무용, 음악 등 문화상품들에도 우수한 것들이 많지만 해외로 수출된 것은 매우 적다.

1) 도서무역의 적자

약 10년 전 중국의 도서수출입의 저작권 무역은 10 : 1 정도의 적자를 내고 있었다. 대부분 중국도서는 주로 일부 아시아국가와 중국의 홍콩, 마카오, 타이완에 수출되었으며, 미국・유럽과의 적자는 100 : 1 이상에 달하기도 했다. 그러나 이런 상황은 점차 변하고 있다. 최근 몇 년 동안 신문출판업계에도 개혁개방이 전면적으로 추진되었고 '중국도서 대외확산계획' 등의 정책도 성공적으로 실시되면서 중국도서의 '해외진출' 방식이 혁신되었고 저작권 무역구조도 점차 개선되고 있다. 이에 따라 저작권 무역격차도 대폭 감소해 수출입비율이 2005년의 7.2 :

1에서 2009년에는 3.3 : 1로 줄어들었다.

2) 음반제품, 전자출판물의 무역적자

글로벌문화라는 큰 범주에서 볼 때, 중국예술을 수용하고 인정하는 정도는 여전히 높지 않다. 대표적인 사례로는 많은 국가에서 베토벤, 모차르트, 바흐의 작품을 이해하지 못하면 음악을 모른다고 생각한다. 그러나 중국의 얼후(二胡) 대표곡인 '이천에 비친 달의 모습'(二泉映月, The Moon Over a Fountain)을 이해하지 못하면 그런 의심을 받지 않는다. 이와는 대조적으로 한국의 의류, 한국 TV 드라마, 한국의 춤과 노래는 '한류'로 불리며 전 세계적으로 널리 전파되었다. 또한 일본의 애니메이션은 중국 청소년들의 사랑을 받고 있다. 몇 년 전의 설문조사에서 중국의 청소년 중 일본, 유럽과 중국의 애니메이션을 좋아하는 비율은 각각 60%, 29% 그리고 11%에 달했다. 그 외에도 중국의 영화 수출량과 국제적 영향력은 선진국과 큰 격차를 보이고 있다.

신문출판총서의 통계에 따르면 2008년 음반제품, 전자출판물 등 전국의 출판수출입 기업의 무역액은 45,568,100달러였지만, 수출액은 1,013,200달러에 불과했다. 수출입을 비교해 보면 수입액이 수출액의 약 40여 배에 달한다.

3) 언어교육 '수출'에서의 무역적자

언어문화영역에서도 중국과 서구의 교류는 심각한 무역적자를 보이고 있다. 미·중 간의 사례를 예로 들어보자. 미국의 초중등학교에서 중국어과정을 개설한 학교 수는 최근에야 증가하고 있으며, 대학의 경우 3,000여 곳 중에서 800곳에만 중국어과정을 개설하고 있다. 또한 중국어 전공 외에는 모두 선택과목이다. 그러나 중국에서는 모든 대학, 중고등학교와 대부분의 초등학교가 영어를 필수과목으로 개설하고 있다.

영국의 교육과 연수서비스는 중요한 대외수출 산업으로 성장했다. 2005년 3월, 영국의 〈가디언〉(*The Guardian*)과 〈타임스〉(*The Times*)의 보도에 의하면, 고든 브라운(James Gordon Brown) 재무장관의 중국방문 임무는 바로 문화수출이었다. 가디언에 따르면 브라운 장관의 중국 방문 첫날 주제는 '교육, 교육 그리고 교육'이라고 보도했다. 브라운 장관은 영국이 많은 가전, 의류와 다른 제품을 수입하지만, 영어라는 품목을 수출하여 수입과 균형을 이룰 수 있다고 생각했다. 수출품으로서 영어교육의 가치는 2000년 65억 파운드에서 당시 103억 파운드로 높아졌다. 이는 영국 GDP의 1%에 해당하는 규모이다.

이상의 사례에서 알 수 있듯이, 중국의 대외 문화전파에서의 적자와 수입초과 현상은 문화 간 차이와 장애와도 관련이 있다. 그러나 궁극적으로는 아직 중국의 문화라는 '소프트파워' 자체가 강력하지 못하기 때문이다. 중화문화의 대외전파 역량을 강화하는 것은 중화민족의 진흥에 관계되는 중요한 사업이다.

4. 문화 간 교류를 위한 '상품' 개발

문화교류는 정치, 경제교류의 기초이다. 강력한 문화자원을 기초로 하면 많은 일들이 순조롭게 추진할 수 있다. 다양한 형식의 문화상품은 문화적 대외교류의 중요한 운반체(載體, *carrier*)이다. 오늘날 중국의 주요 문화상품은 다음과 같은 몇 가지가 있다.

1) 대외출판물

도서를 대표로 하는 출판물은 인류문화의 중요한 운반체 중 하나이다. 그러나 언어의 차이로 인해 이러한 문화자원을 다른 민족, 다른 국가와 공유하는 데는 보이지 않는 제한이 많다. 만약 우리가 문화 간 교류에서 언어 등 다양한 장애를 극복하여 다른 언어, 다른 국가와 민족의 사람들이 문화자원을 공유할 수 있다면, 중국문화의 대외전파를 촉진할 수 있을 뿐만 아니라 세계가 중국을 더 잘 이해하는 데도 도움이 될 것이다. 외국의 독자와 관객들을 상대로 전파하기 쉬운 외국어출판물, 잡지, 영상음반자료 등 문화상품을 제작하는 것은 이런 목표를 실현할 수 있는 중요한 수단이다.

최근 중국이 출판한 외국어 출판물의 수준이 질적, 양적으로 높아지고 있다. 신문출판업계에서도 개혁개방이 전면적으로 추진되면서 '해외진출' 방식이 지속적으로 개선되고 있으며 방식도 다원화되고 있다. 또한 저작권 무역구조도 개선되어 무역격차가 대폭 줄어들었다. 잡지를 예로 들면, 국무원 신문판공실에서 발간하는 *Beijing Review*, *China Pictorial*, *China Today* 등 영문잡지 외에도 변경도시에서는 접경지역 언어로 발간하는 〈吉祥〉(미얀마어), 〈湄公河〉(태국어), 〈占芭〉(라오스어), 〈布達拉〉(티베트어), 〈伙伴〉(러시아어), 〈大陸橋〉(러시아어),

〈金橋〉(한국어), 〈索倫嘎〉(몽골어) 등의 잡지가 있다.

입장이 정확하다는 전제 아래, 외국독자를 상대로 한 출판물은 독자들의 언어습관에 맞게 제작되도록 유의해야 한다. 왜냐하면 독자들이 받아들이고 이해해야만 작품의 정신적 내용이 전달될 수 있기 때문이다. 오랫동안 중국의 외국어출판물은 주제선정 미흡, 스타일의 한계, 거친 번역 등으로 인해 좋은 작품이 많지 않았다. 사실 좋은 제품은 실천적 노력 없이 생각만으로는 이루어지지 않는다. 전달대상에 대해 깊이 연구하고 그것을 바탕으로 반복적으로 생각하고 준비하는 과정이 있어야 하며, 이런 토대 위에서 세심한 창작과 생산과정을 거쳐야만 가능하다. 이 과정 하나하나가 모두 중요하며, 어느 하나도 소홀히 해서는 안 된다.

예컨대 해외로 수출할 영화는 외국인들이 이해할 수 있어야 할 뿐만 아니라 그들의 수용심리도 고려해야 한다. 한번은 해외 수출 영화를 대상으로 하는 '골든 브릿지상'(金橋奬) 시상식에서 어떤 사람이 필자에게 중국을 소개하는 전문영상물의 해설(내레이션)에 '문학성'이 필요한지를 물었다. 필자는 "영상제품에서 문학성은 중요하다. 영상이 아름다워야 할 뿐만 아니라 언어도 아름다워야 한다"고 명확히 대답했다.

푸둥 지역 개발 초기, 필자는 다른 기관에서 기록한 여러 편의 푸둥 개발 관련 다큐멘터리를 보았는데 그중 몇 편은 별로 마음에 들지 않았다. 이유는 다음과 같은 몇 가지가 있다. 방영시간이 지나치게 길고 해설의 느낌이 무거워 보고나면 지치고, 자료가 너무 많아 마치 사업보고서를 듣는 것 같아서 관중들이 화면을 감상할 여유가 없었다. 게다가 어떤 작품들은 확실한 근거도 없이 '세계 제일', '중국 제일'이라는 수식어를 애용했다. 이런 표현방식은 중국 관중들조차 좋아하지 않는데 하물며 외국관중들이 좋아할 리가 없었다. 간단명료한 언어로 복잡한 문제를 설명할 수 있는 것이 좋은 해설이고 복잡한 언어로 복잡한 문제를 해석하는 것이 중간이며, 복잡한 언어로 아무것도 설명하지 못하는 경우가 최악이다.

2) 각종 문화교류활동

수년간 중국정부는 '해외로, 국내로'(走出去, 請進來) 전략을 실시하여 각종 문화교류 활동을 조직함으로써 국제적 이해와 소통을 강화하는 데 괄목할 만한 성과를 거두었다. 예컨대 1999년부터 중국은 해마다 몇몇 국가에서 '중국문화주간' 또는 '중국문화의 해'를 주최하여 교류를 촉진하고 우의를 증진하는 데 좋은 효과를 거두었다.

필자가 1999년에 기획하고 국무원 신문판공실에서 주최한 '프랑스의 중국문화주간'을 예로 들어보자. 이 행사는 그 해 9월 1일부터 12일까지 파리에서 진행되었는데, 12일 동안 10만여 명이 전시, 공연, 주제포럼, 문화강좌 등 각종 활동에 참여했다. 프랑스에서는 이를 '중국문화와 서구문화의 포옹', '진정한 접촉'이라고 평가했다.

필자는 이 행사에서 '21세기를 향한 중국인'이라는 주제로 다음과 같이 발표했다. "중국인은 낙후하고 굴욕적인 모습으로 20세기에 들어섰다. 당시 중국에는 여성들이 전족(纏足)하는 악습이 있었는데 만약 중국인이 그런 기형적인 두 발로 20세기에 들어섰다면, 100년 후의 중국인은 건강하고 건실한 발걸음으로 21세기에 들어섰다고 할 수 있다. 중국은 여자축구선수 쑨원(孫雯)의 활약으로 세계여자축구에서 우승을 했는데, 이는 세계를 놀라게 했다. 중국인들이 세계 스포츠경기의 여러 종목에서 우승을 한다는 것은 50년 전만 해도 상상하기 어려운 일이었다." 또한 한 세기 동안 중국의 결혼, 가정, 교육 등에서 일어난 변화를 설명하면서 로댕, 볼테르, 발자크 등 프랑스의 역사적 위인들이 중국에 대한 감정을 함께 설명하여 서로 다른 문화배경을 가진 사람들

사이의 거리감을 줄일 수 있었다.

'프랑스의 중국문화주간' 기간에 상하이 푸둥을 가로지르는 세기대로(世紀大道)가 건설 중이었다. 우리는 그 모형을 가져가 전시했지만, 예비전시 기간 동안 관중들의 별다른 관심을 받지 못했다. 그러나 '세기대로'(世紀大道) 앞에 부제를 더해 "중국의 샹젤리제 거리"(Avenue des Champs-Elysées)라고 수정하자 바로 관중들의 흥미를 끌었다.

또 다른 '국내도입'의 예를 들어보자. 1999년 국무원 신문판공실은 타임워너사(Time Warner Inc.)의 〈포춘〉(*Fortune*)이 상하이에서 '중국 미래의 50년'이라는 주제로 글로벌포럼을 개최하는 것을 성사시켰다. 〈포춘〉포럼의 성과는 국내 매체들을 통해 대대적으로 보도되었으며, 중국 대중과 기업가들에게 다국적 기업이 세계 경제에서 주도적 역할을 하고 있음을 분명하게 인식시켰다. 또한 회의에 참석한 글로벌 500대 기업에 속하는 최고경영자들이 중국기업가들과 현장에서 대화함으로써 양측에 크게 도움을 주었다. 또한 해외 매체들은 기사를 통해 중국경제의 발전을 자세하게 이해하도록 했으며 외국 기업인들도 그들의 투자를 받아줄 '신대륙'의 잠재력이 얼마나 큰지 발견하게 되었다. 회의에 참석한 외국인들은 10년이 채 안 되는 동안 건설한 푸둥 지역의 새로운 모습을 보고 감탄을 금치 못했다. 〈포춘〉포럼은 2005년 베이징에서 다시 열렸는데 당시 주제는 '중국과 신아시아세기'였다. 이 포럼에서는 중국과 아시아 경제를 토론했으며, 중국경제가 세계경제에서 중요한 역할을 담당하게 될 것이라고 전망했다. 이 포럼에서 중국 기업가들의 대화수준은 지난 상하이포럼에서 보다 크게 높아져 국제 일류기업가들과 어깨를 나란히 할 수 있을 정도였다. '해외진출'에서 성공한 사례는 해외에서의 공자학원 건립이다.

사례분석 중국문화, 공자학원을 통한 해외진출

언어교육에서의 무역역조 현상과 외국인들의 중국어학습 수요 증가에 따라 중국은 2004년부터 해외에 공자학원(아카데미)을 설립하여 외국인들에게 중국어를 가르치고 있다. 이는 영국문화원(British Council)[2]과 같은 자국의 언어교육을 활용한 공공외교이다. 비영리성 교육기관인 공자학원은 '중국 언어와 문화에 대한 세계인민의 이해를 증진시키고 중국과 외국의 우호관계를 발전시키며 세계의 다문화발전을 촉진하여 조화로운 세계를 건설하는 데 기여하는' 것을 취지로 한다. 공자학원의 주요기능은 사회 각계 인사들에게 중국어를 교육하고, 중국어 교사를 육성하며 또한 중국어시험과 중국어 교사자격 인증 등의 업무를 추진하며 중국의 교육, 문화, 경제 및 사회 등의 정보를 제공하며 현대중국을 연구하도록 하는 것이다.

최근 몇 년간 공자학원 건설은 신속하게 발전했다. 2009년 말 현재, 이미 88개 국가와 지역에 282개 공자학원과 272개 공자 학당(교실)이 설립되었다. 공자학원과 학당은 현지 사정에 맞게 다양한 형식으로 개설되었으며 초·중·고등학교와 대학, 거주단지와 기업을 대상으로 중국문화를 소개했다. 2009년 공자학원에서 개설한 중국어과정은 9천여 개, 등록한 학생 수는 26만 명, 각종 문화교류활동을 개최한 횟수는 7천 5백여 차례, 참여자는 3백만 명이 넘었다.

2005년부터 2009년에 이르기까지 공자학원 본부에서는 약 2만 명에 달하는 중국어교사와 자원봉사자를 육성하여 파견했으며 중국어를 배우는 사람은 3백만 명이 넘었다. 교사와 자원봉사자들은 '세계에 중국을 설명'하는 중국의 '민간대사'와 '현대중국의 교과서'로 불리고 있다.

공자학원은 중국어 교육과 중화문화의 전달 모두를 중시하며 언어교육 외에 무술, 한의학, 요리, 서예 등 다양한 문화 활동도 적극적으로 추진하고 있다. 이는 각국의 중국어 학습자들의 다양한 수요에 부응하여 많은 호평을 받고 있다. 공자학원은 대내외 교육·문화교류 추진, 중국과 각국 국민들 간의 이해와 우의 증진에 기여했으며, 중국 공공외교의 새로운 길을 개척하여 국가의 '소프트파워' 향상에 크게 기여했다.

2 영국문화원은 1934년에 설립되어 영국의 문화, 교육, 국제관계의 확장과 교류를 촉진하는 데 주력했다. 전 세계 100여 개 국가와 200여 개 도시에 지부를 설치했다. 1943년부터 영국문화원은 중국 대륙, 대만과 홍콩에서 잇달아 사무실을 개설하여 영국식 영어교육, 영어잡지, 유학정보 및 각 영역에

5. 중국도서의 해외진출: 기회와 전략

최근 몇 년 동안 중국도서의 해외진출은 중요한 기회를 맞고 있다. 첫째, 세계정치, 경제, 문화에 대한 중국의 영향력이 커지면서 중국에 관심을 가지는 독자들이 갈수록 늘어나고 있다. 둘째, 중국작가들의 성장으로 세계적 수준의 작품이 과거에 비해 많아졌으며, 이 중에서 많은 우수한 작품이 외국어로 번역되었다. 셋째, 신세대 중국인들의 해외 이주와 중국어를 배우는 외국인들이 많아지면서 해외에서 중국도서를 구독하는 독자수도 증가하고 있다.

이런 상황에서 중국도서의 해외발행 경로가 원활하지 못한 것은 가장 우선적으로 해결해야 할 문제이다. 중국어 도서가 매년 대량으로 출판되지만 이를 수출하고 문화교류에 이용하는 규모는 극히 적다. 수출도서는 대부분 해외 도서관으로 들어가고 있으며, 서점에서는 해외 독자들이 중국에서 출판한 도서를 거의 구입하지 못하고 있다.

사례분석 외부조건을 이용한 해외출판 발행경로의 확보

해외에 판매경로를 구축하는 것은 전문적인 작업이다. 만약 외국의 안정된 발행경로를 이용하여 중국도서를 확산시킬 수 있다면 많은 시간과 비용을 절약할 수 있을 것이다. '중국도서 해외확산 계획'은 바로 이러한 배경에서 실시한 것이다.

2006년 중국신문출판총서와 국무원 신문판공실이 공동으로 주최한 '중국도서 해외확산계획'이 시범운영을 거쳐 정식으로 실시되었다. 번역비용을 지원하는 형식으로 해외 출판기구가 중국도서를 번역·출판하는 것을 장려하고 있다. 2009년 이 계획의 업그레이드된 버전으로 '중국문화저서 번역출판 프로젝트'를 시작했다. 시리즈 도서 지원을 골자로 한 이 프로젝트는 지원범위를 상황에 따라 출판비용과 홍보비

관련된 소식, 무료컨설팅 등의 서비스를 제공하고 있으며, 외교단체와 협력을 하고 있다.

용을 확대하기로 했다.

이 두 계획에 따르면 외국 출판기구가 중국 도서의 저작권을 구매하여 번역비용을 후원받으면 해당국가에서 직접 출판하고 판매통로로 진입할 수 있다. 이런 방식은 중국이 자체 번역 · 출판하는 것보다 '적은 공을 들여 큰 성과를 거두'는 효과를 발휘했다. 한편, 이런 방식은 번역수준도 크게 높이는 결과를 가져왔다. 도서번역은 사실상 2차 창작과성이기도 하다. 외국어를 모국어로 하는 번역자는 현지 독자들에게 적합한 사고방식과 언어체계로 원작을 번역하고 창작하게 된다. 이로써 중국문화가 이러한 도서를 통해 보다 쉽게 해외 독자들에게 들어갈 수 있으며, 그들은 독서를 통해 중국을 알고 중국을 이해하게 된다.

이러한 사례에서 볼 수 있듯이 중국출판업계는 국제적 운영경험이 풍부해지고 있으며 국제도서시장의 운영방식에도 익숙해지고 있다. 그러나 선진국과 비교하면 중국도서의 해외확산은 여전히 크게 뒤쳐져 있다. "책임은 막중하고 갈 길은 멀다"(任重道遠).

판매경로 이외에 도서의 주제선정도 대외확산에서 직면하는 중요한 문제이다. 주제가 맞지 않으면 책을 아무리 훌륭하게 출판해도 방치될 수밖에 없다. 대외적으로 중국을 설명하고 소개하면서 중국문화를 마케팅하는 것은 일반제품을 판매하는 것처럼 쉽지 않다. 주제를 선정하는 과정에서 국내외 관련 영역의 전문가들을 초청하여 공동으로 논의하고 검토하는 것이 좋은 방법이 될 수 있다. 과거 중국에서 출판한 외국어 도서 중 일부는 지나치게 전문화되어 외국에서 소수 '중국통'들만 이용이 가능했다. 그러나 외국인도 중국인처럼 설사 전문가, 학자라고 하더라도 자신의 전공 이외 영역의 지식은 일반적 수준에 그칠 뿐이다. 이 점이 매우 중요하다. 이를 인식하지 못하고 책을 너무 깊고 전문적으로 다루면 이용자들이 줄어들거나 없어진다. 주제를 선정하고 기획하는 데 《중국 속의 유태인》이라는 책의 출판과 전파는 성공적 사례라고 할 수 있다.

사례분석 초국적 문화상품과 질적 차별화

주지하듯이 유태인들은 오랫동안 조국을 잃었던 민족으로 도처에서 배척당했다. 역사적으로 여러 차례 중국으로 건너온 유태인들이 있는데 이 중에서도 영향력이 있는 것은 1934년에서 1937년 사이 나치의 박해를 받고 상하이로 피난 온 유럽 유태인들이다. 유태인들이 세계 각지에서 박해를 받고 있을 때, 중국은 그들에게 비자 없이 상하이로 올 수 있도록 허용하였고, 상하이 주민들은 유태인들에게 가능한 많은 도움을 주었다. 그리하여 국무원 신문판공실에서는 《중국 속의 유태인》이라는 제목으로 역사화첩을 출판했다. 이 화첩은 2001년 출판 후 국내외의 호평과 환영 속에서 여러 차례 재판되었으며 독일어와 프랑스어로도 번역되었다. 2002년 10월 당시 장쩌민 주석이 미국을 방문했을 때 주미 중국대사관은 이 화첩을 미국 각계에 증정하여 큰 환영을 받았다. 마찬가지로 이 화첩은 이스라엘, 캐나다, 오스트리아, 독일 등 많은 나라에서도 큰 환영을 받았다.

어떤 매체에서는 이 화첩을 "한 민족을 감동시킨 한 권의 책"이라고 칭찬했다. 독일의 요하네스 라우(Johannes Rau) 전 대통령은 매우 의의 있고 가치 있는 화첩이라고 칭찬했으며 독일어 번역도 수준이 높다고 평가했다. 이스라엘 중국우호협회장 테디 카우프만(Teddy Kaufman)은 화첩을 그의 사무실에서 가장 눈에 잘 띄는 곳에 두고 이 화첩이 중국과 유럽 두 국가와 민족의 우의에 크게 기여했다고 찬사를 아끼지 않았다. 이스라엘의 에후드 올메르트(Ehud Olmert) 전 총리는 화첩에 있는 그의 아버지 사진을 보고 매우 감격했다. 특히 그의 할아버지가 하얼빈의 유태인 묘지에 잘 모셔져 있으며 보존상태가 양호한 것에 대해 더없이 감사드린다고 말했다. 미국의 블루멘탈(M. Blumenthal) 전 재무장관은 화첩을 보면서 그가 상하이에서 보냈던 잊지 못할 세월을 상기하기도 했다. 미국의 키신저 전 국무장관과 제임스 월펜슨(James D Wolfensohn) 전 세계은행 총재는 직접 편지를 써 이 화첩의 출판을 축하하며 감사드린다고 전해왔다. 찰린 바셰프스키(Charlene Barshefsky) 전 미 무역대표부(USTR) 대표는 "이 화첩을 가보로 보존하겠다"고 말했다. 북미의 두 유태인 기념관에서는 화첩의 일부 사진을 그들이 주최하는 전시 내용으로 삼기도 했다.

11

중국이미지와 '중국모델'

최근 몇 년 동안 국제사회에서는 중국의 국제이미지와 관련된, 중국이 30여 년 동안 걸어온 발전방식을 '중국모델'로 명명한 이후 많은 토론이 있었다. 처음에는 중국문제 전문가인 라모(Joshua Cooper Ramo)가 오랫동안 관찰하고 연구한 결과를 '베이징 컨센서스'[1]라고 명명했다. 그는 중국의 발전모델은 중국의 국정과 사회적 수요에 부합하며 공정하고 질적 성장을 추구하는 발전방식이라고 했다. 그는 이러한 발전모델을 '베이징 컨센서스'로 개괄했다. 그 핵심은 근면한 노력, 능동적 혁신과 대담한 실험, 국가주권과 이익 수호, 점진적 발전을 통한 에너지 축적이라는 세 가지 내용을 담고 있다. 이 중에서 혁신과 실험은 '베이징 컨센서스'의 핵심이며, 이는 사안별로 해법을 제시하고, 유연하게 대응하며 획일화된 기준으로부터 탈피할 것을 강조한다.

그 후 다른 시각으로 '중국모델'을 정의하고 분석하는 논문과 책들에서는 '중국모델'을 각각 다르게 해석했으며 이에 따른 논의도 천차만별이다. 이 중에는 상당히 객관적인 평가가 있는가 하면 이데올로기적 편견을 가지고 '중국위협론'이나 '중국모델' 수출을 경계해야 한다는 논리를 펴기도 했다.

필자는 미래학자 존 나이스비트, 도리스 나이스비트와 '중국모델'에 대해 토론한 적이 있다.[2] 스티븐 루이나스미스 박사(전 주러 미국대사)는 이 토론이 중국지도부가 왜 스스로를 계속해서 공산주의자로 칭하는지, 또 그들이 티베트, 달라이라마, 중국의 민주화 등을 어떻게 생

1 '베이징 컨센서스'는 *Times*의 편집인이자 유명한 투자은행인 골드만삭스의 베테랑 컨설턴트 쿠퍼 라모가 영국의 외교정책센터에서 발표한 보고서에서 기원했다. 이 글에서는 중국이 위험을 무릅쓴 노력, 능동적 혁신과 대담한 실천을 거쳐 자국의 국정에 부합하는 발전모델을 모색했다고 주장하면서 이 모델을 '베이징 컨센서스'라고 명명했다.

2 자세한 내용은 이 책의 〈실천편〉 또는 다음의 책을 참고하라. 趙啓正, John Naisbitt, Doris Naisbitt, 《對話: 中國模式》(北京: 新世界出版社, 2010).

각하는지, 그리고 중국은 왜 그들의 발전모델을 다른 나라에 수출하지 않는지에 대한 새로운 관점을 제시했다고 생각했다. 이런 관점은 서구의 많은 사람들의 생각과 큰 차이가 있었었다.

사실 '베이징 컨센서스'나 '중국모델'은 중국이 제기한 것이 아니다. '모델'(*model*)에는 시범, 유형(*pattern*)이라는 함의가 내포되어 있으나 중국은 이를 유형화하려는 의도가 없다. 따라서 우리가 '중국모델'이라는 용어를 사용하는 것은 조심스럽다. 사실 여기에는 60년, 특히 개혁개방 이후의 30여 년 동안 중국사회의 발전이념, 발전정책, 실천과 발전성과 그리고 존재하는 문제점을 개괄해야 한다. 명확히 할 점은 이 모델이나 사례는 여전히 진행 중이며 중국은 여전히 발전 중에 있다는 사실이다. 따라서 나는 '중국사례'로 '중국모델'이라는 용어를 대체하는 것을 선호한다. '중국사례'는 중국의 30여 년 동안의 발전을 기록한 것일 뿐, 그곳에는 이데올로기가 개입될 여지가 없기 때문이다.

'중국모델'이나 '중국사례'에 대한 가장 간단한 설명은 중국식 사회주의 기본제도와 시장경제를 결합한 것이라고 할 수 있는데, 여기에는 적어도 다음과 같은 내용들이 포함된다.

(1) 중국특색의 사회주의제도를 견지하고 중국공산당 지도하의 다당합작제를 견지한다.
(2) 중국 국정에 부합하는 개혁개방 정책을 견지하며 시장경제를 실시하고 점진적인 정치개혁을 추진한다.
(3) 고효율의 정부를 구성하고, 높은 책임감을 가지고 국내 문제를 관리하며, 경제에 대해서는 적절한 거시적 개입을 실행한다.
(4) 경제 글로벌화라는 국제경쟁에서 국제규범을 준수하고, 중국의 국력이 성장하면 보다 많은 국제적 책임을 다한다.

영국학자 마틴 자크(Martin Jacques)는《중국이 세계를 지배하면》(*When China rules the World*)[3]이라는 책을 출간했다. 그는 2050년이면 중국은 세계 최대의 경제대국(골드만삭스는 2050년이면 중국의 경제총량이 미국의 두 배가 될 것이라고 예측했다)이 될 것이라고 추정했다. 그러나 이는 지나치게 낙관적인 예언이다. 비록 그렇게 되어도 중국의 1인당 GDP는 여전히 미국과는 많은 격차가 있을 것이다. 다행히 마틴의 책은 사람을 당황스러운 제목과는 달리, 중국은 세계를 지배하지 않을 것이라고 결론 내린다. 그는 중국의 부상 과정에서 중국문화의 부상을 보았고 중국은 다시 우수한 세계문명의 선두에 서게 될 것이라고 했다. 서구 사람들은 공자를 더 많이 읽게 될 것이고 중국은 셰익스피어를 더 많이 읽게 될 것으로 보았다.

중국은 '중국모델'을 수출하고자 하는 어떤 의도도 없다. 일부 국가들이 중국 개혁개방의 일부 방법들을 참고하려고 하는데 이는 중국이 다른 나라들의 경제사회발전에서의 일부 방식들을 참고하고자 하는 것과 같은 이치로 지극히 자연스러운 것이다.

'중국모델'을 수출하는 것은 중국이 지금까지 견지해 온 중국의 국정에 부합하는 정책원칙에 위배된다. 중국뿐만 아니라 어떤 개발도상국이든, 발전정책은 모두 그 나라의 사정에 맞게 수립되어야 한다. 즉 '중국모델'에는 보편적인 적용이라는 것이 존재하지 않는다. 이것은 선진국 발전모델에 보편적 적용성이 없는 것과 마찬가지이다.

다원문화라는 배경에서 보면 거시적 의미의 보편성은 '박애', '평화',

3 Martin Jacques(張莉・劉曲 譯), 《当中國統治世界: 中國的崛起和西方世界的衰落》(中信出版社, 2010). 이 책은 중국이 부상하면서 서구는 문명통제권을 상실하게 되어 중국의 개념으로 세계가 다시 만들어질 것이라고 주장하여 서구를 놀라게 했다. 마틴 자크는 중국통으로, 중국문화에 매료되었으며 이 책을 창작하는 과정에 중국의 많은 유명한 전문가들과 깊은 교류가 있었다고 밝혔다.

‘민주’, ‘자유’ 같은 것들이다. 이것은 분명히 보편적 가치를 가진다. 그러나 어떠한 민족, 국가, 종교도 하위영역의 구체적 차원에서는 제도의 차별성과 각각의 특색을 지닌다. 다시 말해 이러한 특색은 국가, 민족, 다른 역사 시기마다 달라질 수 있는 것이다.

미국의 존스 홉킨스대학 후쿠야마(Francis Fukuyama) 교수는 오늘날의 서구정치와 경제제도는 이미 최종적 제도로 완벽하기 때문에 역사는 종결되었다고 주장했다. 그는 서구에서 새로운 모델을 창조할 수 있는 여지를 남겨두지 않았을 뿐만 아니라 다른 나라들에서 이미 존재했거나 앞으로 나타날 수 있는 새로운 사회모델에도 여지를 남겨두지 않았다. 그는 다른 국가가 다른 역사와 문화, 특징을 가지고 있다는 점은 고려하지 않았다. 이와 달리 서구의 민주제도와 자유시장을 유일한 기준으로 삼아 다원세계의 현실을 무시한 채 역사가 필연적으로 자신이 정한 모델로 귀결될 것이라고 규정했다. 그러나 지난 2009년 9월에 〈주오코론〉(中央公論)과의 단독인터뷰 기사인 “일본은 중국의 세기를 맞고 있다”에서 후쿠야마는 인류사상의 보물창고 한 자리를 중국에 내줘야 할지도 모른다고 말했다. 그는 중국발전모델의 핵심가치는 ‘책임성을 지닌 권위체제’라고 개괄했다.

‘중국모델’이나 ‘중국사례’는 현재진행중이다. ‘중국모델’은 중국에 있고 아직도 계속 발전하고 있으며 더 좋아질 충분한 이유도 있다. 중국은 지금까지 현저하게 발전했고 동시에 여전히 극복해야 할 난관도 많다. 특히 이 중에서도 경제발전을 위해 지불한 자원 환경의 대가가 너무 크다는 점, 도시와 농촌, 지역 간 경제사회발전이 여전히 불균형하다는 점, 지나치게 수출의존적인 경제구조, 농업이 발전의 기초가 되고 농민수입을 지속적으로 증가시키기 어렵다는 점, 취업 · 사회복지 · 교육위생 · 사법과 사회치안 등 국민들의 직접적 이익에 관련된 문제들이 비교적 많다는 점, 부패현상이 여전히 심각하다는 점과 같은 문제들이 있다. 중국은 이런 문제들을 주목하고 있으며 지속적으로 개혁을 추진하고 법제건설을 강화함으로써 조기에 해결하고자 한다.

중국은 초강대국의 지위를 흠모하지도 동경하지도 않은 채, 오랫동안 국내건설과 자체 문제를 해결하는 데 주력했다. 중국의 종합국력이 강화되면서 국력에 상응하는 국제적 책임을 지기 위해 노력하고 있다. 예컨대 과거 중국은 UN 평화유지 활동에 참가하지 않았지만 지금은 UN안보리 5대 상임이사국 중에서 평화유지군을 가장 많이 파견하는 국가가 되었다. 중국은 인류가 공동으로 직면한 기후변화, 환경오염, 자연재해, 테러리즘, 초국적 범죄, 마약, 유행성 질병 등과 같은 도전에도 점차 참여도를 높여왔다.

중국모델에 대한 국제적 평가는 그 입장과는 무관하게, 비록 중국이 동의하지 않는 관점이라고 하더라도 참고할 필요가 있다. 중국은 현재 중국특색사회주의의 초기단계에 있으며 장기적인 실천 과정에서 이를 완성해야 한다. 아마 21세기 중엽에 이르러 중국이 중등 발전국가의 수준에 도달하게 되면 우리는 '중국모델'이나 '중국사례'를 더 깊이 이해할 수 있을 것이다.

실천 편

공공외교, 누구에게나 책임이 있다

우젠민 吳建民 대사와의 공공외교 대화

문화 간 교류가 필요하다

자오치정 | 교류는 언어의 문제일 뿐 아니라 문화의 문제이기도 하다. 각국이 서로 다를 뿐 아니라 중국의 각 성별 문화 역시 서로 다르다. 외국어를 아주 잘하는 사람도 교류과정에서 오해가 생기는 경우를 종종 보았다. 중국인이라 하더라도 어떤 경우 교류 과정에 문제가 생기기도 한다.

우젠민 | 언어를 잘한다고 상대방의 문화를 잘 이해할 수 있는 것은 아니다. 언어도 잘해야 하고 많은 책을 읽어야 상대방의 문화를 비교적 이해할 수 있다. 그렇게 해야 교류도 보다 좋아질 것이다.

자오치정 | 문화적인 소통으로는 부족하고 문화 간 교류가 있어야 한다. 중국의 국토는 넓고 각 지역마다 방언과 현지 문화를 갖고 있다. 방언의 차이가 클수록 지방의 특색 문화가 가진 차이도 크다. 예컨대 북부 각 지역의 문화차이는 남부 각 지역의 문화차이에 비해 훨씬 적다. 중국 남북부 간의 문화차이는 생활방식에서도 뚜렷하게 나타난

다. 1975년 상하이에서 일을 시작할 때 동료들과 함께 식사를 하는데 동료를 대신하여 돈을 지불할 수 없어 더치페이를 할 수밖에 없었다. 북방인으로서는 익숙하지 않았다.

우젠민 | 언어는 문화의 매개체이다. 일반적으로 한 나라의 언어에 정통하면 대개 그 국가의 문화를 더 많이 이해할 수 있다. 내가 프랑스어로 쓴 연설문과 중국어로 쓴 초안은 스타일이 완전히 다르다. 방금 자오 선생이 한 말에 동의한다. 중국의 각 지역은 방언도 다르고 문화도 같지 않다. 예컨대 광둥의 광푸(廣府) 문화와 객가(客家) 문화, 차오산(潮汕) 문화는 각기 차이가 있다. 이 세 지역의 방언도 다르다. 객가(客家) 문화는 문(文)을 숭상하고 교육을 중시하며 상업을 경시한다. 누군가 대학에 합격하면 촌민 모두가 축하하지만, 누군가 돈을 벌어 고향에 돌아와도 사람들이 깔보기 때문에 부를 드러내지 않는다. 반면 광푸문화는 상업을 중시한다.

자오치정 | 베이징과 상하이에서 각각 수십 년 생활했는데, 두 지방의 유머감각도 다르다. 상하이의 골계희(滑稽戲)[1]의 경우 상하이에서 오래 살아 상하이 말을 아는 북방인이라 하더라도 듣고 나서 재미있어 하지 않는다. 놀라울 정도로 유머감각의 차이가 크다. 도시사람이 농촌에 가서 어르신에게 화장실(洗手間)이 어디냐고 물으면 이곳엔 세숫대야는 있지만, 손을 씻는 곳은 없다고 말할 것이다. 실제 이것은 농촌문화와 도시문화의 차이이다. 중국인 사이에서도 이러한 오해가 종종 있는데, 외국인과 중국인 간에 오해가 생기는 건 놀랄 일도 아니다.

우젠민 | 쉽게 이해할 수 있는 비유다. 우리가 외국인과 왕래할 때 종종 문화의 차이가 나타난다. 예를 들어 중국인은 열정적으로 손님을 접대하지만, 어떤 경우 강압적이라고 느끼게 만들기도 한다. 술을 권

---

1 (역주) 상하이 · 장쑤성 · 저장성 일대에서 유행한 익살스런 광대극을 의미한다.

하는 것도 중국문화와 유럽문화 사이의 차이가 크다. 중국인은 식사를 하면서도 연신 일어나 술을 권하는데, 종종 옆 좌석의 사람과 대화를 나누는 도중에도 개의치 않는다. 중국인들은 이를 전적으로 받아들이지만, 외국인들은 이해하지 못한다. 술을 권할 때도 중국인은 반드시 잔을 비우길 바라지만, 프랑스 사람들은 강요하지 않는다. 건배할 때에도 중국인은 잔을 부딪쳐야 하지만, 프랑스 사람들은 잔을 들고 손짓을 하고 꼭 잔을 부딪치지 않아도 된다. 술을 마실 때도 프랑스 사람들은 술을 따르고 잔을 흔들고 술의 향을 맡아보고 술의 색깔을 보면서 천천히 마시며, "술이 마치 벨벳처럼 부드럽게 넘어가네요" 등의 여러 가지 말로 표현을 한다. 반면 중국인들은 맛은 그다지 따지지 않고 술을 다 마셔야 일종의 친근감이나 우의를 나타낼 수 있다고 여긴다.

자오치정 | 왜 이러한 차이가 나타나는지 설명해 보겠다. 중국인들은 대개 통쾌하게 마실 수 있어야 재능이 출중한 사람이거나 영웅이라고 여긴다. "이백은 술 한 말에 시 백편을 지었다"(李白斗酒詩百篇), "무송은 술에 취하고도 호랑이를 때려잡았다"(武松三碗能打虎) 는 말이 보여주듯이 술을 많이 권한다는 것은 당신을 영웅으로 본다는 의미이다. "벗을 만나 술을 마시면 천 잔도 모자란다"(酒逢知己千杯少) 는 말은 당신을 자신의 벗으로 여기며 조금의 악의도 없다는 것을 말한다. 반면 유럽인들은 당신이 강제로 술을 마시게 한다고 여길 것이다. 그러나 일본인이나 한국인들은 중국인들과 비슷해서 통쾌하게 마시는 것을 중시한다. 따라서 우리가 문화차이를 고려할 때도 단순히 중국과 외국의 차이가 아니라, 중국과 프랑스의 차이, 중국과 일본의 차이, 중국과 한국의 차이도 보아야만 한다. 따라서 우리가 중국의 각 지역과 세계 각국 사람들과 일상적으로 접촉하지 않는다면 이러한 오해는 피할 수 없다. 선생은 이를 어떻게 피할 수 있다고 보는가?

우젠민 | 내 생각에 가장 중요한 것은 나를 알고 남을 아는 것(知彼知

己)이다. 예를 들어 손님을 접대할 때는 저우 총리의 "손님은 주인 하는 대로만 따른다"(客隨主便) 라는 명언처럼, 다른 곳에 손님으로 갔을 때는 남의 풍속을 존중해야 한다. 반면 누군가 손님으로 오면 "주인은 손님하는 대로 따라야 한다"(主隨客便). 이렇게 해야 모두 겸손할 수 있다. 저우 총리는 우리나라를 위해 수많은 친구를 사귀었으며 아프리카를 두 번 방문했다. 방문기간이 길지 않았지만, 아프리카 친구들이 아직도 그를 그리워한다. 이는 그의 문화적 소양과 관련이 있다.

자오치정 | 교육 국민화의 예를 들면 만약 중국의 일반 중학생이 상용하는 어휘가 3천 개이고 다른 국가의 중학생이 쓰는 어휘도 3천 개라 해도 이 두 어휘표는 서로 다르다. 특히 감정을 묘사하거나 추상적 개념을 표현하는 단어는 완전히 다르다. 그러나 교류 과정에서 종종 이러한 차이는 쉽게 무시되고 정확하게 이해할 수 없는 문제가 발생하기도 한다.

우젠민 | 그렇다. 상대방을 이해하는 데는 언제나 한계가 있기 때문이다. '주수객편'(主隨客便), '객수주편'(客隨主便)이란 남을 이해하고 존중하는 데 최선을 다해야 한다는 것이다. 사람들이 교류할 때 종종 자신의 시각에서 상대방을 이해하려고 한다. 자신의 문화적 토대와 성장 환경, 언어체계에서 벗어날 수 없기 때문에 쉽게 오해가 발생하는 것이다.

공공외교, 누구에게나 책임 있다

자오치정 | 중국부상의 과정이 평탄할 수만은 없다. 일부 국제세력이 중국을 왜곡하기도 하고 '중국위협론'을 선전하기도 할 것이다. 이러한 저항을 감소시키려면 공공외교를 강화할 필요가 있고, 외국의 국민들에게 중국의 실제 상황을 직접 설명하고 중국관련 문제에 대답해야 한다.

우젠민 | 최근 선생께서는 중국의 공공외교를 강화할 필요가 있다고 하면서, 정부 간 대화뿐 아니라 국민들도 국제 대화에 광범위하게 참여할 필요가 있다는 글을 몇 편 쓰셨다.

자오치정 | 그렇다. 공공외교는 국가 전체 외교의 주요한 구성 부분이다. 최근 선생께서는 외교학원 원장이자 전직 대사, 국제전람국(展覽局) 주석, 그리고 학자의 신분으로 외국 정부의 관료들과 학자, 비정부조직과 광범위한 교류를 하며 각종 국제포럼에 참여했다. 다양한 관점에서 중국의 국정(國情)을 소개했고 또한 중국에 대한 외국 각계의 인식을 이해하였는데, 이것은 전형적인 공공외교 사업이라 할 수 있다. 베이징 올림픽을 계기로 중국은 '공공외교'시대에 진입했다. 올림픽 기간 동안 자원봉사자, 택시 기사, 일반 시민들 모두 공공외교 참여자가 되었고, 이들은 모두 현대중국의 정신을 대외적으로 표출했다. 이것은 공공외교가 누구에게나 책임이 있다는 것을 말해준다.

우젠민 | 국민들의 대외적 표출의 영향은 매우 크다. 내 아내인 스옌화(施燕華)가 주 룩셈부르크 중국대사로 있을 때, 주 룩셈부르크 덴마크대사가 그녀를 만나서 중국인들은 정말 좋고 마음도 착하다고 칭찬했다. 왜 그랬겠는가? 당시 그는 18살 된 자신의 아들에게 중국이 세계에서 가장 활력 넘치는 곳이니 직접 가서 여행해 보라고 했단다. 돈은 많이 주지 않았고 고급 호텔에도 묵지 못하게 했다. 남자아이 혼자서 중국

을 다니며 한밤중에 딱딱한 기차간(硬座)에 앉아가기도 했다. 날이 더우면 신발도 벗었는데, 며칠간 양말을 빨지 못해 냄새가 나서 아예 양말을 벗어던졌다. 그런데 잠에서 깨어보니 누군가 양말을 빨아 햇볕에 말렸단다. 누가 빨았느냐 하면 맞은편에 있던 아주머니였다. 그 아주머니는 중국인이었는데, 자신의 자녀도 그럴 것 같아서 빨아주었다고 했다. 이런 일 때문에 이 덴마크 대사는 중국인이 정말 선량하다고 여기저기 말하고 다닌다. 이 또한 공공외교이다.

자오치정 | 정말 좋은 사례이고, 말 없는 공공외교이다. 내가 근무하는 중국인민대학의 청톈취안(程天權) 교수(중국인민대학 당서기)가 미국 미주리대학을 방문했을 때 밤 10시 넘어 산책을 하다가 자신의 집을 찾지 못하는 한 노인을 만났다. 청 교수는 그를 집까지 데려다주기로 하고는 한 집 한 집 문을 두드리며 물었다. 이들이 남의 집 정원에 들어섰을 때 주인이 총까지 들고 나오기도 했다(미국에서는 허락 없이 남의 정원에 들어가면 위법이다). 이들은 한 시간 넘게 헤매고 다니다 결국 노인의 집을 찾았다. 외국어를 할 줄 모르는 중국 아주머니나 외국어를 할 줄 아는 중국 교수 모두 남을 돕는 것을 기쁨으로 아는 중국의 전통을 선보였다. 이것도 공공외교의 효과이다.

우젠민 | 중국에서는 매년 각종 대표단이나 사찰단이 대거 출국한다. 파리만 해도 매년 중국 각급 정부 300여 명의 대표단이 가는 곳이다. 안타까운 것은 그들 대다수는 연설하거나 기자와 마주하길 꺼린다는 점이다. 외국까지 가서 경비를 사용하는데 중국을 알릴 수 있는 기회를 거부하는 것은 정말로 안타까운 일이다.

자오치정 | 우리가 외국을 볼 때, 외국인이 중국을 볼 때 모두 단순히 신문이나 TV만 보아선 안 된다. 그것만으로는 단편적으로 이해하기 쉽다. 사람과 사람 간의 교류만이 진정으로 서로를 이해할 수 있는 기회이다. 이제 '공공외교'는 일부 대학에서 이미 교양과목이 되었다.

문화대화는 민족의 상호이해에 가장 유리하다

우젠민 | 지구는 인류가 함께 공유하는 집이다. 지속적 평화와 번영·발전, 호혜와 복지를 함께 누리는 조화세계의 건설은 인류의 공통된 바램이다. 그러나 현재 세계에는 아직도 다른 나라의 주권을 존중하지 않는 경우가 많다. 큰 나라가 작은 나라를 압박하고 강대국이 약소국을 업신여기며, 종교적 신념 때문에 민족 간의 갈등이 발생하기도 한다. 어떻게 해결해야 하는가, 방법은 오로지 하나, 국제 교류와 대화를 통하는 것이다.

자오치정 | 위성 TV와 인터넷, 그리고 대형 제트여객기의 보급으로 같은 지구에 있는 60억여 명의 사람들이 멀리 떨어져 있어도 마치 이웃에 있는 것 같은 느낌이다. 한 나라가 바로 시골 동네의 한 집이나 마찬가지인데, 더 이상 '닭과 개의 소리가 들리는 듯 가까우면서도 죽을 때까지 서로 오가지 않아서는'(鷄犬之聲相聞, 老死不相往來) 안 된다.

우젠민 | 일본학자 이케다 다이사쿠(池田大作)는 그의 저서 《대화의 문명》이라는 책에서 "모든 국가가 평등한 입장에서 서로 돕는 세계를 만들어야 한다"고 적고 있다. 이는 존경하는 저우언라이(周恩來) 총리가 별세하기 일 년 전에 내게 한 말이다. 이를 위해 소홀히 하면 안 되는 것은 사람과 사람, 민족과 민족, 문명과 문명을 연결하는 '대화'이다. 나도 많은 사람들처럼 이러한 신념을 안고 세계를 향해 달린다. 각 영역에서 평화롭고 우호적인 '대화'를 끊임없이 확대해야 한다. 이러한 대화가 우리를 계발한다.

자오치정 | 국가 간의 대화도 결국 사람을 통해 하는 것이다. 따라서 사람의 자질과 태도가 대화 속에 함께 녹아있다. 성공적인 국제 대화는 반드시 양자 혹은 다자간의 합리적인 타협이나 양보가 있게 마련이고, 성공의 결과 또한 함께 나누게 된다. 성공하지 못하는 대화는 최소

한 한 쪽이 양보하지 않으려 하기 때문이다. 물론 만약 양보가 국가이익과 관련되는 것이라면 양보하지 않는 합리적 이유가 있거나 정의로운 것일 수 있다.

우젠민 | 두려운 것은 패권을 휘두르는 것이며, 힘으로 남을 제압하고 언제나 진리가 자신의 손에 있다고 여기는 것이다.

자오치정 | 국제 대화가 포괄하는 종류는 매우 많다. 정치적 성격을 띤다 하더라도 모두 정치협상만 있는 것은 아니다. 많은 경우 뚜렷한 정치적인 성격을 띠지 않는다. 예컨대 문화 대화는 민족 간의 상호 이해에 가장 유리하며 모든 교류의 기초이다. 문화 대화는 인식의 합의에 이를 필요는 없으며, 상호 간의 이해를 강화하는 것만으로도 수확이라 할 수 있다.[2]

2 趙啓正 · 吳建民, 《交流使人生更美好-趙啓正吳建民對話錄》(世界知識出版社, 2010. 4) 에서 일부 발췌했다.

'중국열차', 평화발전의 궤도를 달리다

미래학자 존 나이스비트, 부인 도리스와의 대화[1]

중국 관찰의 어려움과 중국 관찰의 방법

나와 나이스비트 부부는 중국 관찰의 어려움과 중국을 관찰하는 방법에 대해 토론했다. 우리는 중국이 하나의 질주하는 열차라고 보았다. 열차는 길뿐만 아니라(30여 개의 성 · 시) 승객도 많다(56개 민족, 13억 인구). 누군가는 길가에 서 있고 누군가는 만 리 밖에 있어서, 모두 움직이고 있는 열차의 외형을 똑똑히 볼 수 없을 뿐만 아니라 열차 안의 상황은 더더욱 볼 수 없다. 따라서 정확하지 않은 상황을 묘사할 수밖에 없고, 비교적 명확한 평론을 기대하기 어렵다. 나이스비트 부부

1 존 나이스비트는 미국의 미래학자로, 케네디 대통령 시절 교육부 차관보, 존슨 대통령 시절 특별고문을 역임했다. *MegaTrends*(Warner Books, 1982)라는 책으로 세계적 미래학자의 반열에 올랐다. 《메가트렌드 차이나》의 공저자인 도리스 나이스비트는 2006년부터 존 나이스비트와 함께 톈진(天津)에 위치한 나이스비트 중국연구원에서 일하고 있다. 2009년 필자와 존 나이스비트, 그의 부인인 도리스 나이비트가 중국발전모델 등의 문제에 관해 수차례 대화를 나누었다.

는 중국 열차 위에서 중국을 관찰하는 몇 안 되는 서구 작가이다. 중국인들에게 깊은 인상을 준 또 다른 작가는 쿤(Robert Lawrence Kuhn) 박사다. 그는《중국 30년: 인류사회의 위대한 변화》[2]라는 책에서 중국 개혁의 네 가지 지도원칙을 제기하였는데, 매우 신선한 관점이었다. 우리 세 사람은 다음과 같은 문제를 토론했다. 설령 '중국열차' 위에서 중국을 관찰한다 해도 쉬운 일이 아닌데, 34개 성급 행정구의 불균형한 발전, 13억 인구의 빈부격차, 각 지역의 지연(地緣) 문화의 차이라는 현실과 마주하여 중국의 본질을 인식하고자 한다면 도대체 어떠한 방법을 사용해야 하는가. [3]

'중국열차'의 궤도는 평화발전의 궤도이다

대화 도중 도리스는 내게 철학적인 문제를 물었다(독일어를 모국어로 하는 사람들은 항상 철학적 사고에 능하다). "중국의 사회제도를 서구의 사회제도처럼 간명하게 설명할 수 없는가?" 중국 사회제도는 확실히 많은 문구를 사용해 설명해야 한다. 그 이유는 서구 사회제도는 200년에 가까운 역사를 가지고 있지만, 중국의 사회주의 제도는 60여 년 밖에 되지 않았기 때문이다. 개혁개방을 실행한 것도 30여 년에 불과하다. 따라서 중국을 설명할 때 길게 설명하지 않을 수 없다. 그러나 다시 30년이나 50년이 지나 중국문제가 세계적으로 익숙하게 되면, 도리스의 바람대로 간명한 언어로 설명할 수 있을 것이라고 믿는다. 또한 '중국열차'의 궤도는 평화발전의 궤도라고 믿는다. 중국이 조화사회를 건설하는 과정에서 세계의 조화에도 일정한 공헌을 할 수 있을 것이다. [4]

---

2 Robert Lawrence Kuhn,《中國30年: 人類社會的一次偉大變化》(上海: 上海人民出版社, 2008).

3 앞서 소개한《對話: 中國模式》서론에서 발췌했다.

속도와 안정 간에는 미묘한 균형이 필요하다

도리스 | 서구사람의 관점에서 보면 현재 중국의 발전이 고속열차와 같다고 느낀다. 속도가 너무 빠른데 감속할 필요가 있지 않은가?

자오치정 | 최근 몇 년간 우리도 이 문제를 생각하고 있다. 매년 10%의 성장을 유지하거나, 심지어 초과할 필요가 있는가 하는 것이다. 속도를 통제하고 발전과정에서 나타난 국가경제와 국민생활에 관련된 불균형 문제, 문화발전문제, 환경건설문제를 전면적으로 심혈을 기울여 고려할 필요가 있다고 느낀다. 이는 후진타오 주석이 최근 제기한 '과학발전관'의 이념과도 부합한다. GDP 성장속도만 보아서는 안 되고 사회 전체의 진보를 함께 보고 지속가능한 발전을 유지해야 한다.

존 나이스비트(이하 나이스비트) | 발전에는 속도도 있어야 하고 질적인 면도 있어야 한다. 양자 간에는 매우 미묘한 균형을 유지해야 한다. 중국은 안정유지가 매우 중요하다는 것을 안다. 그러나 안정을 유지하려면 지속적인 경제성장이 필요하다. 아마 매년 GDP 10% 성장까지는 아니더라도 지속적인 경제성장을 유지해야 한다. 요컨대 발전 속도와 안정유지 사이에서 적절한 균형을 이루어야 한다.

자오치정 | 그것이 바로 중국공산당과 중국정부 앞에 놓인 시련이다. 최근 몇 년간 중국에서 모두가 언급하고 싶어 하는 두 가지 문제 중 하나는 어떻게 지속적인 발전을 유지하면서 적절한 속도를 보장하는가 하는 것이다. 또 다른 하나는 어떻게 적절한 속도를 유지하면서 문화적 자발성을 분출시키는가 이다. 경제진보와 문화진보는 함께 가야 한다. 발전이 너무 빠르면 문화건설을 소홀히 하기 쉽다. 이것은 최근 중국인들의 보편적 생각이다. 중국의 대학생들에게 다음과 같이 말한 적이 있

---

4 《對話: 中國模式》의 서문에서 발췌했다.

다. “운동장에서 100미터 달리기를 할 때면 잠시 옷을 벗어둘 것이다. 뛸 때는 아무것도 생각하지 않고 필사적으로 달린다. 100미터를 다 뛰고 나서는 돌아와 다시 옷을 입어야 한다.” 문화는 버릴 수 없다는 필자의 속뜻을 학생들은 알아들었다. 중국의 건설은 오랜 시간이 걸리는 사업으로 마라톤과도 같다. 100미터의 속도로 마라톤을 하면 오래 갈 수 없다. 중국은 적절한 속도로 조정하여 장기적 발전에 적응해야 한다.

티베트의 진상을 세계에 알리자

나이스비트 | 중국의 경제발전과정은 상당히 투명하지만 티베트나 소수민족 문제 등 다른 영역과 관련될 때는 그렇지 않다. 예컨대 티베트에 학교를 새로 짓는 것은 좋은 일인데, 서구매체에서는 이러한 일을 보도하지 않는다. 그들은 티베트에서 소동이 발생해서 중국이 티베트인들을 진압하는 것만 보도할 것이다. 따라서 서구인들은 경제발전은 확실히 커다란 성과를 거두었지만 중국 정부가 자신들의 인민을 압박하고 있지 않은가, 중국에 인권이 없지 않은가, 티베트 인민은 압박을 받지 않는가 하는 의문을 가질 것이다. 이러한 부분에 대해 당신은 내게 근거자료를 제시할 필요가 있다. 타당한 근거가 있어야 이러한 부분에 접근하는 데 도움이 된다. 왜냐하면 우리가 티베트의 역사에 대해 거의 아는 바가 없기 때문이다. 그러나 우리의 제한된 지식만으로도 티베트의 진정한 역사와 서구사람이 상상하는 것과는 커다란 차이가 있다는 것을 알 수 있다. 서구사람에게 설명할 수 있도록 우리에게 티베트 지역에 관한 진실한 상황을 알려 달라. 그렇지 않으면 그들이 보도하는 것은 티베트에서의 소란이나 우루무치의 ‘7 · 5’ 사건 같은 사건들이 될 것이다.

자오치정 | 확실히 티베트나 신장 문제에 대한 서구의 이해에는 많은

편차가 있다. 사실과 심각하게 다른 서구매체의 보도 이외에 중국에도 책임이 있다. 중국은 과거 이러한 문제를 보도할 때, 제때를 놓치고 투명하게 보도하지도 못했다.

중국 국무원 신문판공실 주임으로 있을 때 중요한 일을 한 가지 했는데, 바로 중국 중앙정부의 각 부, 위원회, 성, 자치구, 직할시에 기자회견제도를 만든 것이다. 만약 우리가 진상을 제때 설명하지 못한다면 남들은 추측할 수밖에 없다. 중국에 대해 불만이 있는 사람들을 인터뷰하고 심지어 왜곡보도를 할 수 있는 시간을 주게 된다. 그렇게 되면 일종의 이미지가 남게 되는데, 선입견에 사로잡히면 이후에는 바로잡기 어렵다.

만약 티베트 '라싸사건'이 발생했을 때 외국기자들이 현장에 있었다면 세계에 그곳의 진상을 더 많이 알릴 수 있었을 것이다. 유감인 것은 당시 외국기자들은 현장 취재를 할 기회가 없었다. 이번 우루무치에서는 상황이 개선되어 외국기자들에게 자유로운 취재를 허용했다. 따라서 이번 보도는 지난번 보도보다 훨씬 진실에 가깝다고 볼 수 있다.

예컨대 티베트 문제의 경우, 독일의 유명 주간지 〈슈테른〉(*Stern*)에서 장문의 기사를 게재한 적이 있는데, 티베트에 대한 서구사람들의 인식에는 다음과 같은 몇 가지 특징이 있다는 것이다. 예를 들면, 티베트는 샹그릴라 같은 곳이고, 1950년대 초 중국 군대에 의해 점령당했으며, 달라이 라마는 티베트인의 지도자인 종교인이라는 것 등이다.

티베트가 샹그릴라 같은 곳이라는 것은 맞다. 그곳은 확실히 아름답다. 8백여 년 전 13세기부터 당시의 원나라가 티베트를 중국의 영역으로 편입시켰다. 그러나 달라이 라마는 절대 단순한 종교 지도자가 아니며, 분열주의자이다. 그의 연설은 불교를 이야기하는 것 같지만 어떤 연설은 우리의 티베트 정책을 공격하며, '대만 독립'이나 '신장 독립' 세력을 지지한다. 그의 모든 활동의 핵심 문제는 중국을 분열시키고자

나이스비트 부부와 함께한 자오치정

한다는 데 있다. 그가 세우고 싶어 하는 '대(大)티베트구'는 중국 영토의 4분의 1에 해당한다. 티베트를 깊이 있게 이해하고 연구하고 싶다면 가장 좋은 방법은 그곳에 가서 조사하고 연구하고 많은 사람들과 직접 만나 얘기를 나누는 것이다.

도리스 | 선생께서 이미 중국 측의 관점을 설명해주셨고, 우리 역시 그곳에 가볼 생각이다. 나도 독일 〈슈테른〉에 실린 기사를 읽었는데, 그건 아마 달라이 라마의 신비한 베일을 벗긴, 서구에서 발표된 첫 번째 글일 것이다. 이 기사는 많은 사람들에게 티베트의 진상을 알려주었다. 예컨대 예전에 많은 사람들은 중국 군대가 진주하기 전의 티베트를 낙원으로만 생각했는데, 실제로는 그렇지 않다. 확실히 이 기사는 사람들이 티베트에 대해 갖고 있는 부정적 인식을 분명하게 하는 데 도움을 주었다. 물론 기사 말미에 필자는 균형적인 의견도 적어 넣었는데, 대개의 서구 필자들은 모두 그렇게 한다.

그러나 내가 생각하는 것은 다음과 같은 문제이다. 이 관점도 대만에서 온 스탠퍼드 대학의 어떤 교수가 제기한 것이다. 그는 중국은 공공관계 분야에서 어떻게 달라이 라마와 맞서는지에 대해 나와 논의했다. 달라이 라마는 항상 만면에 웃음을 띠고 세계 각지를 돌아다닌다. 이러한 공공관계의 투쟁 과정에서 그를 이기기는 어렵고, 그는 아무 것도 증명할 필요도 없다. 마치 한 국가의 야당처럼 근거 없이 많은 것을 약속하면서 이것도 저것도 할 수 있고, 유권자들에게 좋은 것을 많이 가져다줄 수 있다고 말한다. 그러나 정권을 잡지 못하면 이러한 방법이 통할 수 없다는 것을 증명할 기회가 없다. 달라이 라마는 이렇게 하고 있다. 그는 그저 입으로만 약속하면 될 뿐이고 무언가를 증명할 필요는 없다. 그런데 이러한 방법이 오히려 그의 관중들을 감동시킬 수 있다.

달라이 라마는 현재 세계 여러 국가에서 동정을 구하고 있다. 대개 그의 방법은 마치 스페인의 투우사와 같이 어떤 지역에 갈 때마다 언제나 붉은색 천을 휘두르고 소가 돌진해 오면 바로 공격한다. 또한 달라이 라마가 어떤 지역에 가서 활동할 때마다 중국은 검을 휘두르며 그를 비판하고 그의 도발에 반격한다. 이렇게 되면 다른 국가들이 "보라고, 이게 증명해 주잖아? 당신들은 언제나 그를 가만두질 않잖아"라고 말할 것이다. 이러한 방법은 피동적으로 반응하는 방법이다. 마치 두 사람이 게임을 할 때 한 사람이 먼저 수를 쓰면 다른 사람은 언제나 피동적으로 대응하면서 그의 계략에 말려들게 된다. 이렇게 할 바에야 차라리 먼저 나서서 달라이 라마의 진상을 포함하여 티베트의 역사와 문화를 세계 각지의 인민들에게 능동적으로 알리는 것이 낫다.

또 한 가지는 대화를 통해 그를 무너뜨리는 것이다. 예컨대 앞에서 얘기했던 이른바 '대(大) 티베트구'의 문제이다. 어떤 기자가 달라이 라마를 취재하면서 날카로운 질문을 던졌다. "달라이 라마 당신은 티베트를 티베트 인민에게 돌려준다고 하면서, 이른바 '대 티베트구'를 주장하지 않는가. '대 티베트구'의 상당수 지역이 중국의 다른 성 지역이다. 당신은 이렇게 큰 지역을 이른바 티베트 인민에게 돌려주려고 하는가. 그것은 어떤 함의가 있는가." 이렇게 달라이 라마의 '대 티베트구' 이론에 대해 질문을 제기했다. 달라이 라마는 이러한 질문을 받고 할 말이 없어 그저 좌우를 살피더니 이러한 문제에 직접 대답할 수 없다고 말했다. 따라서 앞에서 언급했던 방법 이외에 어떤 경우에는 그와 직접 대화를 하며 사정을 공개하는 것이 그의 면모를 더욱 잘 들추어낼 수 있다.

자오치정 | 달라이 라마가 공공관계에서 '성공'을 거둘 수 있었던 중요한 원인은 일부 세력의 지지를 얻었기 때문이다. 그는 곳곳을 다니며 '티베트 독립'이 그가 공공활동을 벌이는 유일한 목적이라고 떠벌리고 다닌다. 그의 연설 제목은 종종 '자비를 품다' 혹은 '행복이란 무엇인가' 등으로 정치적 함의를 담고 있지 않다. 그는 결코 정치를 앞에 내세우지 않고 정치를 뒤에 둔다. 사람들이 달라이 라마를 좋아하고 그의 주장을 좋아하게 되면 그의 계략에 말려드는 것이다. 그의 방법은 매우 교묘하다. 특히 반가운 것은 당신과 내가 서로 다른 곳에서 〈슈테른〉의 같은 기사를 읽었다는 점이다.

실제로 우리가 티베트에서 실시하는 것은 이중 언어 교육이다. 티베트어를 보호하기 위해, 티베트어 학교와 중국어 학교를 별도로 건립했다. 티베트어 학교에서 중국어는 제 2외국어로 공부한다. 그러나 실제 일부 티베트 가장들은 자신의 아이가 티베트어 학교가 아니라 중국어 학교에 다녀 중국어를 유창하게 할 수 있기를 바란다. 그래야 이들이 티베트 밖에서 교류할 때나 일자리를 구할 때 편리하기 때문이다. 또한 만약 완전히 티베트어만을 사용하게 되면 과학수업을 할 때 어려움이 있다. 중국 학교는 1950년대 이전 수학과 물리, 화학을 가르치면서 종종 영어로 수업을 하곤 했다. 현재 이러한 과학기술용어는 중국어를 통해서도 완전하게 구사할 수 있게 되었다.

파리에서 문화 엑스포를 개최하면서 중국어와 티베트어 두 가지 교과서를 모두 전시한 적이 있다. 프랑스 사람들은 "정말 좋다, 다른 많은 국가들은 하지 못하는 일인데, 이렇게 하려면 얼마나 비용이 들겠느냐"라고 말했다. 교재가 두 종류이니, 선생님도 두 배로 필요하다. 따라서 중국어 학습은 결코 동화(同化)라고 말할 수 없다. 티베트 가장들은 자신의 아이를 중국어 학교에 보내고 싶어 한다. 베이징이나 상하이, 다른 대도시 학생의 가장들이 자신의 아이를 영어 학교에 보내고 싶어 하는 것처럼 말이다.

나이스비트 | 방금 얘기한 티베트 이야기는 이해할 수 있지만, 당신들은 전 세계에 티베트 이야기를 잘 하지 않았다. 우리야 이미 중국에게 설득되었기 때문에 《메가트렌드 차이나》에서도 티베트문제를 언급했다. 당신들이 현재 직면한 것은 달라이 라마이다. 그는 당신들의 적이다. 사실 도리스는 몇 년 전에 달라이 라마를 직접 만난 적이 있다. 그는 결코 이길 수 없는 대단한 인물은 아니지만, 공공관계 선전 분야에서 훨씬 현명하게 처신한다. 사실 중화민족은 총명한 민족이다. 티베트문제에 관해서는 달라이 라마보다 훨씬 많고, 훨씬 좋은 이야기를 갖고 있는데 어째서 항상 그가 우위를 차지하게 만드는가? 이런 부분에 있어서 더욱 많은 노력을 해야 하고 그가 우위를 점하지 않게 해야 한다고 생각한다.

자오치정 | 우리도 대외적 표출의 문제를 반성해야 한다. 확실히 어떤 부분은 개선할 수 있다. 티베트에 관한 이야기 중, 그중에서도 쟁점이 될 만한 부분에 대해서 우리는 입장을 분명히 했다고 생각했으나, 외국인의 관점에서는 그렇지 않았을 수도 있다. 이러한 점에 대해 우리의 이해가 부족했다고 할 수 있다. 이번에 두 분의 티베트행은 매우 중요한 여행이 될 것이다. 그곳에 가서 직접, 편하게 다양한 사람들과 이야기를 나누고 돌아오면 아마 더욱 많은 건의를 할 수 있을 것이다.[5]

---

5 앞서 소개한 《對話: 中國模式》(新世界出版社, 2010. 4)에서 발췌했다.

종교를 넘어선 조화로운 대화

미국 종교지도자 루이스 팔라우 박사[1]와의 대화

인류 공통의 숭고한 정신은 보편적으로 존재한다

팔라우 | 기독교는 종교가 아니라고 자주 말하곤 했다. 왜냐하면 종교는 사람들이 신을 찾도록 끝까지 도와주어야 하기 때문이다. 우리가 기독교를 언급할 때 실제로는 기독교와 세속인의 관계에 대해 이야기하지 어떤 종교를 말하는 것은 아니다.

자오치정 | 종교는 신이 만든 것이 아니라 인간이 만든 것이다. 인간이 그렇게 함으로써 마음속의 신과 가까워지는 것이다.

팔라우 | 맞는 말이다.

자오치정 | 중국 공맹(孔孟)의 도, 또는 유교 또는 공교(孔教)라고 불리는 것도 실제로는 철학과 사상이지 종교는 아니다. 유교를 종교와 비교한다면, 천지창조설이 없고 종교적 형식이 없다. 공자를 기념하

1 팔라우(Luis Palau)는 1934년 아르헨티나 출생으로, 1961년 멀트노마 신학원(Multnomah Bible College)을 졸업했고, 여러 대학에서 명예신학박사학위를 받았다. 유명한 기독교 복음전도사로 100여개 국가에서 수백만 명에게 설교한 바 있다.

는 활동이 있긴 하지만, 그것은 종교적 성격은 아니다. 그의 어록도 교의(敎儀)와 비교되지만, 그중 가장 널리 알려진 것은 인간이 어떻게 함께 지내야 하는지에 관한 철학이다. 유럽의 철학과 다른 점은 훨씬 세속적인 경향이 있다는 것이다. 유럽의 철학은 대부분 사물의 법칙을 사고하는 것이지만, 공자는 인간사회의 법칙을 보다 많이 사고한다. 따라서 중국의 철학은 더욱 영혼과 정신에 가까우며 훨씬 유연하다. 이는 유럽의 철학과 상호보완성이 있다.

팔라우 | 아시아에 오기 전에 유교 교의에 대해 연구하고, 이를 기독교와 비교해 본 적이 있다. 선생의 말씀처럼 유교 안에는 기독교처럼 천지창조설이 없다. 특히 유교는 처세, 도덕, 그리고 어떻게 인간관계를 풀어나갈지에 관한 것이다. 이것이 유교의 정수라고 생각한다.

실제로 서구와 유럽에서는 과거 250여 년간 물질문명의 발전을 더욱 중시했지만, 궁극적 목표는 소홀히 했다. 예수가 우리에게 가져다준 것은 사람의 궁극적인 생활에 관한 것이다. 즉, 물질인 사람이 죽고 난 뒤에도, 사람의 영혼과 정신은 여전히 존재한다는 것이다. 이것이 예수가 우리에게 가져다 준 인간에 관한 최종 목표와 교육이다.

자오치정 | 그것은 물론 살아가는 사람들에게는 최대의 위로를 준다. 이를 믿는 사람은 죽음에 대해 그렇게 두려워하지 않는다.

팔라우 | 또한 짧은 인생에 대한 실망도 훨씬 줄어들 수 있다. 따라서 성 아우구스티누스[1]와 성 바울, 그리고 나는 모두 세속 사람들에게 끊임없이 말하고 있다. 현세 외에도 우리에게 더욱 궁극적인 세계가 있으며, 단지 7, 80년을 살지만 우리에겐 찬란한 미래가 있다고 말이다. 우리는 이를 위해 준비를 잘 해야 한다.

자오치정 | 그래야 아마도 낙관적일 수 있다. 정신적 측면에 관해 맹

1 아우구스티누스(Aurelius Augustinus, 354~430)는 유명한 신학자로 상당한 영향력을 지닌 '아우구스티누스 경전 신정론'(神正論)을 만들었다.

자의 말을 인용한다면 "삶도 내가 원하는 것이요, 의(義)도 내가 바라는 것이다. 그러나 두 가지를 동시에 얻을 수 없다면 삶을 버리고 의를 취하겠다"(生亦我所欲也, 義亦我所欲也 二者不可得兼, 舍生而取義者也)라고 말했다.[2] 사생취의(捨生取義)란 어떤 경우 애국주의로 나타나고, 어떤 경우 다른 사람을 구하기 위해 자신의 생명을 버리는 것으로도 나타난다. 이것은 모두 그의 뜻에 부합하는 것이다.

오스트리아의 클레스틸(Thomas Klestil) 대통령이 얼마 전 세상을 떠났다. 그가 중국을 방문했을 때 내게 이런 이야기를 한 적이 있다. 아우슈비츠 강제수용소에서 식량이 부족해 독일 군관이 줄을 선 난민들에게 순서대로 번호를 부르며 대열 앞으로 나오게 했다. "하나, 둘, 하나, 둘, 하나, 둘", '하나'에 앞으로 나오게 된 사람들은 총살당했다. '하나'에 걸린 어떤 사람이 일곱 명의 아이들이 있어 총살당하고 싶지 않다고 말하자 한 신부가 내겐 아이가 없으니 대신 죽겠다고 말했다. 이는 맹자의 생각과 같다. 그 신부가 《맹자》를 읽은 적은 없겠지만 인류의 숭고한 정신은 보편적으로 존재한다고 볼 수 있다.

팔라우 | 그 이야기는 우리의 마음을 움직인다. 《성경》과 마찬가지로 원래 우리가 죽어야 하지만, 예수가 우리를 대신해 죽었다. 이 점을 생각하면 눈물을 흘리지 않을 수 없다. 우리 모두 아담과 이브라는 한 부모에게서 나왔다. 우리의 유전자 기억 속에 공통의 것이 있다. '요한복음'에는 다른 사람의 생명을 위해 자신의 목숨을 바쳐야 하며, 심지어 원수를 위해서 기도하고 원수를 사랑하라고 말씀하셨다.

자오치정 | 서로 종교가 다른 사람이나, 유신론자나 무신론자나 서로 우애롭게 지내야 한다. 그래야 '지구촌'이 화목할 수 있다. 우리의 최종 목표는 조화로운 사회, 조화로운 지구, 조화로운 인류이다.

---

2 "告子上", 《孟子》.

대화는 문화 장애를 극복하는 가장 좋은 방법이다

팔라우 | 《성경》의 '요한복음'에서 예수는 이 세상에서 다른 사람을 위해 희생하는 사랑보다 더 위대한 것은 없다고 말했다. 피터 페이스 미 합참의장도 대통령의 임명을 수락하면서 TV에서 이런 얘기를 했다. "만약 한 해군대원이 나를 구하지 않았다면, 나는 오늘 여기에 서서 여러분에게 연설하지 못했을 것입니다. 베트남 전쟁 중이던 그 당시, 저는 장교였습니다. 20여 명의 병사들을 이끌다가 동굴에서 습격을 당했는데 그때 어느 대원이 제 앞으로 뛰어와 총을 막았습니다. 총알은 제 쪽을 향하고 있었는데, 그가 저를 위해 죽은 것입니다." 피터 페이스는 강한 군인이었지만 눈물을 흘렸다. 마찬가지로 예수도 우리 대신 총알을 막아내고 우리를 위해 죽고 수난을 당한 것이다.

자오치정 | 중국의 고대 도덕 전통 중에 '의'(義)라는 것이 있다. '정의', '도의'라는 의미이다. 중국인들은 정의로운 일을 위해서는 물불을 가리지 않고 어떤 일이라도 감수하려 한다. 중국인들은 국민을 위해 죽으면 그 의미는 태산보다 더 크며, 이것도 일종의 영생이라고 생각하는 관념이 있다. 이 말을 한 사람은 마오쩌둥이다. 중국에서 이 말은 매우 광범위하게 알려져 모든 사람이 알고 있으며 격언으로 받들고 있다. 중국인들은 국민을 위해 희생하는 사람을 매우 존경한다.

팔라우 | 인류의 진선미(眞善美) 중 '선'의 일면이 아닐까 생각한다.

자오치정 | 사람에겐 윤리의식이 있어야 한다고 생각한다. 맹자는 "남의 부모를 내 부모처럼 섬기고, 남의 아이를 내 아이처럼 여긴다"(老吾老以及人之老, 幼吾幼以及人之幼)[3]고 말했다.

팔라우 | 예수도 선생이 방금 하신 말씀과 똑같은 말을 했다. 네 이웃

---

3 "梁惠王上", 《孟子》.

을 네 몸과 같이 사랑하라. 이런 부분에서는 양측의 가르침은 매우 일치한다. 선생이 말씀하신 중국의 공자나 맹자의 윤리도덕 사상과 기독교는 매우 유사한 부분이 있다. 이 중에는 많은 진리가 있는데, 한 가지 원인은 아마 모든 민족이 동일한 곳에서 왔기 때문일 것이다. 중국은 이미 5천 년이 넘는 문명의 역사를 갖고 있기 때문에, 중국인의 사상은 더욱 의미가 있다.

자오치정 | 이미 많은 부분에서 우리의 의견이 일치한다는 것을 발견했다. 그러나 차이도 있다. 만약 차이가 없다면 우리의 대화는 그리 중요하지도, 근사하지도 않을 것이다. 차이가 없는 대화는 마치 한 사람이 자신의 그림자와 대화를 하는 것과 마찬가지로 아무런 수확도 없이 결국 피로해지고 열의도 없어질 것이다.

팔라우 | 나도 마찬가지로 흥미를 잃게 될 것이다.

자오치정 | 우리 두 사람은 완전히 다른 조건에서 성장했다. 따라서 대화가 신선하고 상호 간에 일정한 영향을 줄 수 있다. 이른바 영향이란 우선 상호이해이다. 대화는 문화적 장애를 극복하는 가장 좋은 방법이다.

신을 믿어도 궁극적 진리를 탐구할 필요가 있다

자오치정 | 절대 진리 혹은 궁극적 진리에 대해 신학에선 한 마디로 대답한다. 진리는 신이라는 것이다. 매우 간명하다. 신학의 핵심은 바로 신의 존재이고, 신학의 기초는 《성경》이다. 인류가 반드시 궁극적 진리를 찾을 수 있는 것은 아니며 단지 그것을 향해 끊임없이 전진할 뿐이라고 생각한다. 아마 진리에 대한 과학자와 신학자의 정의는 다를 것이다. 이는 확실히 복잡한 문제이다. 설령 무신론자 또는 유신론자라 하더라도 진리에 대한 사람들의 정의는 서로 다를 것이며, 종교에

대한 종교학자나 신학자의 정의도 마찬가지일 것이다.

팔라우 | 물론이다. 우리가 진리를 논할 때 물리학의 진리가 있고 수학의 진리가 있다. '진리는 신이다'라는 것을 논할 때 한꺼번에 모든 진리를 금지하는 것은 아니다. 다른 모든 진리가 의미 없는 것은 아니며, 오히려 우리가 일게 된 궁극적 진리가 신이며, 과학에 대한 우리의 이해를 더욱 깊게 해준다. 간단히 말해 《성경》은 과학자들에게 신을 믿으면 그 신에 대해 더 이상 깊이 사고할 필요가 없다고 말하지 않는다. 《성경》은 과학자들에게 신을 믿고 조물주를 믿으며, 궁극적 진리에 대한 탐구를 대담하게 펼치라고 말한다.

자오치정 | 수학, 물리, 화학과 같은 과학을 제외하고 어떤 궁극적 진리에 대한 탐색은 철학의 임무라고 생각한다. 헤겔은 철학에 대해 "황혼이 깃들 무렵에야 비로소 날기 시작하는 미네르바의 부엉이"4라고 말했다. 내가 이해하기로는 첫째, 철학은 우주, 지구, 인류, 개인을 포함하여 이미 발생한 일에 대한 일종의 반성이며 그 과정에서 다듬어져 진리가 나온다. 둘째, 헤겔은 부엉이가 높이 날면 멀리 볼 수 있고 어둠 속에서도 문제를 발견할 수 있다고 했다. 철학자들도 이러한 능력을 가져야 한다. 나는 철학의 중요한 측면은 과거를 성찰하고 정련해 나가는 것이라고 생각하며, 이렇게 얻은 결론으로 미래를 이끌어 주길 바란다. 20세기 초 누군가 '필로소피'(*Philosophy*)를 '지혜학'(智學)으로 번역했다. 이미 알고 있는 구체적인 지식을 초월한다는 뜻이다. 지식의 위에서, 사상과 논리 위에서 더욱 높은 결론이 나올 수 있다.

팔라우 | 재미있는 점은 '철학'의 영문 철자가 원래 그리스어 두 개 단어의 조합이라는 것이다. 앞에 있는 'philo'는 그리스어로 '사랑'이란 뜻이고, 뒤에 있는 'sophy'는 '지혜'의 의미이다. 따라서 'philosophy'의 그

4 미네르바는 그리스-로마 신화에 나오는 지혜의 여신 아테네이다. 그녀의 곁에 있는 부엉이가 바로 사상과 이성의 상징이다.

리스어 의미는 '사랑과 지혜의 조합'이다.

자오치정 | '사랑과 지혜'는 진리를 사랑하는 의미를 포괄한다고 생각한다.

팔라우 | 맞다. 진리를 찾고 생명을 향유하는 것이다.

자오치정 | 진리도 일종의 아름다움(美)이다. 사람은 진리 탐색 과정에서의 아름다움과 진리를 찾아낸 아름다움을 향유할 수 있다. 아름다움에는 자연의 아름다움, 그림의 아름다움, 음악의 아름다움, 건축의 아름다움 등 여러 가지가 있다. 철학을 이해하는 사람이 철학적 사고를 한 뒤 새롭게 얻는 바가 있을 때 철학적 아름다움을 느낄 수 있다. 이것이 일종의 수준 높은 아름다움이라 할 수 있다. 예컨대 아인슈타인은 그의 질량에너지 공식인 $E=mc^2$가 아름답다고 느낄 것이다. 이것은 매우 단순하게 질량과 에너지의 전환관계를 나타냈을 뿐 아니라 그 가운데 풍부한 철학적 의미가 있기 때문이다.

유신과 무신의 구분은 인간의 조화에 장애를 가져오지 않는다

팔라우 | 우리 어머니는 중국에 관한 일을 많이 아시고, 중국을 사랑해야 한다고 가르치셨다. 어릴 적, 집에서 종종 중국을 위해 기도했다. 진짜 중국의 발전을 보게 되었을 때 정말로 신기함을 느꼈다. 기독교인으로서 물론 이러한 발전이 기독교의 교리 위에서 이루어지면 더욱 좋겠다고 생각한다.

자오치정 | 중국을 사랑하고 중국의 발전과 중국인의 행복을 위해 기도했다니 참으로 감동했다. 중국의 발전은 중국특색 사회주의 이론의 위대한 실천이고 자국의 문화전통 위에서 만든 것이다. 중국의 발전을 외래문화 위에 세울 수 있다고 상상하기는 어렵다. 무신론자도 좋은 친구가 될 수 있다고 하셨는데, 나 또한 동감한다. 어제 우리가 함께

'올드랭 싸인'(Auld Lang Syne)을 불렀을 때도 바로 이런 느낌이었다. 이 노래는 원래 스코틀랜드의 민요로 중국에서도 유명하다. 미국인이 만든 영화 〈애수〉(*Waterloo Bridge*)의 주제곡으로 중국에서도 알려졌기 때문이다. 유신과 무신의 구분은 우리 사이의 조화에 지장을 주지 않는다. 유신론과 무신론의 공통 목표는 조화로운 지구를 만드는 것이다. 서로 간의 이해와 빈번한 소통이 매우 필요하며 또한 효과적이다. 우리는 탐욕과 이기심과 게으름에 반대하며, 사악함과 전쟁에도 반대한다.

팔라우 | 그렇다.

자오치정 | 고대에는 종교전쟁이 자주 발생했다. 그러나 세계의 모든 전쟁이 종교분쟁 때문에 일어난 것은 아니며 근본적 원인은 사람의 탐욕과 사악함 때문이다. 개인적으로 종교와 교파가 전쟁을 막아내는 역할을 하고 전쟁광이나 제국주의자들에게 이용되지 않길 바란다. 히틀러는 전쟁광일 뿐 아니라 극단적인 반(反)유대주의자이다. 그는 당시 종교적 편견을 이용해 정치적 야심을 성취하였다.

팔라우 | 선생의 말씀 중엔 나와 공통점이 많다. 그러나 나의 꿈은 언젠가 모든 중국인들이 마음속에 있는 예수를 통해 하나님이 계신 곳에서 평안을 찾는 것이다. 왜냐하면 우리 모두는 죽을 것이지만, 오로지 예수만이 참회하고 기독교를 믿는 세상의 모든 사람에게 영원한 생명을 주시기로 약속했기 때문이다. 예수께선 우리가 완전무결해야만 영생을 얻을 수 있다고 하지 않았다. 그가 우리에게 주신 것은 사면이요, 미래의 영생이다. 개인적으로 《성경》의 '요한복음'을 특히 좋아한다. 하나님의 아들이 이 세상에 오신 것은 세상을 심판하러 오신 것이 아니라 구원하러 오셨다.

자오치정 | 나 또한 꿈이 있다. 전 세계 모든 종교의 신자들과 무신론자 간의 교류가 현대 문화의 중요한 실천이 되길 바란다. 중국과 미국

은 모두 위대한 국가이다. 미국은 가장 큰 선진국이며 중국은 가장 큰 개도국이다. 따라서 미국 인민과 중국 인민의 교류가 더욱 효율적이고 적극적으로 추진되길 바란다. IT 기술용어로 표현한다면 우리 사이에 더 많은 우호적인 접점인 '인터페이스'(*interface*)가 있어야 한다. 중미 대화는 전면적이어야 한다. 정부 간 대화뿐 아니라 종교적 대화, 종교와 비종교의 대화도 포괄해야 한다. 누군가 "지혜가 많을수록 번뇌도 많다고 했다"(*For in much wisdom is much vexation*). 그러나 꼭 그렇지만은 않은 것이, 선생은 지혜로우면서도 낙관주의자인 것 같다.

팔라우 | 어떻게 친구를 대할 것인가의 문제를 생각했다. 친구 사이는 반드시 진심으로 대해야 한다. 그런데 서로 간에 진심을 다했지만 오히려 상대방을 해치는 경우도 있다. 하지만 오히려 이것은 친구관계를 돈독하게 만드는 장점이 있다. 나는 항상 《성경》에서 세상에서 가장 지혜로운 사람인 솔로몬왕을 떠올린다. 그는 '친구에게 받는 상처가 적에게 받는 입맞춤보다 소중하다'고 했다. '상처'는 아마 아프겠지만 시간이 지나면 회복된다. 좋은 생각이다.

자오치정 | 중국에도 누구나 다 아는 격언이 있다. "좋은 약은 입에는 쓰지만 병을 낫게 하는 데는 이롭고, 쓴 소리는 귀에 거슬리나 행동함에는 이롭다"(良藥苦口利于病, 忠言逆耳利于行). 이 말은 선생의 말씀과 비슷하다. 공자는 60세를 '이순'(耳順)이라 했다. 이순이란 날카로운 말을 받아들이고 이해할 수 있다는 의미로, 일종의 수양이자 성숙을 의미한다.[5]

---

5 趙啓正, Luis Palau, 《江邊對話: 一位无神論者和一位基督徒的友好交流》(新世界出版社, 2006. 9)에서 발췌했다.

위기의 순간과 새로운 지혜

2009년 여름 다보스 포럼에서의 대화

사회자[1] | 와주셔서 정말로 감사드린다. 오늘 토론할 내용은 경제성장 모델의 재설계에 관한 문제이다. 자오치정 주임은 세계 제 2의 경제대국인 중국을 대표하는 자리이다.[2] 거대한 수출국으로 중국도 세계경제 쇠퇴의 영향을 받았다. 자오 주임에게 묻고 싶은 첫 번째 질문은 중국 발전모델의 전환이 필요한가. 만약 모델 전환이 필요하다면 현재 어떠한 생각과 계획이 있는가.

자오치정 | 제 대답은 우선 그렇다고 말씀드릴 수 있다. 중국은 발전모델을 전환해야 한다. 중국은 이번 경제위기가 가져온 도전을 기회로 보고 있고, 경제개혁을 더욱 심화시키고 경제구조와 사회 전체 복지를 개선해야 한다고 보고 있다. 처음에 사람들은 중국정부가 단순히 4조 위안(元)으로 시장을 부양한다고만 생각했지만 사실은 그렇지 않다.

---

1 Andrew Steven, CNN MC 겸 기자.

2 중국이 세계 제 2의 경제대국이 되었다는 정확한 소식은 신화사(2011. 2. 14)가 보도했다. 그러나 2009년 여름 다보스포럼이 개최되었을 때 이미 일부 외국매체는 중국경제 규모가 이미 일본을 초월해 세계 2위를 차지할 것으로 보았다.

중국은 이번 경제위기의 기회를 이용해 중국의 경제구조를 한층 더 개선하고 수출에 대한 지나친 의존을 줄이고자 한다. 특히 중국 주민의 소비를 증가시키고자 한다. 중국 주민의 소비율은 세계 평균과 비교해 보면 20% 낮지만, 중국의 투자율을 세계의 평균치와 비교해 보면 오히려 20% 높다. 물론 현재 투자율을 낮출 계획은 없지만, 소비율을 높이는 것은 중요한 임무이다. 구체적 방법은 취업을 촉진하고 국민의 소득체계를 개선하며 일부 제품의 세율을 낮추는 것이다. 주민 소비를 촉진하려면 주택공급을 증가시키고 사회보장시스템을 개선하며 교육이나 의료 분야에 대한 가구 지출을 감소시켜야 한다. 또한 이번 기회를 통해 일부 업종의 과잉생산 문제를 해결할 것이다. 예컨대 조강(粗鋼)의 경우 5억 톤이 필요하지만, 생산량은 6억 6천만 톤이다. 이전에는 도태시킬 기회가 없었지만 이제 수출이 감소했기 때문에 이번 기회에 도태시켜야 한다.

사회자 | 현재 많은 경제부양 계획을 볼 수 있는데, 이 중에는 대형 기초건설 프로젝트에 거대한 자금을 투입하는 것도 있다. 그러나 이는 결코 지속가능한 발전모델이 아니다. 자오 선생이 보기에 중국의 성장, 특히 취업 증가는 어떤 영역에서 비롯되어야 하는가.

자오치정 | 4조 위안 중 대략 4분의 1은 대형 기초시설 건설에 투입되었다. 첨단기술 영역은 새로운 성장영역이다. 예컨대 신에너지, 현대통신, 녹색산업, 폐자재 재활용 산업 등 이러한 새로운 기술 영역에서 새로운 노동력을 흡수할 수 있다. 또한 사회보장성 주택과 농촌민생 프로젝트에 대한 투자는 장기적으로 기초시설에 대한 투입을 훨씬 더 초과하게 될 것이다. 또한 일부 산업, 예컨대 자동차제조업은 발전의 여지가 크며 관련 서비스업의 발전을 견인할 것이다. 중국의 자동차 보유량은 천 명당 50대에 불과하지만, 미국은 천 명당 775대, 유럽은 311대이다. 중국이 미국처럼 그렇게 많은 차를 살 수는 없지만 50대는

지나치게 적다.

사회자 | 중국은 아시아 내부무역의 거대한 소비시장이 되겠지만, 최근 자료를 보면 2007년 미국의 소비시장 규모는 10조 달러인 반면 같은 해 중국은 1조 달러에 불과했다. 중국이 자국의 발전을 지탱할 수 있는 동시에 아시아 다른 지역의 발전을 지원할 수 있을 정도로 국내 소비시장이 커지려면 어느 정도의 시간이 필요한가. 한 세대인 20년의 시간이 필요한가.

자오치정 | 이것은 단순히 경제적 문제가 아니라 문화전통에서의 소비관이 빨리 변화될 수 있는가의 문제도 포함한다. 중국인은 돈이 있어도 미국인처럼 그렇게 한 사람이 일 년에 20벌씩 티셔츠를 구매하지는 않을 것이다. 아마 두 벌 정도면 충분할 것이다. 다른 아시아 국가와 비교할 때 중국은 자체적인 어려움이 있다. 땅이 넓고 인구가 많고 지역적 차이가 커서 도시와 농촌, 동부와 서부, 남부와 북부 모두 불균형적이다. 평균 교육수준도 충분히 높지 않다. 따라서 아시아를 포함해 세계 각국의 다른 국가와 지역으로부터 겸손하게 배워야 한다. 우리가 참고할 수 있는 것이라면 모두 가지고 와 배워야 한다. '검은 고양이든 흰 고양이든 쥐만 잘 잡으면 좋은 고양이다.' 어느 정도의 시간이 지나야 커다란 중국 국내시장이 생길 수 있느냐고 물었다. 20년이 걸리지는 않겠지만 최소한 10년은 필요하다고 본다.

사회자 | 중국은 어떠한 정책을 채택했는가. 예컨대 중국은 서비스업 발전 분야에서 어떻게 할 것인가. 이것은 모든 국가들에게 매우 중요하기 때문이다.

자오치정 | 중국경제는 대개 위에서 아래로, 그리고 아래에서 위라는 두 가지 측면에서 추진된다. 서비스업의 경우 전자는 융자나 세수 혜택 등 정책적 측면에서의 부양을 말한다. 후자는 인민들의 요구를 말한다. 예컨대 예전에 중국인들은 일주일에 하루 쉬었지만 이후 이틀

로 늘어나면서 관광업이 크게 발전했다. '위에서 아래'로, 그리고 '아래에서 위'로의 양자 간에는 인민대표대회제도 같은 적절한 메커니즘이 필요하다.

사회자 | 이어서 '녹색기술'과 관련된 문제를 묻고 싶다. 녹색기술은 '공중누각'일 뿐인가 아니면 이미 실용에 투입할 수 있는 기술수준을 보유했는가. 현재 중국의 우선발전 영역에서 녹색기술은 어떠한 위치에 있는가.

자오치정 | 녹색기술은 중국에서 매우 중요한 위치에 있다. 에너지 분야를 보면 최근 핵발전, 풍력발전, 태양발전 등이 신속하게 발전하고 있다. 향후 몇 년 안에 매년 평균 1000조 와트에서 2000조 와트의 핵발전소를 건설할 것이다. 중국의 풍력발전 사용이 세계에서 차지하는 비중은 매우 높고 기술도 끊임없이 발전하고 있다. 자동차제조 분야에서 우리의 기술수준이 전체적으로는 아직 초기 단계이지만 전기자동차, 하이브리드 자동차 분야에서는 비교적 빠르게 발전하고 있다. 해외에서 기술을 도입하고 선진국의 도움을 얻어 탄소배출감소의 임무도 완성할 수 있길 바란다.

사회자 | 중소기업의 발전은 어떻게 촉진하는가.

자오치정 | 중소형 기업의 최대 어려움은 자금 부족이다. 중국 은행들은 과거 이들에게 대출해 주길 원치 않았다. 왜냐하면 기한 내에 상환하기 어려울 정도로 리스크가 너무 크다고 생각했기 때문이다. 현재 일부 정책을 제정 중에 있다. 예컨대 정부가 이들을 위해 담보를 제공하고 대출업무를 담당할 전문투자은행을 설립할 수도 있다. 이러한 정책은 현재 계획 중에 있으며 실현될 수 있길 기대한다.

사회자 | 플로어에 계신 청중들께서 질문을 해 달라.

질문 | 과거 미국 소비자들은 지나치게 많은 돈을 썼고 많은 빚을 졌다. 아시아 소비자들은 돈을 많이 쓰지 않고 저축도 많다. 현재 우리는

아시아 소비자들에게 더 많이 소비하고 적게 저축하라고 요구하고, 미국 소비자들은 이와는 정반대로 움직이려 한다. 묻고 싶은 것은 아시아 소비자도 언젠가 부채가 많아져 또 한 차례의 위기를 가져오게 되지 않을까 하는 것이다. 이러한 우려는 없는가.

자오치정 | 현재 아시아 대다수 국가의 소비가 지나치게 적다는 것이 문제이다. 아시아에서 언제 과도한 소비가 나타날 수 있을지 모른다. 아시아를 유럽이나 미국과 비교해 보았을 때 그 차이는 경제구조에 있다고 생각한다. 물론 일본의 상황은 예외이다. 아시아 국가의 첨단기술 산업은 거의 서구의 특허를 대량으로 구매하고 있고 그들의 특허료는 매우 비싸다. 특허를 사들인 뒤 종종 잘 적용하거나 발전시키지 못해 몇 년 지나 또 다시 새로운 특허를 사와야 한다. 이 중에는 지적재산권 제한의 문제도 있고 현지 과학기술자들의 수준 문제도 있다. 따라서 중국은 자주혁신을 장려해야 한다. 자신의 필요에 따라 과학과 기술발전 계획을 제정하고 관련 프로젝트 투자를 해야 한다. 물론 중국은 다른 국가와의 협력을 배척하지 않을 것이다. 단순히 소비를 자극하는 것이 아니라, 먼저 경제구조를 개선해야 중국의 장기적 발전에 도움이 될 것이다.

질문 | 아시아 회사는 미국과 유럽에서 모두 많은 고용을 창출했다. 이들 국가와 지역에 경제활력을 불어넣은 것은 물론이며 세수도 생겼고 지역 소비자들에게 이익을 가져다주었다. 중국의 어떤 녹색기술회사가 향후 자신들의 산업모델 혹은 서비스모델을 세계 다른 지역에 가져갈 수 있을 것이라 보는가. 이러한 가능성이 있는가.

자오치정 | 현재 중국의 녹색산업이 즉각 외국으로 나가는 것은 일정한 어려움이 있을 것이다. 첫째, 우리가 장악하고 있는 녹색산업의 핵심기술이 많지 않다. 둘째, 세계 각국 모두가 중국의 자본을 환영하는 것은 아니다. 예컨대 미국은 중국자본의 유입을 경계하고 있어 중국기

업이 미국에서 일부 기업을 합병할 때 심각한 방해를 받기도 했다. 이와 비교해 볼 때 아프리카 국가들은 비교적 중국의 투자를 환영한다. 중국에겐 확실히 외국의 투자도 받아들이고 외국으로 가서 투자하고 싶은 바람도 있다.

질문 | 다롄(大連) 방송국 기자다. 아시아 국가들은 모두 수출주도형이며 현재 우리는 소비 주도모델로의 전환을 희망하고 있다. 나에겐 80세 된 할머니가 계신데 저축을 많이 하지만, 돈을 쓰라고 권하는 건 어렵다. 어떻게 이러한 노인들에게 소비를 독촉할 것인가. 예컨대 우리 할머니 주머니에 있는 돈을 어떻게 소비로 연결할 것인가.

자오치정 | 중국의 할머니들은 손자들을 너무 사랑해서 손자들을 위해 돈을 쓰길 바란다. 좋은 학교에 보내고 우유도 사주신다. 또한 장수를 바라는 노인들이 많으니 인삼 같은 것을 드시면 장수할 수 있다고 알려드리면 아마 돈 쓰기를 마다하지 않을 것이다.

사회자 | 대화를 마치기 전에 마지막 질문이 있다. 이번 경제회복이 '더블딥'이라면 다시 한 번 주가가 하락할 텐데 걱정은 없는가.

자오치정 | 상당히 위험한 새로운 상황이 나타난다 해도 사람들은 살아가야 한다. 사람들은 위기의 순간에 새로운 지혜가 생겨날 것이며, 이렇게 할 수 있으리라는 믿음이 있다.

사회자 | 좋은 말씀이다. 다음과 같은 말로 오늘의 대화를 마치고자 한다. 위기의 순간에 새로운 지혜가 생겨날 것이다![3]

3 2009년 9월 여름 다보스 포럼 '아시아 성장모델의 재설계' 세션에서의 대화 기록을 발췌했다.

책임 있는 이익상관자

졸릭[1]의 연설에 대한 논평

2007년 3월 21일 골드만삭스 그룹 부이사장을 역임한 졸릭이 상하이시 미국학회, 미중관계 전국위원회가 주관하는 '바네트[2]-옥센버그[3] 중·미관계 강좌' 초청에 응해 연설을 했다. 필자는 졸릭의 연설에 대해 현장에서 논평했다.

방금 졸릭 선생의 훌륭한 연설에 감사드립니다. 연설 내용이 매우 풍부해 회의석상에서의 토론뿐 아니라 회의가 끝난 후, 특히 중국 측에서는 심도 깊은 연구를 진행할 것입니다.

지금 우리가 있는 이곳은 35년 전 중·미 공동성명을 체결한 곳입니다. 그러나 당시의 진장(錦江) 소강당은 이미 철거됐고, 이 건물은 그

1 졸릭은 제 11대 세계은행 총재로 골드만삭스 국제담당 부이사장, 상무이사, 국제고문위원회 주석을 역임하고 있으며 2005년 1월에서 2006년 6월까지 미국무부 부장관을 역임했다.

2 바네트(A. Doak Barnett, 1921~1999)는 미국의 저명한 중국문제 전문가로 미국의 현대중국학 창시자로 불린다.

3 옥센버그(Michel C. Oksenberg)는 미국의 저명한 중국문제 전문가이다.

자리에 다시 지은 것으로 원래 모습과 거의 비슷합니다. 그렇지만 예전보다 더욱 견고해져서 튼튼한 기초와 좋은 기둥이 생겼습니다. 마치 중 · 미관계가 당시엔 그 낡은 강당과 같았다면 오늘날은 새로운 강당과 같다고 볼 수 있습니다. (박수 소리) 강당이 철거되기 전인 1997년 키신저 박사 부부를 이곳에 초청한 적이 있습니다. 키신저 부인에게 당시 키신저의 공헌에 대해 설명했더니 키신저 박사는 매우 즐거워하며 오랫동안 부인에게 존중받지 못했는데, 오늘부터는 존중받을 수 있을 것이라고 말했습니다. (박수 소리, 웃음소리)

방금 졸릭 선생의 연설에서는 네 가지 문제(한반도, 이란, 수단, 에너지)와 몇 가지 결론을 말씀해 주셨습니다. 논평 시간이 15분밖에 되지 않아 이 네 가지 문제에 대해 모두 논평할 수는 없을 것 같습니다. '책임 있는 이익상관자'와 '세계적 이익상관자'는 졸릭 선생 연설의 키워드입니다. 그렇다면 중국은 어떠한 책임을 져야 할 것인가에 대해 제 의견을 말해보고자 합니다.

중국은 가장 큰 개발도상국으로 인구는 세계의 21%를 차지하지만, GDP는 전 세계 총량의 5%에 불과합니다. 이러한 측면에서 중국은 여전히 성숙한 발전국가는 아닙니다. 중국의 첫 번째 임무는 건설을 잘하여 중국인들이 행복하게 살 수 있도록 하는 것입니다. 졸릭 선생의 말씀처럼 중국은 내부적 도전에 직면해 있습니다. 여기에는 빈부격차 문제뿐 아니라 동서부 지역 간의 불균형 발전문제, 불합리한 산업구조 문제도 포함됩니다. 이에 따라 후진타오 총서기는 중국이 조화로운 사회를 건설해야 한다고 보았고, 이러한 이념은 빠르게 중국인들의 공통 인식이 되었습니다. 중국의 두 번째 책임은 UN 안보리 상임이사국으로서의 책임과 의무를 다하는 것입니다. 1993년 갈리 전(前) UN 총장이 이곳을 방문했을 때 내게 상하이에 건물 몇 개 덜 세우면 평화유지부대를 파견할 수 있다고 말한 적이 있습니다. 당시 우리에겐 그러한 역량이 없었기 때문에 평화유지군을 파견한 적이 없었습니다. 그러나 오늘날에는 많은 평화유지군을 파견하고 있고, 우리가 파견한 평화유지군의 규모가 이미 세계 1위 내지 2위라고 합니다. 중국의 국제적 책임은 인류가 직면한 도전과 함께 마주한 것으로, 환경보호문제, 테러주의, 마약 확산 문제, 조류 인플루엔자와 같은 악성 전염병 문제 등이 있습니다.

졸릭 선생은 중국인들이 미국에 대해 여전히 경계심을 갖고 있다고 말씀하셨습니다. 저는 이 부분에 대해 부정하지 않고 인정합니다. 다만 솔직하게 서로의 관점을 바꿔보면 더욱 잘 협력할 수 있다고 생각합니다. 우리가 왜 미국에 대해 경계심을 가집니까. 이는 중국에 대한 미국의 다면적이고 불안정한 태도와 관련이 있습니다. 랜드(Rand) 연구소는 1990년대 말 중국에 대한 미국의 정책이 반드시 '견제'에 '포용'을 가미한 것이어야 한다고 말했습니다. 미국의 언론은 '봉쇄'(*containment*)와 '개입'(*engagement*)을 합성한 '컨게이지먼트'(*congagement*)와 같은 신조어들을 만들어 냈습니다. 어떤 영중사전에서도 'congagement'를 찾아볼 수 없습니다. (웃음소리) 마치 자동차의 브레이크와 클러치가 하나가 된 것 같은 느낌입니다. 운전자가 밟았을 때는 '봉쇄'이고 발을 들었을 때는 '개입'과 같습니다. 이는 하나의 비유입니다. 중·미관계를 만일 자동차라고 한다면 이는 두 대의 자동차 시스템, 두 명의 운전자로 한 명은 미국인, 한 명은 중국인입니다. 어떻게 양자 사이를 잘 처리할 수 있겠습니까. 졸릭 선생의 말대로 이는 '이익상관자'(*stakeholder*)의 관계로 양자가 잘 협의하여 차를 몰고 갈 수 있어야 합니다. 왜냐하면 한 사람은 한쪽 타이어만을 통제할 수밖에 없기 때문에 두 사람이 서로 소통해야만 차가 앞으로 나아갈 수 있기 때문입니다. 따라서 다른 개념보다도 우리는 졸릭 선생의 '이익상관자'의 개념을 좋아하며, 이것이 훨씬 현실적이라고 생각합니다.

중 · 미 간에 상호신뢰가 증진되어야 서로의 경계심을 줄일 수 있습니다. 미국에 대한 중국인의 경계심뿐 아니라 미국인도 중국에 대해 경계심을 갖고 있습니다. 중국인도 미국인이 '책임 있는 이익상관자'이기를 희망합니다. 의심을 줄이고 신뢰를 증가시키며, 마찰을 줄이고 협력을 늘려 더욱더 교류하고 소통해야 합니다. 협력의 측면에서 할 수 있는 많은 분야들이 있습니다. 예컨대 에너지 협력은 자원채굴뿐 아니라 신기술 연구도 포함될 수 있습니다. 상하이에서 바네트 선생을 모신 적이 있었는데 옥센버그 선생도 함께 왔습니다. 중국에 대한 이들의 견해는 우리에게 많은 시사점을 주었습니다. 중국에 대한 졸릭 선생의 연구도 감탄스럽습니다. 방금 백여 년간 지속된 동아시아 지연(地緣) 정치에서 한반도의 역할에 대해 말씀하셨고 상하이 현지 역사에 대해서도 말씀하셨습니다. 만약 미국에 더욱 많은 바네트, 옥센버그, 졸릭 그리고 홀든[4]과 베리스[5]가 있다면 중국에 대한 미국의 이해는 훨씬 높아질 것입니다. (웃음소리, 박수 소리) 물론 중국에도 미국을 이해하는 많은 지미파(知美派)가 있습니다. 이들 중 일부는 오늘 회의를 조직하고 참여하고 있습니다. 최근 폐막한 중국정치협상회의에서 짧게 발언하면서 중국에서 '공공외교'를 제창해야 한다고 강조했습니다. 학교나 연구소, 기금회, 매체, 비정부조직 모두 중국과 외국의 교류에 참가해야 합니다. 이러한 교류과정에서 쌍방은 외교적 언사를 넘어 더욱 솔직하게 관점을 드러내고 중국인과 미국인은 모두 효율을 중시해야 합니다. 오늘 회의가 바로 공공외교의 모범사례라고 생각합니다. (박수 소리) 감사합니다.

---

4 홀든(John Holden)은 전 미중관계 전국위원회 회장으로 이 활동에 참가했다.
5 베리스(Jan Berris)는 미중관계 전국위원회 부회장으로 이 활동에 참가했다.

역사를 소중히 여기고 현실을 직시하자

폭스[1] 동상 제막식과 '중·미 비정부 고위급 대화'에서의 연설

폭스 동상 제막식에서의 연설

2002년 10월 22일 폭스 동상 제막식이 미국 텍사스주 칼리지 스테이션 조지 부시 대통령도서관에서 거행되었고 필자는 다음과 같은 연설을 했다.

존경하는 폭스 고향의 친구들, 존경하는 반(反) 파시스트의 전우들, 그리고 신사숙녀 여러분!

몇 분 뒤 우리가 이 자주색 천을 젖히면 중국의 반(反) 파시스트 투쟁 과정에서 용감하게 희생된 텍사스주의 아들, 제임스 폭스 선생의 동상을 만나게 됩니다.

제임스 폭스는 1942년 중국에 자원해서 왔고, 1943년 3월 11일 '카멜

---

1 제임스 폭스(James R. Fox, Jr.)는 1919년 미국 텍사스주 달하트에서 태어났다. 중국의 항일전쟁을 지원하기 위해 1942년 11월 중국항공공사와 협력한 판아메리카 항공에 자원 입사했다. 1943년 3월 24세의 제임스 폭스는 히말라야 산맥의 카멜피크 노선에서 임무를 수행하다 비행기 추락으로 사망했다.

피크' 계획을 수행하다 중국 고산에서 두 명의 중국 전우와 함께 희생되었습니다. 1996년 중국과 미얀마 국경 지역인 까오리궁(高黎貢)에서 당시 폭스가 몰았던 비행기 잔해가 발견되었지만, 이들의 유골과 유품은 아직 발견되지 않았습니다.

이 동상은 중국에서 만든 것으로 중국 예술가가 정성을 다해 제작한 것입니다. 그는 중국 국민을 위한 반파시스트 전쟁에서 희생되었기 때문에 당연히 중국인이 그를 위해 이러한 동상을 헌납해야 합니다. 장쩌민 주석이 그의 이야기를 알고는 위에 다음과 같은 기념사를 써넣었습니다. "이 사람은 중국 항일전쟁에서 용감하게 희생당한 미국의 파일럿이다. 중국 국민은 그의 이름을 영원히 기억할 것이다: 제임스 폭스."

폭스는 생전에 아름다운 여자 친구가 있었습니다. 좋은 남편, 좋은 아빠가 될 수 있었습니다. 만약 그가 희생당하지 않고 살아있다면 올해 83세로 우리 부친과 같은 연세입니다. 우리가 오늘 여기 모인 것은 그를 기념하기 위해서일 뿐 아니라 제 2차 세계대전 중 중국에서 희생된 4천여 명의 중미 파일럿을 기념하기 위해서입니다.

역사의 기억은 우리의 마음속에 깊이 새겨질 것이고 아름다운 소망이 미래를 축복하길 바랍니다.

하늘에서 편안히 영면하시길 빕니다. 감사합니다.

환영 오찬 답사

2006년 6월 15일 제 2차 '중 · 미 비정부 고위급대화'가 미국 샌프란시스코에 위치한 스탠퍼드 대학 후버연구소에서 거행되었고, 필자는 환영 오찬회에서 다음과 같은 답사를 했다.

존경하는 리궈바오[2]선생, 존경하는 슐츠 교수, 존경하는 키신저 박사, 신사숙녀 여러분!

리궈바오 선생의 열정적 환영사에 감사드립니다. 리 선생의 지원 속에서 제 2차 '중 · 미 비정부 고위급 대화'가 오늘 오후 시작되었습니다.

방금 슐츠 교수께서 우리가 지금 있는 이곳 연회장의 역사에 대해 소개해 주셔서 잠시 엄숙한 역사의 분위기 속으로 돌아갈 수 있었습니다.

오늘 오찬모임에 참가해 주신 분 중에는 중국인, 미국인도 있고, 그리고 러시아인도 계신데 벽 위에서 내려오려 하지 않고 있습니다.[3] (웃음소리, 일부 박수 소리)

근대사에서 러시아와 미국은 모두 중국과 크게 관련이 있습니다. 주지하듯이 지난 세기 초 러시아혁명은 중국사에 중대한 영향을 끼쳤습니다. 1950년대 말 흐루시초프가 중국인들을 '교육'시킨 것에도 감사드립니다. 마오쩌둥 주석은 중국 국민을 이끌고 철저하게 독립자주와 자력갱생의 길을 걸었습니다. 이후 중국과 미국 사이의 이야기가 있었고

---

2 리궈바오(李國寶)는 홍콩 동아시아은행 이사장으로 '중 · 미 비정부 고위급 대화'의 후원자이다.

3 슐츠교수는 전 미국 국무장관으로 환영사에서 연회장 벽에 걸려있는 십여 폭의 초상화를 소개했다. 이들 유화는 러시아 귀족이 20세기 초에 증정한 것으로 그림 속의 인물은 모두 러시아 귀족이다.

이곳에 참석하신 키신저 박사는 그 역사에 참여하셨습니다. 오늘날 중·미, 중·러 관계와 미러 관계는 의심할 바 없이 조화로운 세계를 위한 중요한 요인입니다. (박수 소리)

우리가 이번 고위급 대화에 임하는 자세는 매우 솔직하며 대화내용도 중요할 것입니다. 이 대화의 성공을 기원합니다. (박수 소리)

감사합니다!

공공외교와 중 · 일 관계 촉진

베이징-도쿄 포럼에서의 연설

공공외교를 펼치고 역사인식의 벽을 연결하자

우선 이번 포럼이 일본 도쿄에서 거행된 것을 축하한다. 이번 포럼은 중 · 일 양국 인민이 기대하는 우호적이고 안정적인 국가관계를 위해서, 또한 양국 민족의 이익과 복지, 그리고 현재 외교 관계 개선을 위해서도 모두 유익하다. 중 · 일 관계에 문제가 존재하는 오늘날 우리가 여기에서 중 · 일 관계를 진지하게 토론하는 목적은 해결 방법을 찾고 싶어서이다. 중 · 일관계가 우호의 방향으로 전진할 수 있도록 한걸음씩 나아가야 한다.

세 가지 측면에서 내 생각을 얘기하고 여러분과 함께 교류하고자 한다. 첫째, 중 · 일관계의 기본 원칙에 관해서이다. 중 · 일 양국 간 세 가지 정치문건[1]에서 규정한 중 · 일관계의 기본원칙은 어느 한 쪽이 자신의 관점에서 독단적으로 제기한 것이 아니라, 쌍방 지도자가 자신의

1 1972년 9월 29일 발표한 "중 · 일공동성명", 1978년 8월 13일 서명한 "중 · 일평화우호조약", 1998년 11월 26일 발표한 "중 · 일공동선언"이다.

민족과 쌍방의 공동이익의 보호를 위해 구체화시킨 것이다.

우리 모두, 특히 덩샤오핑은 21세기 중·일관계의 발전에 대한 특별한 기대가 있었다.[2] 불행하게도 21세기 들어 모두가 아는 이유 때문에 정치와 여론의 측면에서 중·일관계는 국교정상화 30년 만에 유례없이 최악의 상황으로 치달았다. 2002년부터 일본경제는 회복조짐을 보였고, 많은 사람들이 일본경제가 곧 '잃어버린 10년'[3]에서 빠져나올 것이라고 평가했다. 그런데 이와는 대조적으로 중·일관계는 '후퇴의 5년'으로 가는 것이 아닌가. 차분하게 지켜 볼 수만 없는 것은 우리가 제3자가 아니기 때문이다. 일의 성공 여부는 사람의 노력 여하에 달렸기 때문에 속수무책으로 있을 수도 없다.

중국정부는 줄곧 중·일관계 개선을 위해 노력해왔으며, 어려운 시기에도 포기하지 않았다. 예컨대 2005년 4월 중국의 일부 도시에서 반일시위가 일어났을 때 중국정부는 각 언론매체가 여론을 올바르게 유도하도록 적극 장려했고, 심지어는 리자오싱(李肇星) 외교부장을 필두로 중·일관계에 영향력 있는 여러 명의 인사들을 중국 주요 도시로 보내 연설하도록 하기도 했다. 이들 강연자들은 중·일관계가 양국의 공동이익뿐 아니라 아시아의 평화와 관련이 있기 때문에 중·일 간의 역사와 중국에 대한 일본의 태도를 전면적으로 이해해야 한다고 강조했다. 안타깝게도 중국 정부의 성의와 노력에 대해 고이즈미 정부는 응답하지 않았다.

---

2 1984년 3월 25일 덩샤오핑은 나카소네 야스히로 일본 수상과의 회견에서 다음과 같이 말했다. "중·일 관계를 장기적인 관점에서 고려하고 발전시켜야 한다. 첫 번째 단계는 21세기이고 22세기, 23세기까지 발전시켜서 영원히 우호적인 관계를 유지해 나가야 한다. 이번 사건은 우리 사이 모든 문제의 중요성을 초월한다."《鄧小平文選》, 第3卷(北京: 人民出版社, 1993) p. 53.

3 1990년대 초부터 시작해서 10여 년간 지속된 일본 경제의 쇠퇴와 불경기를 가리킨다.

올해 포럼의 주제는 '아시아의 미래를 향하여: 새로운 중 · 일관계의 수립'이다. 확실히 중 · 일 양국은 영원한 이웃으로, 이웃과의 관계를 잘 유지하는 것은 쌍방 모두 회피할 수 없는 필연적 국가정책이다. 세계에서 가장 큰 개도국인 중국과 세계 3대 경제 강국인 일본에게 중 · 일관계는 양국의 향후 이익과 장기적 이익에 있어 중요할 뿐 아니라, 아시아 전체의 미래에 있어서도 중요하다. 의심할 바 없이 이 역시 쌍방의 공통된 인식이다.

둘째, 양국 간의 정치와 경제의 관계에 관해서이다. 혹자는 '정치는 차갑고 경제는 뜨겁다'는 것이 지난 몇 년간 중 · 일관계의 특징이라고 설명한다. 양국의 여러 관료들이나 학자, 양국 무역 관련 인사들 모두 이러한 전제 아래 문제를 논의하는 것 같다. 혹자는 '차가운 정치'가 '뜨거운 경제'에 심각한 영향을 미칠 것이라 보기도 하며, 혹자는 정치와 경제를 분리해야 한다고 주장하기도 한다. '차가운 정치'가 최소한 중 · 일 간 경제교류에 있어 달성해야 할 수준에 오르지 못하게 했다고 본다. 만약 '차가운 정치'가 존재하지 않았다면 오늘날 중 · 일 경제의 발전과 아시아 경제에 미친 전체적인 공헌은 아마 전 세계를 놀라게 할 만한 것이었다고 생각한다.

셋째, 공공외교를 전개하고 중 · 일 관계를 꾸준히 촉진하는 것이다. 천여 년 전 일본 율종을 창시한 중국 당나라 젠전(鑒眞) 스님은 불법(佛法) 전수를 간청하는 일본 스님에게 "일본은 인연이 있는 나라이다"라고 말했다. '인연'이라는 글자에 함축된 의미는 특별하여, 일본과 불법의 인연을 가리킬 뿐 아니라 중 · 일 간의 지리, 역사, 문화, 종교에서의 인연도 가리킨다.

이러한 인연으로 인해 중 · 일 교류는 문화적 혈통 관계가 생겨나게 되었다. 중 · 일 국교 정상화 이전 양국의 민간 지식인들이 끊임없는 노력을 통해 일을 성사시키고 중 · 일관계의 신기원을 맞이했다. 그러

제 7회 베이징-도쿄 포럼

나 30여 년간 중 · 일관계의 국내외 환경이 근본적으로 변화되었다는 점을 감안한다면 양국의 민간 우호단체에 국한되었던 민간외교를 내용도 훨씬 풍부하고 범위도 더욱 넓은 '공공외교'로 격상시키는 것이 필요하다. 즉 민간 대 민간 측면뿐 아니라 정부 대 민간, 민간 대 정부의 측면도 포괄해야 한다.

올해 3월 일본의 전(前) 총리 하시모토 류타로를 필두로 7개의 중일 우호단체 책임자가 함께 중국을 방문하여 세계적인 주목을 받았고, 언론에서는 그들을 '향후 중 · 일관계 발전의 풍향계'라 불렀다. 방문 기간 7개 단체 책임자는 중국의 후진타오 국가주석과 만났고 중국의 민간 우호단체 책임자와의 좌담을 통해 민간교류 강화와 중 · 일관계 개선에 대해 의견을 교환했다. 이는 매우 성공적인 공공외교의 전형적 사례라고 하겠다.

이 밖에 공공외교에서 매체의 역할에도 주목해야 한다. 이번 포럼에서 열린 미디어 관련 세션의 주제 중 하나가 중 · 일관계에서의 매체의 역할에 관한 것이었다. 중 · 일 양국 매체의 보도 관점이나 방식 등의 측면에는 차이가 있으며 이는 쉽게 이해할 수 있는 일이다. 그러나 언론관의 차이나 책임지지 않는 보도로 인해 양국 간의 오해가 깊어지고 심지어 문제를 더욱 심각하게 만드는 일은 피해야 할 것이다. 양국 매체는 역사를 교훈으로 삼아 평화로운 마음의 태도와 객관적 우애에 기초하여 정치, 경제, 사회, 문화 정보의 소통을 대담하게 진행하는 것이 중요하다.

현재 중 · 일 간에는 '벽'이 있다. 역사 인식의 벽이라는 무형의 벽이 사람들의 마음속에 숨겨져 있다. 그런데 인류 문명의 진전에 있어 정말로 우려스러운 점은 사람들의 바로 이 마음속에 있는 '벽'이다. 왜냐하면 이는 문제가 발생하는 근원이기 때문이다. 오늘 우리가 여기에 함께 모여 중 · 일 민중의 마음속에 있는 그리 두텁지도 않고 그리 높지도 않은 '벽'을 허물 수 있는 방법을 찾을 수 있기를 희망한다. 이것이 양국관계가 손을 잡고 미래로 향할 수 있는 기초이다. 양국 간 천년의 우호적 역사를 회고해 볼 때 이것은 미래를 향한 공동의 과제이자 자손의 복지를 위해서라도 미룰 수 없는 책임이다.[4]

반걸음씩 쌓지 않으면 천리까지 도달할 수 없다

얼마 전 오스트레일리아와 뉴질랜드를 방문했다. 이곳에서 열린 토론회에서 그들은 다시 한 번 중 · 일관계가 회복되기를 희망한다고 말하면서, 자신들이 곤란한 처지에 빠지지 않게 해달라고 했다. 나는 현재 중 · 일관계가 자동차처럼 언덕을 오르기 시작하고 있고 여전히 내리막으로 내려가지는 않고 있다고 대답했다. 우리는 신중하게 운전해야 하고 엑셀을 늦추지도 급하게 기어를 바꾸지도 말아야 하며, 엔진

4 2006년 8월 제 2회 '베이징-도쿄 포럼'(도쿄)에서의 기조 발언에서 발췌했다.

이 꺼지지도 감속되지도 않게 운전해야 한다고 말했다. 양국 친구들은 뜨거운 박수로 나의 관점을 지지해 주었다.

말은 이렇게 하지만, 향후 중·일관계의 발전은 결코 근심 걱정이 없을 수 없다. 새로운 세기에 접어들며 중·일관계에는 후퇴의 양상이 나타났다. 직접적 도화선은 일본 전(前) 총리가 1급 전범들이 있는 야스쿠니 신사에 참배를 고집했기 때문이다. 그러나 깊은 차원에서 보면 이는 냉전이 끝난 후 중·일 양국이 다시 상대방을 객관적으로 평가하고 상호관계를 조정하는 과정에서 나타난 문제이며, 일본 정치의 변화와 관련이 있다. 이러한 심층적 문제를 해결하는 데는 많은 시간이 필요하다. 현재 중·일관계 개선에 영향을 미치는 요인들은 다음과 같다.

첫째, 중·일 양국은 공동의 전략적 이익에 기반을 둔 호혜관계 구축에는 동의하지만, 상대방의 전략적 의도에 있어서는 상호 간에 갖가지 의구심이 존재한다. 일본의 일부 매체와 정계 요인, 그리고 정부 출판물(《방위백서》)에서는 '중국위협론'을 끊임없이 강조한다. 얼마 전 아베 총리가 인도 의회에서 일본·미국·호주·인도 4개국 협력을 주제로 연설하면서 일본과 인도는 '대아시아' 건설에 협력할 것이라 했지만, 중국은 언급조차 하지 않았다. 국제 언론매체들은 일본·미국·호주·인도 4개국의 이른바 '가치동맹'에 열을 올리면서 '국민 포위망'을 건설하여 중국에 맞서고자 하는 의도를 분명하게 드러냈다. 이러한 상태에서 중국은 경계심을 느끼지 않을 수 없다.

둘째, 중·일 간의 일부 현안은 지금까지도 양국 모두 받아들일 수 있는 해결 방안을 찾지 못했는데, 이는 일정 정도 양국 관계 개선에 영향을 미친다. 예컨대 동해 천연석유가스 자원개발은 댜오위다오(釣魚島, 센카쿠 열도) 주권 귀속 문제와 관련될 뿐 아니라 양국 모두 직면한 에너지 부족 문제와도 관련이 있다. 이러한 배경 때문에 과거 첨예하지 않았던 일이 갑자기 첨예해지고, 예전에 있었던 묵계가 갑자기 깨

져버려 이로 인해 양국 국민 간의 감정 대립을 야기하고 있다.

셋째, 양국의 지식인들은 국민 간 상호이해 증진의 필요성을 대체적으로 인식하고 있지만, 국민 간 감정의 개선에는 비교적 긴 시간이 필요하다. 일본 내각에서는 매년 외교와 관련된 여론조사를 실시한다. 2006년 10월 조사에서는 일본 국민 중 중국에 대해 친밀감을 갖는 비율이 2005년에 비해 2% 상승해 34.4%에 달했다. 그러나 1980년의 78.6%에 비하면 오히려 절반 이상이 하락했다. 따라서 '얼음'을 깨는 것은 쉽지 않으며, 국민의 마음속에 있는 '얼음'을 완전히 녹이기 위해서는 시간이 필요하다.

어떻게 정치와 경제라는 두 바퀴를 모두 빠르게 돌아가게 하고 양자 관계를 더욱 높은 단계로 격상시킬 수 있을 것인가. 상대방에 대한 양국 국민의 인지도가 여전히 낮은 현실을 감안할 때 시급히 해결되어야 할 급선무는 장기적으로 '공공외교'를 추진하여 상호이해와 우의를 촉진하는 것이라는 점을 강조하고 싶다.

중국은 일본 국민이 중국의 진짜 모습을 이해하고 인식할 수 있기를 바란다. 중국은 상대적인 낙후를 벗어나기 위해 노력하고 있는 개도국이며, 지역과 세계평화와 안정을 위해 공헌하고 싶어 하는 국가이다. 중국 정부는 조화로운 중 · 일관계 건설이 중국 발전 및 아시아와 세계 평화 발전에 유리하다고 확고하게 생각한다. 냉전이 종식되고 많은 시간이 흘렀지만, 서구에는 냉전적 사고가 여전히 존재한다. 냉전적 사고는 낡은 이데올로기의 간극을 유지시켜 일부 국가의 정치인들은 중국과 중국문제에 대해 언제나 반대하는 경향을 고수하기도 한다. 말할 필요도 없이 이러한 편향이 초래한 대중국 봉쇄 정책과 언행은 중국뿐 아니라 그 자신과 세계에게도 불리하다.

올해 중 · 일관계에 관한 여론 조사에서는 순방향의 신호가 나타났다. 중국에는 "반걸음씩 쌓지 않으면 천리까지 도달할 수 없다"는 격언이 있다. 그 의미는 방향만 정확하다면 조금씩 앞으로 나아가면 언젠가는 목표에 도달할 수 있다는 것이다. 중·일관계가 건강하고 순조로운 발전궤도로 복귀할 것이라 믿는다.[5]

중·일관계: 분재(盆栽)에서 정재(庭栽)로

중·일관계는 일본의 지도자 교체에 상당한 영향을 받는다. 중국에서는 두 나라의 지도자 교체에 가장 관심을 갖는데 하나는 미국 대선이고, 두 번째는 일본 대선이다. 중국인이 미국 선거에 관심을 갖는 것은 대개 극적인 흥미 때문이며 일부 경선과정의 가십거리는 종종 휴식시간의 이야깃거리가 된다. 반면 일본 대선에 관심을 갖는 것은 일본 지도자의 국민 정책이 개인에 따라 종종 다른 색채를 띠기 때문이다. 일본의 대중국 정책이 변화가 심한 중요한 원인은 양국 국민관계의 기초가 취약하고 상호 이해가 적어 오해가 많기 때문이다.

얼마 전 주중 일본대사관에서 미야모토 유지 대사를 만났을 때 정원 안 화초와 수목들의 생기 넘치는 모습을 보았다. 느끼는 바가 있어 즉석에서 이렇게 말했다. 현재 중·일관계에는 뚜렷한 발전의 기세가 없었기 때문에 정원의 꽃과 나무에 비유하자면 그저 '분재'(盆栽) 일 뿐이다. 서로가 마음을 다해 보호하고 성장시켜야 하며, 조금이라도 소홀히 다루면 상처받기 쉽다. 오랜 노력을 거친 뒤 쌍방이 중·일관계라는 '꽃과 나무'를 정원에 이식시켜 '정재'(庭栽) 가 될 수 있길 바란다. 그땐 바람이 불거나 비가 오더라도 그리 걱정할 필요가 없을 것이다.[6]

---

5 2007년 8월 제 3회 '베이징-도쿄포럼'(베이징) 에서 행한 기조 발언에서 발췌했다.

6 2008년 9월 제4회 '베이징-도쿄포럼'(도쿄) 에서의 기조 발언에서 발췌했다.

역사의 시곗바늘을 되돌릴 수는 없다

와카미야 요시부미若宮啓文[1]의 《화해와 민족주의》를 읽고

중 · 일관계는 거의 6년에 달하는 '냉혹한 겨울'을 거친 뒤 2006년 가을부터 점차 '따뜻'해지기 시작했다. 수년간 중단되었던 정상회담이 다시 시작되었고 무역과 문화, 스포츠 교류도 증가했으며 중 · 일 쌍방간의 '전략적 호혜관계'도 확인했다. 최근 조사에서는 양국 국민의 상대방 국가에 대한 호감도도 다소 상승한 것으로 나타났다. 향후 의외의 사건을 제외하고 중 · 일관계 개선 과정에 커다란 역전이 나타나지는 않을 것이라고 생각한다.

일본 각계 인사들이 도대체 세계와 아시아를 어떻게 사고하는지, 아시아 이웃에 대해 대체 어떠한 노선을 추진할 것인지에 대해 중국인들은 특별한 관심을 갖고 있다. 일본의 유명한 평론가이자 〈아사히신문〉 논설주간인 와카미야 요시부미 선생이 쓴 《화해와 민족주의》라는 책은 전후 일본 주류 정치가의 아시아에 대한 생각을 소개함으로써 중국 독자의 이러한 관심에 화답할 수 있을 것이라 생각한다.

---

1 와카미야 요시부미는 아사히신문 칼럼니스트로 1970년 도쿄대학 법학부를 졸업한 후 〈아사히신문〉 기자, 정치부장, 논설주간을 역임했다.

와카미야 요시부미 선생이 1995년에 출판한 《전후 보수세력의 아시아관》은 일본 국내외에서 넓은 반향을 불러일으켰다. 그는 이러한 기초 위에 최근 십여 년간의 최신 자료와 새로운 관점, 새로운 사상을 보강하여 《화해와 민족주의》라는 책을 다시 펴냈다. 이 책에서 언급한 정치가는 전후 일본 보수정치의 기초를 다진 요시다 시게루부터 시작해 일본 정치무대를 주름잡았던 고이즈미 준이치로, 얼마 전 취임한 아베 신조까지 포함하고 있다. 와카미야 요시부미는 정치사조의 변천, 정치역량의 대비라는 관점에서 일본 정계 주류파의 아시아 정책을 새롭게 해석했다.

1995년 8월 총리에 취임한 무라야마 도미이치가 담화를 발표하여, 일본은 과거 침략전쟁과 식민통치의 모든 행위에 대해 깊이 반성하고 있으며 향후 아시아 이웃과 화해의 길로 나아가는 걸음을 내딛을 것이라고 밝혔다. 그러나 고이즈미 준이치로는 총리 재임 기간 동안 야스쿠니 신사 참배를 강행해 새로운 세기에 역사의 시곗바늘을 앞으로 나아가지 못하도록 했을 뿐 아니라 오히려 크게 후퇴시키고 말았다. 이 기간 동안 일본의 협애한 민족주의가 뚜렷하게 대두되어 아시아 이웃과의 격렬한 충돌과 지속적인 갈등을 낳았다.

제2차 세계대전이 끝난 지 60여 년이 지났지만 일본 권력자들은 아직 아시아 정책에 대한 정확한 자리매김을 하지 못하고 있으며 자신의 이미지를 분명하게 드러내지도 못하고 있다. 저자 와카미야 요시부미는 깊은 원인은 전후 일본 정치가 시종 '화해'와 '민족주의' 간의 동요 속에 있기 때문이라고 보았다.

저자가 이 책에서 개괄한 것처럼 일본 정치에는 '다음해 법칙'이 존재한다. 첫 번째 해 일본은 전쟁 문제에 대해 약간 반성을 하며 중국을 포함한 아시아 국가와의 관계를 다소 진전시킨다. 그러나 다음해에는 종종 중국 등 아시아 이웃과 반감을 사는 일이 생기곤 한다. '다음해 법칙'은 일본이 언제나 교만함과 자괴감 사이에서 왔다갔다 헤매고 있는 심리상태를 반영한다. 와카미야 요시부미는 이러한 법칙을 흔히 볼 수 있다고 세심하게 관찰했다.

와카미야 요시부미가 일본의 유명한 정치 평론가라는 사실은 진작부터 알고 있었고 오랫동안 존경했다. 그러나 그를 처음 만난 것은 2004년 12월로 국무원 신문판공실 주임의 신분으로 〈아사히신문〉을 방문했을 때였다. 그날 와카미야 요시부미는 〈아사히신문〉 논설주간으로 〈아사히신문〉의 하코시마 신이치 사장과 함께 우리를 맞았다. 와카미야 요시부미는 〈아사히신문〉의 일관된 편집방침을 소개하면서 전쟁 이후 평화헌법과 평화발전의 길을 견지하고 헌법 수정을 반대하며 총리의 야스쿠니 신사 참배에도 반대한다고 했다. 와카미야 요시부미는 〈아사히신문〉이 어떤 경우 사설을 통해 중국에 대해 의문과 비판을 제기하지도 하지만, 이는 중일 양국 간의 진정한 우호관계를 확립하기 위해서라고 솔직하게 털어놨다. 나는 〈아사히신문〉의 입장을 이해할 수 있다고 하면서, 중·일 양국 간에는 공동이익이 많기 때문에 더 많은 상호교류와 상호계발이 있어야 한다고 대답했다. 마치 우리 두 사람의 이름에 모두 '계'(啓) 자가 있는 것처럼 말이다.[2] 지척에 있는 중·일 국민은 원래 형제였지 않았던가. 주빈들은 잠시 마음을 열고 크게 웃었다.

와카미야 요시부미 선생을 다시 만난 것은 2006년 8월로 도쿄에서 제 2회 '베이징-도쿄 포럼'이 열릴 때였다. 첫날 만찬회의에서 자민당의 가토 고이치 전 간사장 선생이 와카미야 요시부미를 내 앞으로 모셔와 정중하게 소개했다. "이 분이 일본 여론의 방향을 좌우하는 분입니다!" 그는 우리가 아는 사이라는 사실을 몰랐던 모양이었다. 우리의 대

2 (역주) 자오치정(趙啓正)과 와카미야 요시부미(若宮啓文)의 이름에 모두 '계발'(啓發)을 의미하는 '계'(啓)가 있다는 것을 의미한다.

화는 곧바로 본론으로 들어갔다. 와카미야 요시부미는 〈마이니치신문〉 와타나베 쓰네오 사장과 함께 월간지 〈론자〉(論座) 2호에 게재된 총리의 야스쿠니 신사 참배를 반대하는 대담내용을 나에게 자세하게 소개해 주었다. 당시 일본 언론계에서는 두 거두가 고이즈미 총리의 야스쿠니 신사 참배에 반대하는 '통일전선'을 결성했다고 평가했고, 이 대화는 커다란 반향을 불러일으켰다. 외교관 시절 중국어를 배웠던 가토 고이치는 우리 두 사람의 통역을 맡아주었다. 그는 아마 지금까지 진행된 중·일 대화와 교류에서 직위가 가장 높은 통역관일 것이다.

전후 일본정치의 향방과 중·일관계에 관심을 갖고 있는 중국의 독자들은 이 책을 통해 많은 것을 얻을 수 있을 것으로 믿는다. 2007년 8월 말 와카미야 요시부미는 제3회 '베이징-도쿄 포럼'에서 '아시아의 안전보장과 중·일의 역할'이라는 세션의 사회를 맡았는데, 회의를 주재하는 스타일이 대기자의 예리함과 정치평론가의 통찰력으로 넘쳐흘렀다. 와카미야 요시부미의 더 많은 책이 중문으로 번역될 수 있길 진심으로 바란다.

돌아보는 말이 총명한 말이다

전국 정협 기자회견

프랑스인의 가치관은 전체 프랑스인이 지켜낸 것이다

CCTV 기자 | 최근 프랑스에서는 중국 토끼머리와 쥐머리 청동상에 대한 경매 사건이 커다란 관심을 받았다. 이 사건에 대해 정협은 어떠한 목소리를 내야 한다고 보는가?

자오치정 | 프랑스 법원은 원명원(圓明園) 유실 문물인 토끼머리와 쥐머리 청동상의 경매 금지 청구를 기각했다. 이 사건의 반향이 매우 크며 위원들도 관심이 많다. 중국의 일부 네티즌들은 인터넷에서 "우리는 줄곧 프랑스 문화를 존경했는데 어찌된 일이냐, 프랑스 문화에 병이 들었는가, 이것은 어떠한 가치관이냐"라고 묻고 있다. 프랑스는 유구한 문화를 지닌 국가로 문화의 가장 핵심적인 요소는 가치관이 어떠해야 하는가 하는 점이며, 프랑스의 가치관은 소수의 프랑스인이 아니라 전체 프랑스인들이 지켜낸 것이라는 점을 알고 있다. 우리는 이러한 관점에서 문제를 바라봐야 한다고 생각한다.

대작가인 휴고는 두 명의 강도가 원명원에 들어왔는데 하나는 영국사람이고 다른 하나는 프랑스사람이라고 쓴 적이 있다. 언젠가 프랑스가 스스로 반성하고 빼앗아 간 물건을 깨끗하게 중국에 돌려주길 바란다. 아직 건재한 프랑스 작가 베르나드 브리자이(Bernard Brizay)는 《제 2차 아편전쟁: 원명원 약탈》을 썼다. 그는 원명원 약탈이 중국인들에게 가져다준 마음의 상처는 마치 1871년 보불전쟁 당시 프로이센 군사들이 루브르궁과 베르시유궁, 국가도서관을 파괴했을 당시 프랑스인들이 받았을 마음의 상처와 같은 것이라고 말했다. 시라크는 이 책을 읽고 "작가에게 감사드린다. 프랑스 작가가 이 시기 역사에 대해 분명하게 쓴 것을 기쁘게 보았다"고 말했다. 또 다른 프랑스인인 유럽중화예술보호협회의 베르나드 고메즈(Bernard Gomez) 주석은 크리스티 경매에 제재를 가해야 한다고 제기했다. 정협 위원들은 원명원 동물머리상에 대한 이번 크리스티 경매 강행은 프랑스 국민을 비롯해 세계인들을 깨우쳐 주었다고 내게 말했다.

인터넷의 발전은 사회발전을 촉진한다

아시아통신사 기자 | 오늘 가장 특이한 점은 자오 주임 앞에 붉은색 컴퓨터가 있다는 것이다. '양회'(兩會)[1]를 여러 번 취재했지만, 기자회견장에 이런 노트북이 놓인 것은 처음 보았다. 이는 중국정부가 현재 인터넷의 사회화를 적극 추진한다는 것을 보여주는 것이 아닌가, 또한 중국 사회의 인터넷화는 정치 민주화와 관료에 대한 감시에 도움이 된다고 보는가?

자오치정 | 인터넷에 민감한 걸 보니 인터넷 애호가이신 것 같다. 그러나 이번에 처음으로 기자회견장에서 노트북을 사용한 것은 아니다. 10년 전 중국이 핵심기밀을 훔쳤다는 미국 콕스 위원의 모함에 반박하

1 중국의 '양회'(兩會)는 정협(中國人民政治協商會議)과 전인대(全國人民代表大會)를 가리킨다.

는 기자회견장에서도 노트북을 사용했다. 일본 히타치 산이었다. 그 뒤로 일본 기자 친구가 내게 전화를 해서 "좋아요, 미국 제품을 사용하지 않으셨네요. 우리 일본의 제품으로 미국 문제를 말하는 것은 매우 적절합니다"라고 말했다.

기자의 지적처럼 중국 정부는 인터넷과 IT기술의 발전을 적극 장려하고 있다. 그래서 정보산업부를 별도로 설립했고, 지금은 공업부와 합쳐 공업정보화부를 만들었다. 중국의 네티즌은 8년 사이 30배 증가하여 현재 3억을 넘어섰다.[2] 세계적으로 보면 이는 큰 규모이며 중국인들이 인터넷을 좋아한다는 것을 말해준다.[3] 인터넷의 발전은 당연히 사회진보를 촉진할 수 있을 것이고 정부 정보의 공개에도 도움이 될 것이며 우리가 네티즌의 생각을 더욱 잘 이해할 수 있게 해준다. 앞으로도 계속해서 발전해 나갈 것이다.[4]

정협의 최대 권력은 건의권이다

VOA(미국의 소리) 기자 | 대변인께서는 최근 정협 최대의 권력이 건의권이라 했는데, 정협 회의에서 토론의 성역이 있는가. 원자바오 총리가 최근 강조한 "아는 것은 남김없이 모두 말하도록 하라, 말하는 자는 죄가 없고 듣는 자는 이를 경계로 삼으면 된다"(知無不言, 言無不盡,

---

2 중국인터넷정보센터(CNNIC)가 발표한 〈제 27차 중국인터넷 발전상황 통계보고〉(第27次 中國互聯网發展狀況統計報告)에 따르면 2010년 12월 말 현재 중국의 총 네티즌 수는 4억 5천 7백만 명이고, 인터넷 보급률도 34.3%에 달해 세계평균 보급률인 30%를 이미 넘어섰다.

3 (역주) 2011년 말 기준 중국의 네티즌은 5억 1천 3백만 명이고 휴대폰 보유량은 9억 7천만 명에 이른다.

4 위의 내용은 기자회견의 일부임. 2009년 3월 2일 전국 정협 11기 2차회의 기자회견이 인민대회당에서 열렸는데, 당시 필자는 대변인을 맡았다.

기자회견장에서 노트북을
사용하는 자오치정

言者無罪, 聞者足戒)라고 한 원칙이 실행되고 있는가. 또한 정협이 사회적으로도 그렇고 해외에서도 종종 '공론의 장'(淸談館)이라 불리는데, 대변인께서 말하는 건의권과 '공론의 장'은 어떠한 차이가 있는가.

자오치정 | 분명히 정협의 최대 권력을 건의권이라고 말한 적이 있다. 건의권이라는 정의는 발언권뿐 아니라 발언에 권위적 성격이 있고 효과적이라는 것을 의미한다. 그렇지 않다면 강력한 건의권이라고 말할 수 없다.

편리한 대로 얘기하는 것은 건의권이 아니라 한담권이다. 정협위원의 회의 발언은 모두 1년 혹은 몇 개월, 몇 주간의 조사 연구를 거친 것으로 깊이 생각한 뒤 제기한 것이다. 또한 상황을 이해하는 과정에서 지지와 보호를 받을 수 있다.

예컨대 우리가 식량생산에 관심이 있다면 시찰을 할 수 있다. 그리고 변경무역 과정에서 존재하는 일부 문제들이 혼란한 상황을 야기할 수 있다면 조사를 할 수도 있다. 또한 조사결과는 서면 형식으로 집정당, 다시 말해 중국 공산당 중앙과 국무원에게 정식으로 의견이나 건의를 제기할 수 있고, 진지한 답변을 얻을 수 있도록 보장하고 있다.

'발언의 자유'로 정협 위원회의 활동을 묘사한다면 너무 취약하다. 시찰의 자유도 있고 관련 공무원 감독도 자유다. 따라서 정협 회의는 형식적으로 생기가 넘칠 뿐 아니라 내용적으로도 깊이가 있으며 결과도 효과적이다. 중국의 정치협상회의는 중국 정치생활의 중요한 구성 부분으로, 중국식 민주의 특색을 구현한다. 직업별로 구분하면 횡적으로 광범위하다. 위원들의 신분 때문에 위와 아래에 대한 협상도 충분하다. 이러한 민주는 입체적이라고 해도 무방할 것이다. 만약 '입체적 민주'를 이해하기 어렵다면 회의 이후 다시 얘기해 보도록 하자.

중국의 인터넷은 개방적이다

인민일보 기자 | '구글 사건'에 대한 견해가 어떠신지 묻고 싶다. 그것은 원래 상업회사의 상업행위이지만, 최근 일부 평론에서는 이미 '외교사건'이 되었다고 본다. 이를 어떻게 보는가.

자오치정 | '구글 사건'은 국내외 매체의 여러 보도를 통해 원래 불분명했던 배경을 제기하기도 했고 많은 평론을 내놓기도 했다. 여기에서 이러한 평론들을 다시 종합하여 재평가할 시간은 없다.

2005년 당시 국무원 신문판공실에 있을 때 구글의 중국 진출 조짐을 알고 있었고 이후 정협으로 갔다. 2005년 구글에서 중국 인터넷 시장과 투자환경을 자세하게 조사했다는 사실은 알고 있다. 어떤 업종을 막론하고 대형 외국기업이 중국에 진출하고자 한다면 모두 투자환경을 조사할 것이다. 특히 구글은 법적 환경에 대해 한 글자 한 구절을 모두 검토했고, 2006년 중국에 정식으로 진출했을 때 이러한 법률을 모두 받아들였다. 현재 그들은 중국의 해커가 자신들을 공격했다고 하면서 중국정부의 공격이라 에둘러 말하지만, 이는 아무런 근거도 없고 이치에도 맞지 않는다. 왜냐하면 중국의 법률도 어떠한 해커의 공격

행위도 금지하고 있으며 해커에 대해 법적 처벌을 가하고 있기 때문이다. 나 역시 해킹당한 적이 있어 해커를 매우 싫어한다.

상하이에서 일하던 시절 푸둥 개발을 관장하면서 외국기업과 많이 접촉해 보았다. 한 외국기업이 중국에 진출하려면 적응기간이 필요하다는 것을 인다. 중국의 경제 환경에 적응해야 할 뿐 아니라 중국의 문화에도 적응해야 하는데, 이는 하나의 과정이다. 어떠한 IT산업의 경영환경도 주의해야 할 측면이 있는데 바로 해커의 존재이다. 이는 보통사람들이 생활환경에서 바이러스나 H1N1 바이러스 존재에 적응해야 하는 것과 마찬가지다. 첨단기술 회사인 구글은 이러한 바이러스에 대한 저항은 전혀 문제가 되지 않을 것이다. 다윈의 진화론에서도 말해주듯 종의 진화는 우선 환경에 적응해야 한다. 환경이 종에 적응한다는 얘기는 들어본 적이 없다.

외국과 중국의 일부 매체는 만약 구글이 정말로 떠난다면 바이두(百度)는 '천하 패권'이 되므로 기뻐할 것이라고 말한다. 나는 바이두를 이렇게 봐서는 안 된다고 생각한다. 왕멍(王濛)이 트랙에서 스케이트를 탈 때 강한 경쟁상대가 옆에 없었다면 신기록을 세우기 어려웠을 것이다. 따라서 좋은 기업에겐 함께 뛸 상대가 필요하다.

중국 민간에는 "좋은 말은 머리를 돌려 자기가 밟고 온 풀을 먹지 않는다"(好馬不吃回頭草)는 속담이 있다. 이 말에는 조금 '어폐'가 있는데 만약 좋은 풀이 있다면 왜 포기하는가. 좋은 말은 좋은 풀을 먹어야 하기 때문에 돌아보는 말이 총명한 말이다. 중국의 인터넷은 개방적이며, 중국은 계속해서 외국기업에게 좋은 투자환경을 제공하고 이들의 합법적인 이익을 보호할 것이다. 중국은 국제 인터넷 기업을 포함해 각국 투자자들의 중국 사업을 환영하고 외국투자자들이 중국의 공공이익과 문화전통, 법률을 존중하며 이에 상응하는 사회적 책임을 다하기를 바란다.

첫째는 중국 자신의 일을 잘 해야 한다

중국일보 기자 | 국제환경에 관한 질문을 드리고 싶다. 코펜하겐 회의 이후 서구에서는 중국이 국제 사회에서 책임을 다하지 못하고 있다는 새로운 비판의 목소리가 등장했다. 현재 국제 상황에 대해 중국은 어떻게 판단하고 있는가. 중국의 국제 이미지 제고 과정에서 정협은 어떠한 역할을 발휘해야 한다고 보는가?

자오치정 | 개혁개방 30년 동안의 고속 성장에 따라 중국은 확실히 세계무대의 주변에서 중심으로 나아갔다. 중국에서 발생하는 일은 종종 세계적 사건이 되었고, 세계적 사건도 종종 중국 발전의 환경이 되어 중국에 영향을 미치고 있다.

따라서 중국이 담당해야 할 국제적 책임이 갈수록 많아지고 있으며, 국제적으로도 이에 대한 기대가 있다. 우리의 국제적 책임은 두 가지 측면에서 살펴볼 수 있는데, 우선 중국 자신의 일을 잘 해야 한다는 것이다. 예컨대 이번 국제 금융위기 극복과정에서 만약 중국 경제도 하락하여 GDP가 성장하지 못하고 하락한다면 국제적으로 어떠한 영향을 미치고 국제무역에 어떤 곤란한 상황이 나타나겠는가. 이는 매우 명확하다.

따라서 첫째, 중국 자신의 일을 잘 해야 한다. 둘째, 국제관계를 처리하는 과정에서 중국은 독립자주적인 외교정책을 실행해야 한다. 중국의 이익도 보호하고 세계의 이익도 고려해야 할 것이다. UN안보리 상임 이사국으로서 맡은 임무를 잘 이행하고 정확한 의견을 밝히고 세계정의를 지켜야 한다. 예컨대 예전에 우리는 평화유지군을 파견하지 않았지만, 지금은 UN 상임 이사국 중에서 평화유지군을 가장 많이 파견하고 파견지역에서 뛰어난 공헌을 하고 있으며 심지어 유혈 희생도 감수하고 있다.

이번 코펜하겐 회의에서 중국은 2020년까지 GDP 단위 기준당 이산화탄소 배출량을 2005년의 40~45% 수준으로 낮추고, 비석유화학 에너지의 소비비중을 15%까지 끌어올릴 것이라고 분명히 밝혔다. 또한 다른 부가적인 조건을 제기하지 않았으며, 이는 우리 스스로가 자신에 대해 제기한 것이다. 이와 비교해 볼 때 일부 국가에서는 스스로 달성해야 할 지표에 대해 언급하지 않았다. 현재 일부 외국 매체는 코펜하겐 회의에서 중국의 행동이 여러 가지로 적절치 않았다고 비난하는데, 이는 사실과 부합하지 않는다.

신화사에 실린 〈'청산이 가로막아도 강은 결국 동쪽으로 흐른다'(青山遮不住, 畢竟東流去) : 원자바오 총리의 코펜하겐 기후변화 회의 참석기〉를 읽어보기 바란다. 이 기사는 잘 정리했지만 한 가지 결함이 있다. 분명히 지적해야 할 것을 지적하지 않고 다소 봐주었다. 원자바오 총리가 인솔한 중국대표단의 태도는 훌륭했고, 많은 어려움을 겪어냈다. 우리는 그들에게 감사한다.[5]

5 기자회견 기록에서 발췌. 2010년 3월 2일 전국 정협 11기 3차회의 기자회견이 인민대회당 금색홀에서 열렸는데, 당시 필자는 대변인을 맡았다.

국제대화자國際對話者 양성

언론전공 교수 · 학생과의 대화[1]

신중국 성립 이후 언론 커뮤니케이션(이하 언론) 교육은 상당한 성과를 거두었는데, 특히 세 가지 측면에서 두드러진다. 첫째, 비교적 완벽한 언론학과의 체계를 갖추었다. 마르크스주의를 지도로 하는 언론사론(史論) 연구가 성숙해졌고, 취재 편집과 미디어 경제를 중심으로 한 신문과 매체업무 연구도 체계화되었다. 또한 언론학, 공공관계, 광고 등 신흥 학과도 장족의 발전을 이루었으며 서구의 권위 있는 이론의 도입과 번역 소개, 비교연구 성과도 풍부해졌다. 둘째, 많은 우수한 언론 종사자들을 배출했다. 이들은 중국경제와 사회발전에 적극 참여했고 시대 변화를 목도하면서 이끌어 왔다. 셋째, 과학연구와 사회서비스 능력이 꾸준히 강화되었고, 이론과 실천을 결합한 각종 성과도 주목할 만하다.

그러나 중국의 사회발전과 세계다극화 그리고 경제 글로벌화라는 변화하는 새로운 현실에서 언론교육도 여기에 상응하는 개혁과 혁신

---

1 2007년 필자는 중국인민대학, 청화대학 등에서 언론학전공 교수, 학생들과 함께 학과교육 문제에 대해 교류한 적이 있다.

이 필요하다. 교육의 목적도 보다 시대에 적응하고 정치신념이 굳건하며, 전문지식이 탄탄하고 업무능력이 탁월한 신세대 언론 종사자를 육성하는 데 있다. 특히 중요한 임무의 하나는 사회와의 대화능력을 더욱 효과적으로 강화해야 한다는 점이다. '대화교육'에 대해 연구하고 대화능력을 갖춘 졸업생을 배출하는 것은 언론계와 학계에서 많은 관심을 갖고 적극적으로 논의해야 할 하나의 과제가 되었다.

역사적으로 국내외 저명한 기자 중에서 뛰어난 대화능력을 갖추지 않은 사람이 없었다. 기자들은 인터뷰를 하기 전에 충분히 준비하고 인터뷰 중에는 여유 있게 문화적 차이라는 장애를 극복한다. 사람의 뜻을 잘 파악하고 주도권을 갖고 용감하게 파고들며, 즐겁게 경청하고 대화의 기술을 남김없이 발휘하여 결국 좋은 결과물을 만든다.

'교류'는 인류생활에 없어서는 안 되는 기본 활동이며, 교류의 가장 기본적인 수단은 '대화'이다. 고대 그리스 철학자 소크라테스는 제자들과의 대화를 통해 자신의 관점을 전수했고, 중국 유학의 창시자인 공자도 제자와의 대화를 통해 자신의 사상을 전파했다. 만약 교류활동이 없었다면 인류의 지혜가 어떻게 자극되고 전승되며 축적되고 발전할 것인가. 대화란 본질적으로 사람과 사람 간 정보전달과 정보교환의 가장 기본적인 방식이며 이것은 고금을 막론하고 그렇다. 인터넷 시대에는 비전문가도 우연하게 뉴스를 생산할 수도 있지만, 그렇다고 해서 이것이 기자에 대한 전문적 훈련이 약화된다는 것을 의미하는 것은 아니다. 오히려 보다 새로운 방법으로 기자의 기본능력에 대한 훈련을 강화해야 한다는 정반대의 결론을 얻을 수 있다. 이것은 마치 운동이 보급되는 시대에 모든 사람들이 달리기를 하고 더 많은 아마추어 선수들이 시합에 참가하는 것과 마찬가지라고 할 수 있다. 따라서 프로 운동선수에 대한 훈련은 더욱 엄격하게 요구된다.

사실 오늘날 중요한 국제교류는 무엇보다 사람 사이의 관계이다. 예컨대 총리 사이, 외교관 사이, 각 영역의 대외업무 참여자 사이의 대화에서 시작된다. 뉴스라는 '제품'은 대부분 신문기자와 인터뷰 대상자간의 대화에서 생산되고 매체를 거쳐 전파된다. 그러나 그동안 '대화'라는 기자의 가장 기본적인 '생산능력'이 갖는 함의에 대한 연구가 소홀히 다뤄졌고 깊은 '학문'이 되지 못했다. '전파'(傳播)는 '커뮤니케이션'(*communication*)이라는 단어에서 온 것이지만, 언론학계에서 '전파'는 국민에 대한 일방적인 정보 흐름으로 이해되었을 뿐, '커뮤니케이션'이라는 원래의 뜻 속에 있는 쌍방 소통의 함의는 크게 약화되었다. 실제로 개인과 개인 간의 정보 교류는 사람과 사람이라는 사회관계의 직접적인 구현이라고 볼 수 있다.

언론교육 범주 내의 '대화'는 주로 기자와 인터뷰 대상자 간의 대화를 의미한다. 인터뷰 대상자 중 특수집단인 언론계 간부나 기관의 대변인은 기자와 마찬가지로 모두 높은 대화수준을 갖추고 있다. 요컨대, 새로운 세기에 직면한 언론교육계의 사명은 '전문적 수준'의 대화능력을 갖춘 기자와 우수한 대변인을 육성하는 것이다. 그러나 후자의 육성임무는 종종 소홀히 다뤄졌다. 기자회견은 대내외 주요매체의 보도를 주도하고 영향을 미칠 수 있는 비용이 가장 싸면서도 효과적인 방식이다. 대변인은 충분한 전문 훈련을 거쳐야 한다. 정책과 실제 상황을 파악하지 못하고 교류에 서투르며 대화를 잘하지 못한다면 기자로서의 신뢰와 인정을 받지 못할 것이다.

서구에서는 고대 그리스시대부터 대화와 수사를 인간이 세계에 참여하는 기본적인 능력이자, 진리를 발견하고 수호하는 일종의 기본방식으로 간주해왔다. 중국의 선진(先秦)시대 학자들도 대화의 도덕적 함의를 중시했고, '꾸밈과 질박함이 어울려 조화를 이룬다'(文質彬彬), '말에는 믿음이 있어야 한다'(言而有信)고 강조했다. 말할 필요도 없이 소박하고 성실하게 대화해야만 교류 과정에서 신뢰가 생긴다. 신뢰를 쌓는 것은 사람과 사람 간의 교류 과정의 첫걸음이다. 신문 기자가 행하는 인터뷰의 본질도 바로 사람과 사람 간의 '인본주의'(以人爲本)에 기초한 대화와 교류이다.

언론학과의 교과목 모델을 개혁하는 과정에서 '대화'의 개념을 도입하기 위해서는 커리큘럼의 조정을 필요로 한다. 예컨대 대화이론, 문화 간 커뮤니케이션 등의 과목을 개설하기 위해서는 사회학, 정치학, 행정학 등의 관련 기초과정도 개설해야 한다. 이를 통해 교육방식에서는 학생들의 소통과 대화능력을 강화하는 것을 핵심으로 삼아 학생들이 교류에 필요한 기본소양과 수단을 갖추도록 해야 한다. 또한 언어교류와 비언어교류 그리고 문화 간 교류라는 종합적 소양을 배양하여 사회소통에 있어 양호한 습관과 태도 그리고 능력을 강화해야 한다.

최근 국내외에서 출판된 서적에는 인물 간의 대화 기록이나 대화체의 문화 간 비교 연구, '대화시대'(對話時代)에 관한 연구 등 대화를 내용으로 하는 것이 많아졌다. 그러나 강연기법에 관한 저서에 비해 대화기술에 관한 책은 여전히 적다. 사실 기자들 중에 강연 기회를 가지는 사람은 적지만 대화는 이들의 직업이다. 따라서 이에 걸맞은 전문서적을 출판하는 것도 언론학계의 임무라 하겠다.

독서와 인문정신

'도시독서, 독서도시' 세계 엑스포EXPO 포럼에서의 강연과 대화

2010년 4월 23일 상하이시 당위원회 선전부와 상하이시 신문출판국, 상하이 엑스포 사무국이 공동으로 주최한 '도시 독서, 독서 도시' 엑스포 포럼이 상하이에서 거행되었다. 필자는 '엑스포를 읽고 시대를 모색하자'라는 제목으로 강연을 했고 '독서와 인문정신'이라는 제목의 '도시 대화'를 주관했다.

엑스포를 읽고 시대를 모색하자

얼마 전 있었던 두 가지 작은 얘기부터 하겠다. 일본 NHK에서 17년 전 〈푸둥(浦東)의 하루〉를 찍은 적이 있었다. 당시 나는 상하이 부시장 겸 푸둥신구 관리위원회 주임으로 있었다. 이번에 그들이 다시 상하이 엑스포와 푸둥을 취재하기 위해 왔다. 그들은 나에게 푸시(浦西) 강변에 새로 건설한 제방을 따라 서쪽에서 동쪽으로 걸으라고 했고, 카메라 렌즈는 옛 와이탄(外灘)의 건축물에서 천천히 푸둥 와이탄의 새로운 건축물로 옮겨갔다. 그러면서 그들은 나에게 160년 전 상하이가 외국에 '개방'된 적이 있었고 지금 다시 개방되었는데, 두 번의 개방

에는 어떤 차이가 있냐고 물었다.

나는 대답했다. "1843년은 청(淸) 정부가 무능한 상황에서 강제로 개방됐고 별도로 '조계'(租界)까지 허용했지만, 지금은 중국의 완전한 주권 아래 이뤄진 자주개방으로 외국인들은 반드시 중국의 법규에 따라야 한다"고 하자 프로그램 진행자는 "분명히 이해했다"고 대답했다.

그들은 또 푸둥에서 동서양이 융합된 청말민초(淸末民初)의 고택들을 찍으면서 역사의 흔적을 찾으려 했다. 나는 고택의 작은 정원에서 그들에게 렌즈를 위로 향하게 해서 전통적인 중국식 처마와 두 개의 마천루를 함께 촬영하라고 했다. 나는 "위아래로는 500미터, 앞뒤로는 100년"이라고 설명했다. 그들은 "정말 감동적이다"라고 말했다.

미국 작가이자 금융가인 로버트 로렌스 쿤이 황푸강(黃浦江)에서 필자와 인터뷰할 때, 담당 프로듀서에게 강 한복판에서 배가 제자리에서 두 번 돌도록 해보라고 했다. 배경은 강 양쪽의 건축물을 반복해서 바꿔 보여주었다. 쿤은 내게 조계와 '문화대혁명' 시절의 상하이, 계획경제에서 시장경제로의 개혁에 관해 얘기해 달라고 했다. 그는 미국인들이 중국에 대해 아는 바가 매우 적어 나의 설명에 흥미를 가질 것이라고 했다. 미국에서 온 프로듀서는 상하이가 정말로 아름답다고 말했다.

20년 동안 상하이의 경제규모는 여덟 배나 커졌다. 푸둥은 원래 10분의 1을 차지했는데 지금은 4분의 1을 차지한다. 이는 당시 두 개의 상하이와 맞먹는 규모이다. 또한 선진적인 경제구조는 당시와 비교할 수도 없다. 다시 20년 이후 상하이의 늠름한 모습을 어떻게 모색할 것인가. 엑스포는 사람들에게 깊이 생각할 수 있는 터전을 제공했다. 만약 우리가 마음을 다한다면 세계 발전의 큰 흐름을 느끼고, 상하이와 중국이 내일을 위해 상상할 수 있는 공간을 열 수 있을 것이다.

'상하이의 꿈'과 '중국의 꿈'이 그렇게 동떨어져 있지 않다고 믿는다. 어떤 꿈은 오늘 보기엔 아주 멀게 느껴지지만 결국에는 종종 현실로 변한다. 가장 생생한 사례는 100년 전 상하이에서 루스어(陸士諤)라는 사람이 《신중국》이라는 소설을 썼다. 그는 100년 후 상하이 푸둥에서 엑스포가 개최될 것이라는 꿈을 꾸었는데, 오늘 우리가 루스어 선생의 꿈을 실현시켰다. 상상력이 없다면 아름다운 내일도 없다.

20년 후 상하이는 세계 일류의 경제 대도시가 될 것이며, 뉴욕, 런던, 파리, 도쿄를 얘기하면서 상하이도 당연히 언급해야 할 것이라고 꿈꿔 본다. 20년 후 중국인의 1인당 GDP는 중진국 수준에 가까워질 것이고 세계를 위해 더 많이 공헌하는 국가가 될 것이다.

그렇다면 중국의 문화는 어떠한가. 최근 몇백 년간 세계문화에 대해 중국은 크게 공헌하지 못했다. 현재 중국을 문화대국이라 말하지만 실제로 우리는 선조들의 혜택을 보는 것일 뿐이어서, 우리를 부끄럽게 만든다. 주요한 문화매개체는 책인데, 중국 도서판권 수출입에는 대여섯 배의 적자가 나고, 유럽과 미국에 대해서는 수십 배의 적자가 난다. 중국이 받아들이는 세계문화가 세계로 전파되는 문화보다 많다면 부끄러움을 느낄 수밖에 없다.

상하이인은 상하이 정신이 '다양성, 우수성, 열린 지혜, 겸손'(海納百川, 追求卓越, 開明睿智, 大氣謙和)이라는 것을 모두가 인정한다. 만약 상하이 정신이 상하이인의 마음속에 뿌리내리고 이를 대대로 발전시킨다면 상하이는 강력한 문화적 힘을 갖추게 되어 중국에 기여하고 세계에도 공헌할 수 있게 될 것이다.

우리에게는 전통문화에 대한 깊은 식견이 필요하며, 현대중국을 몸소 체험하면서 세계문화에 정통한 위대한 작가가 필요하다. 세계적 작품을 쓴 작가는 세계 문화와 오랫동안 교류하고 '숲 속에 있어 숲 전체의 모습을 보지 못하는'(不識廬山眞面目) 어려움을 극복할 수 있어야 한다. 우리는 위대한 변혁의 시대에 처해있다. 위대한 시대는 위대한 작품을 탄생시켜야 한다.

도시 대화: 독서와 인문정신

참가자:

자오치정(사회): 제11기 전국 정협 외사위원회 주임

폴 앙드루(Paul Andreu): 프랑스 건축가, 작가, 중국 국립대극원 설계자

비카스 스와루프(Vikas Swarup): 인도 작가, 《슬럼독 밀리어네어》 저자

수퉁(蘇童): 장쑤성 작가협회 부주석, 《허안》(河岸) 저자

펑룬(馮侖): 베이징 완퉁(萬通)실업주식유한공사 이사장, 《야만생장》(野蠻生長) 저자

자오치정 | 이번 대화의 주제는 '도시 독서, 독서 도시'라는 굉장히 큰 주제이기 때문에 우리 시대의 많은 의제들을 담을 수 있을 것 같다. 오늘 네 분의 귀빈을 모셨는데 이분들의 국적, 연령, 직업, 경력 모두 다양하다. 이러한 다양함이 오늘 오후의 대화를 더욱 풍성하게 해줄 것이다. 독서 도시란 바로 도시의 역사, 도시의 오늘, 그리고 도시의 내일에 대한 갈망에서 우리가 어떠한 책을 써야 하고 읽어야 하는지를 의미한다. 오늘 여러분 앞에 앉아 계신 네 분은 유명한 작품을 쓰신 작가이다. 그러나 다른 한편, 작가이면서 수준 높은 독자이기도 하다. 오늘 오후의 대화가 성공적이기를 바란다. 우선 프랑스 건축가이자 작가이며 중국 국립대극장을 설계한 폴 앙드루 선생을 모시겠다. 상하이인들은 이 분을 잘 알 것이다. 푸둥 공항에 있는 날개를 펼치는 갈매기 이미지는 바로 이 분이 설계한 것이다. 당시 난 푸둥공항 지도소조의 일원이었다. 또 동방예술센터의 백목련 같은 아름다운 구상도 앙드루 선생의 작품이다.

폴 앙드루(이하 앙드루) | 오늘 우리의 화제는 독서와 관련이 있다. 독서는 우리가 반드시 해야 하는 일이다. 그래야 문화를 충분히 체험

하고 역사를 이해할 수 있으며, 다른 영역을 탐색할 기회를 얻는다. 어린 시절 사실 책을 많이 읽지 못했다. 교사였던 어머니는 내게 무척 실망하셨다. 내가 책을 많이 읽기를 기대했지만, 읽어야 될 책을 빼고는 거의 읽지 않았다. 16세가 되어서야 시를 읽기 시작했는데, 그 후로는 책읽기를 멈추지 않았고 일상의 즐거움이 되었다. 그리고 다른 장르의 문학서적들도 읽기 시작했다. 일 년 동안 얼마나 많은 책을 읽어야 하는지 말할 수는 없지만, 건축설계 분야와 저술 과정에서 해야 할 모든 것은 음악이나 그림, 문학을 포함해 충분한 정신적 양식이 있어야 영감을 받을 수 있다. 어떤 학생들이 내게 "건축가가 되고 싶은데, 어떻게 준비해야 하는가"라고 물으면 언제나 무슨 책을 읽었냐고 반문한다. 그러면 모두들 의아해 한다. 사실 매우 간단한 이치다. 먹지 않으면 어떻게 자라겠는가. 어릴 적부터 건축설계를 시작했다고 해서 커서도 반드시 설계사가 될 것이라고 생각하지 말라. 불가능하고 되지도 않는다. 작가도 마찬가지라고 생각한다. 만약 그림을 보지 않고 음악을 듣지 않고 다른 예술형식에 접근하면 좋은 작가가 되기 어렵다. 문학이 당신에게 무엇을 가져다주는가. 상상력, 모험, 모두 맞다. 소설을 읽을 때 주인공이 30년 전 어떠했을까를 생각해 보라. 어떤 것들은 자세하게 묘사할 수 없지만 주인공과 모종의 연결이 있다는 것을 느낀다. 우리의 슬픔과 기쁨은 표현하는 방식이 다를 수 있지만, 인류의 감정은 언제나 통하게 마련이다.

자오치정 | 앙드루 선생께 감사드린다. 독서가 남긴 영향에 대해 시와 같은 언어로 묘사해 주셨다. 이 분의 건축물을 보면 왜 항상 시를 읽는 듯한 느낌이 들까 궁금했는데 그 이유를 이제야 알겠다. 이제 인도 작가인 비카스 스와루프 선생을 모시고 말씀을 듣겠다. 이 분은 사람들에게 작가라고 불리길 원하지 않고 외교관, 두 권의 책을 쓴 외교관으로 불리길 바란다. 이제 책에 대한 선생의 생각을 듣도록 하겠다.

비카스 스와루프(이하 스와루프) | '독서와 인문정신'이라는 주제는 매우 의미가 있다. 문화는 도시의 영혼이고 책은 문화의 영혼을 낳는다고 생각한다. 인도를 이해하고 나면 인도가 한 번도 문명이 끊어진 적이 없는 국가라는 것을 알게 될 것이다. 인도에는 세계에서 가장 오래된, 약 3천 년 전에 쓰인 책이 있다. 이들 책 속에 포함된 지식이 나음 세대로 전해지고 좋은 전통도 이렇게 전승되어 왔다. 독서는 어떤 부분이 중요한가. 독서는 지혜뿐 아니라 감정과 정신을 추구하는 것이기도 하다. 중국에는 처음 책을 읽으면 새로운 친구를 사귄 것 같고, 다시 책을 읽으면 오래된 친구를 만난 것과 같다는 옛 말이 있다. 독서는 여러분을 새로운 세계로 안내할 것이며 새로운 인간으로 만들어 줄 것이다. 마크 트웨인은 좋은 책을 읽지 않으면 장점이 없게 되고 책을 읽지 않은 사람과 똑같아지게 될 거라고 말했다. 한 보고서에 따르면 미국인 중 25%가 지난해에 책을 한 권도 읽지 않았고, 성인 가운데 58%가 학교를 졸업한 뒤 책을 읽은 적이 없다고 한다. 우스운 얘기를 하나 하겠다. 어떤 선생님이 6학년짜리 학생에게 가장 좋아하는 작가가 누구냐고 물었더니 조지 워싱턴이라고 대답했다. 선생님이 그는 책을 쓴 적이 없다고 말했더니 학생이 그래서 그를 좋아한다고 말했다는 것이다. 다행인 것은 인도에서는 현재 잠재적인 왕성한 독서 집단이 형성되는 과정 중에 있다. 최근 조사에서도 여전히 60% 이상의 인도 성인은 정보를 얻는 주요한 수단으로 독서를 꼽았다.

그러나 디지털 기술이 갈수록 새로워지는 시대에 새로운 추세도 나타나고 있다. 첫째, 책은 결국 디지털화된다. 평면적이고 인쇄되어 나온 책은 여전히 아날로그 시대의 산물이다. 이러한 모델은 지속해 나가서는 안 된다. 많은 업계 전문가들은 20년 안에 책이 디지털화될 것이라고 믿는다. 둘째, 경쟁이 다원화되는 추세이다. 출판업자의 진정한 경쟁 대상은 더 이상 기존 상대가 아니고 전자 플랫폼을 기반으로

해서 보여주는 방송, TV 등의 다양한 매체이다. 셋째, 도서판권도 바뀐다. 독자의 영향력과 참여 속에서 저술은 하나의 집단창작의 과정으로 변하게 될 것이다. 따라서 디지털 독서는 장차 혁명적 변화를 가져올 것이라 생각된다. 미래의 작가와 독자는 모두 상호관계로 변하고, 일부 서적은 디지털의 역동적인 변화 때문에 수시로 갱신이 이루어질 것이다.

자오치정 | 스와루프 선생에게 감사드린다. 인도에는 많은 우수한 작가와 과학자들이 있지만 상호교류가 적어 매우 안타깝다. 앞으로 바로잡아 나가야 할 점이다. 중국과 인도는 비슷한 점이 많기 때문에 잠시 뒤 청중들의 많은 질문이 있을 것으로 생각된다. 이제 장쑤성 작가협회 부주석이자 《허안》(河岸)의 저자인 수퉁 선생을 모시겠다. 60년대 출생하신 젊은 분[1]이신데 작가협회 부주석이라니 매우 놀랍다.

수퉁 | 반갑다. 우선 독서에 대한 개인적인 기억부터 얘기하겠다. 전체 유년시절에 무엇을 읽었는가 하고 돌아보았다. 동화인가? 문학적 자양분이 있었나? 사실 백지 상태였다. 당시는 동화가 없었던 시절이었고 특수한 시대적 원인 때문에 마음속에는 이상주의적인 것이 많았다. 어렸을 적 독서에 대한 모든 상상과 기대는 책에서 영웅이 될 수 있는 방법을 찾을 수 있을 것인가 하는 점이었다. 그러나 솔직히 말하면 항상 어려웠다. 어렸을 때 글을 알게 된 건 대자보나 표어 같은 것을 통해서였다. 따라서 내가 알던 글자는 모두 특이했고 계급투쟁의 화약 냄새로 가득했다. 그 후 열 살 무렵 병이 나 누워있을 때, 집안에 있는 읽을 수 있는 것은 모두 다 뒤적여 보았다. 그러나 지식인 집안에서 자라지 않았기 때문에 아버지가 좋아하던 《수호지》, 《삼국지》를 제외

1 수퉁은 1963년생으로 베이징사범대학 중문과를 졸업하고 1983년 《여덟 번째 동상》으로 등단했다. 타이완 연합보 대륙단편소설 추천상, 충칭문학상, 장쑤성 문학예술상 등을 수상했으며 중국작가협회 장쑤성 부주석이다

하고는 별다른 책이 없었다. 그 책들은 번체자여서 읽지도 못했다. 그래서 우리집 벽에 붙어있던 습기방지용 신문을 보았다. 이것이 나의 독서 생활의 시작이다.

처음으로 진정한 책의 매력을 느낀 건 1978년 고등학교 2학년 때이다. 당시 개혁개방이 시작되고 시내가 달라졌다. 수저우(蘇州)의 신화서점에서 책 시장이 열렸는데 바깥에서 줄을 선 사람이 만 명이 넘었다. 들어갈 차례가 되자 판매원이 나에게 이젠 책도 별로 남지 않았다며 보아하니 학생인데, 이 책을 줄 테니 보겠냐고 물었다. 그는 결국 내게 두꺼운 《고등수학》 한 권을 던졌다. 당시 내가 원하던 책이 아니었기 때문에 매우 망설였다. 난 평범한 고등학생이었고 수학을 좋아하지도 않았다. 그러나 그렇게 오랫동안 줄을 섰는데 차라리 아무거나 사는 게 낫다고 생각해 그 책을 샀다. 나로서는 매우 특이한 경험이었다. 진지한 독서 생활은 1980년 대학에 가서야 시작되었다. 베이징사범대학의 도서관 안에는 예전에 듣기만 했지 본 적은 없는 책들이 아주 많았다. 한 친구가 내게 《호밀밭의 파수꾼》을 보라고 추천했던 일이 생생하게 기억난다. 내 친구가 다른 사람에게 빌린 책이었는데 내게 빌려줄 테니 다음 날 돌려달라고 했다. 기숙사에서 밤엔 불을 꺼야했기 때문에 온수공급실로 뛰어가 한밤중까지 보았다. 이것이 청년시기 진정한 독서에 대한 기억이다.

나의 개인적인 경험은 아마 우리 세대의 독서 경험과 기억을 대표할 것이다. 작가와 독자 간, 책과 독자 간에는 보이지 않는 일종의 계약이 있다고 생각했다. 당시의 계약은 독자를 매우 비천한 지위에 두고, 매우 피동적이고 매우 경건하게 무조건 따르라고 강요하는 것처럼 느껴졌다. 어쩔 수 없이 《고등수학》을 샀지만 집에 돌아와 정말로 한번 펼쳐 보았던 것처럼 말이다. 지금은 어떤가. 흔히들 지금은 정보화시대라고 한다. 개인적인 느낌으로는 더 이상 더할 수 없을 만큼, 오히려 빼야 할 정도로 일상생활에서 정보가 넘쳐난다. 우리 딸 세대에는 우리 중년 세대의 독서생활이나 정신세계와는 정반대의, 서로의 뜻이 각자 다른 추세가 나타날 것이라고 생각한다. 지금 청년들의 독서는 일상생활과 그리 멀지 않고 상당히 가깝다. 예컨대 영상을 보거나 직장소설 아니면 매우 기이한 환영, 미스터리, 시공을 넘나드는 이야기(穿越)[2]를 읽는다. 이러한 독서는 내가 젊었던 시절에는 없던 것이었다. 중년의 독서에도 또 다른 경향을 보이고 있다. 나와 함께 성장했던 세대의 문학청년들은 중년 이후 전부 소설을 포기했다. 여기에는 독자와 작가 사이에 있던 보이지 않는 계약과 관련되어 있었는데, 일부 중년들은 이미 이러한 계약에 대해 의심하기 시작했다.

자오치정 | 수퉁 선생에게 감사드린다. 말씀하신 내용은 세대를 뛰어넘는다. 우리와 같은 1940년대 사람들과 1960년대, 1980년대 이후 사람들을 함께 연결시켜주었다는 점에서 큰 의미가 있다. 만약 사람들이 서로 다른 시대를 분리해서 생각한다면, 이는 보고도 못 본체 하는 것과 다를 바 없다. 이제 펑룬 선생을 모시겠다. 역시 전기적 인물로 본업에도 뛰어날 뿐 아니라 글쓰기 실력도 훌륭하다. 경제학 학사이며 중앙당교 석사, 법학박사 학위를 가진 분이다. 중국 사회 문제에 관해 모두에게 이야기를 들려주듯 말씀해 주실 것이다. 펑 선생이 쓴 《야만생장》(野蠻生長)을 어제 보았다. 잠은 설쳤지만 얻은 바가 많았다.

펑룬 | 먼저 독서에 대해 얘기한 뒤 글쓰기에 대해 얘기하겠다. 책은 중국인에게 정말로 중요하다. 싱가포르에 화교박물관이 있는데 제 1 전시실에 '무엇이 화교인가'가 전시되어있다. 그 안에는 아무 설명이 없고 단지 많은 사진들이 있다. 주의해서 관찰해보면 사진 속의 화교

2 (역주) 인터넷 소설로 인기 있는 소재 중 하나이다. 기본적 특징은 주인공이 어떠한 이유 때문에 원래 살던 시대를 떠나 시공을 초월하여 다른 시대에 와서 활동을 벌인다는 것이다.

들 모두 손에 책을 들고 있다는 것을 알게 될 것이다. 안내원은 사진 속 인물 중 어떤 사람은 지위가 높고 어떤 사람은 비천하여 신분 차이가 매우 크지만 모든 사람들이 책을 중국인의 상징으로 여긴다고 알려주었다. 책을 읽지 않고 책을 갖고 있지 않으면 스스로 중국인이라 말하기 어렵다. 책은 내체 우리에게 무슨 도움이 되는가. 내 경험으로 책은 우선 '아름다움'을 가져다준다. '아름다움'이란 남녀 모두에게 중요하다. 요리사가 음식을 만들 때 누군가는 고기를 보고 누군가는 손을 보고 또 누군가는 그릇을 보겠지만, 그릇 위에 퍼지는 향기, 다시 말해 '우아함'(韻味)에 주의를 기울이는 사람은 거의 없다. 집안이 책으로 가득할 때 여성은 더욱 온화하고 우아하게 변할 것이고, 남성은 더욱 총명하고 여유롭게 변할 것이다. 이것이 바로 아름다움의 효과이다. 어떤 사람이 아무리 많은 화장품을 사도 이러한 효과를 거두기는 매우 어렵다. 그러나 쉬지 않고 책을 읽으면 오래 지속되는 인격적 매력을 지닐 수 있게 된다.

책은 또한 여러분의 정신도 젊게 만든다. 나이는 많지 않지만 시대에 뒤떨어져 있다는 느낌을 주는 사람들을 자주 만나게 된다. 한 사람의 사유공간과 시대와의 관계는 대개 그가 말하는 어휘를 보면 된다. 어휘에 언어가 더해지고 분석하면 결국 사상이 된다. 어떤 사람이든 자주 독서를 하지 않으면 어휘량에 한계가 생기며 사상도 정체된다. 실제로 독서는 현재 사고와 생명 상태의 중요한 바로미터로 변했다.

학생 시절엔 교과서와 학술서적을 자주 보았지만 지금은 구석진 곳에 자리해 사람들이 주목하지 않는 책을 좋아한다. 예컨대 어떤 책은 아첨의 역사나 웃음의 역사, '질투'의 고사 등을 전문적으로 다루어 놓았다. 이러한 책 읽기는 바로 인류 생활에서 가장 흥미로운 체험이자 관찰이다.

좋은 글을 쓰는 것은 우연히 만날 수는 있지만 바란다고 되는 것은 아니다. 만약 글쓰기를 주업으로 삼고자 해도 좋은 책만 쓸 수는 없다. 좋은 책을 쓴다는 것은 삶과 죽음을 다하는 사랑과 마찬가지여서 평생에 여러 차례 가능한 것이 아니다. 글쓰기는 배추를 절이는 것과도 같다. 배추를 항아리 안에 담아 두어도 오랜 시간이 지나지 않으면 여전히 배추이다. 충분한 시간이 지난 뒤 꺼내 보아야 비로소 김치가 되어 있고, 김치가 되어야만 모두가 그 맛을 느낄 수 있다. 지금은 정보통신이 발달하고 많은 사람들이 돈을 벌기 위해 책을 쓰고 있다. 따라서 배추를 쉬지 않고 소금물에 담갔다 꺼내기 때문에 여전히 배추로 느껴질 뿐이다. 나는 연구와 학술활동도 했고 장사판에서 싸워도 보았다. 어떤 경우 인생의 어느 부분이 드러나 통절한 마음을 느끼기도 했다. 이때의 감정을 묘사할 때, 나는 생활의 뒷면부터 말하길 좋아한다. 어떤 일들은 종종 정면에서 볼 수 있고 투명하게 볼 수 있으며, 명확하게 볼 수 있다. 어려운 것은 뒷면에서 보는 것이다. 만약 어떤 일을 뒷면부터 볼 수 있다면 꿰뚫어 보고 철저하게 볼 수 있어 결국 정면의 결론을 볼 수 있게 된다. 이것을 지혜라고 부를 수 있다. 따라서 글쓰기에는 일종의 배추를 절이는 정신이 필요하며, 소금물이 든 항아리 속에 계속 담가 두어야 한다. 소금물은 우리의 생활이며, 특히 고달픈 생활이다.

자오치정 | 평룬 선생께 감사드린다. 방금 수퉁 선생과 평룬 선생이 자신의 독서 경험과 느낀 점을 말해주셨을 때 1966~1976년 시절을 언급하셨다. 자리에 계신 외국 친구들은 아마 잘 이해하지 못할 것이다. 이 시기는 이후 중국인들이 모두 비판하는 시대로 한번 지나 다시 돌아오지 않는, 다시는 되풀이될 수 없는 시대이다. 그러한 경험이 있었기 때문에 덩샤오핑 동지가 사상해방과 개혁개방을 결심할 수 있었다. 중국인의 인식 속에는 이 시기가 매우 고달픈 기억으로 남아있다.

이제 35~40분 정도 남았는데, 우선 각 귀빈들에게 간단한 질문을 드리고 청중의 질문을 받겠다. 앙드루 선생은 세계적으로 유명한 건축가로 선생의 작품 《기억 속의 군도》는 마치 시의 언어와도 같다. 세계적으로 논쟁적인 건축물이 많은데, 결국에는 중요한 문화유산이 되기도 한다. 전형적인 사례가 당시에 철거를 준비했던 파리 에펠탑이다. 또 시드니의 오페라하우스의 경우 20년을 논쟁했다. 선생께서 설계하신 베이징 국립대극원도 논쟁 속에 있는데 시간이 얼마나 지나야 문화유산으로 공인받을 수 있으리라 생각하는가.

앙드루 | 논쟁적인 작품이 도대체 몇 년이 지나야 받아들여지는가는 정확하게 말하기는 어렵다. 그러나 한 가지 점은 분명하다. 현실 사회에서 기존 질서를 깨는 것이 들어오면 사람들은 처음에 쉽게 받아들이지 않는다. 심지어 많은 경우 이렇게까지 어려움을 자초할 필요가 있는지 생각하게 된다. 때로는 의식적으로, 때로는 설명하기 어려운 이유로 무언가를 떨쳐내 버리고 싶을 수도 있다. 가장 좋은 예술형식은 모두 욕망과 관련이 있지만, 사람의 욕망은 때때로 말로 설명하기 어렵다. 욕망이 갑자기 솟구쳐 나오기도 하는데 이것이 바로 박물관이나 한 권의 책과 같은 예술의 창조이다.

자오치정 | 답변에 감사드린다. 스와루프 선생은 여러 국가에서 외국주재 외교관으로 지냈다. 남아프리카 공화국에서 3년, 캐나다에서 5년 계셨고, 다른 국가에서도 계셨지만 그 국가들에 관한 이야기를 쓰신 적은 없고 인도에 대해서만 썼다. 세계가 점점 '지구촌'으로 변하는 요즘 자신의 국가를 분명하게 묘사하고 싶다면 비교의 관점에서 써야 할 것이다. 선생은 산스크리트어로 인도와 인도불교 역사를 연구하는 독일의 언어학자이자 비교종교학자인 막스 뮐러(Max Muller)를 아실텐데 그는 "한 가지만 아는 사람은 아무것도 모른다"(*He who knows one knows none*)라고 했다. 외국에서의 경험이 인도에 대해 잘 묘사하는 데 어떠한 도움이 되었는지 설명을 부탁드린다.

스와루프 | 의미 있는 질문이다. 나는 1986년부터 인도의 외교업무에

참여하기 시작했다. 외교관으로서 인도 외의 국가들에 오래 머물렀다. 인도를 떠나 다른 나라에 거주한 기간을 모두 합치면 11년이 넘는다. 인도 속담에 "장막 안에서 자란 개구리는 세계가 장막만한 줄 안다"는 말이 있다. 만약 인도 밖에서 인도를 본다면 나름대로 장점이 있어 다른 관점과 다른 시각을 가질 수 있다. 그러나 더욱 중요한 것은 인도에 대해 관심과 애정을 가져야 이 국가에 대해 쓸 수 있다는 점이다. 인도인일 필요는 없지만 반드시 인도인의 사고방식을 지녀야 한다.

자오치정 | 스와루프 선생은 많은 철학적 이치를 말씀해 주셨다. 철학은 쉽게 국경을 뛰어넘을 수 있다. 그래서 선생의 소설이 46개국의 문자로 번역되지 않았나 생각한다. 수통 선생은 작품 속에서 여러 여성들의 이미지를 성공적으로 형상화했다. 수십 년 전과 현재, 나이가 많거나 젊은 사람 모두 훌륭하고 섬세하게 묘사했다. 선생의 《처첩성군》(妻妾成群)은 영화[3]로, 발레극 〈붉은 등을 높이 걸고〉(大紅燈籠高高挂)로 상영된 후 원작자로 더욱 유명해졌다. 이런 점에서 소설과 영화 간의 관계에 대해 질문 드리고 싶다. 미국 할리우드의 제작자가 우리에게 다음과 같이 얘기했다. "중국 영화의 문제는 세 가지다. 첫째, 좋은 시나리오와 상상력이 부족하다. 둘째, 특수촬영, 특수촬영 설비와 설계 수준이 부족하다. 셋째, 투자한 돈이 너무 적다. 미국의 영화 한 편에 1억 달러가 투자된다면 이 중 3천만 달러는 광고에 사용된다. 반면 중국은 광고에 많은 돈을 들이는 것을 아까워한다." 그렇다면 선생은 소설의 풍부함과 영화의 발달 사이에 어떤 관계가 있다고 보는가.

수퉁 | 여성을 잘 묘사했다고 하는 것은 과찬이다. 작가의 스타일과 기호로서, 자오 선생께서 말씀하신 것은 바로 창작 생활에서의 가장 큰 기쁨이다. 이것은 소설을 쓰는 과정에서는 예상하지 못했던 것이

3 (역주) 장이모 감독이 연출하고 공리가 주연한 영화로 한국에서는 〈홍등〉(紅燈)이라는 이름으로 전해졌다.

다. 구스타브 플로베르와 같은 현실주의 창작 기법을 줄곧 존경해왔다. 진지한 '견습생'의 마음으로 작품 활동에 종사해야 한다는 것이다. 나도 이렇게 써야 한다고 생각할 뿐 잘 썼느냐 못 썼느냐는 나 자신이 판단할 수 없다. 1989~1992년 사이 여성을 소재로 한 시리즈 작품을 썼는데, 네 편의 중편소설이었다. 그러나 그 뒤로 이렇게 많은 작품을 쓰게 될 줄은 생각지도 못했는데, 모두 네 편의 소설의 연속선에 있었다. 나로서는 기쁜 것은 물론 감개무량하기도 하다. 이 몇 편의 작품이 다른 작품 속으로 매몰되지 않기를 바랄 뿐이다.

나는 중국 작가 중에서 소설을 영화화한 비율이 비교적 높은 작가에 속한다. 영화는 또 다른 커뮤니케이션 수단이다. 운 좋게도 몇 편의 소설 모두 비교적 좋은 감독의 덕을 보았는데, 이는 사실 내 개인적인 성격과 관련 있다. 처음 장이모우 감독과 《처첩성군》을 각색하면서 그의 제작원칙을 알게 되었다. 그 원칙은 기꺼이 받아들일 수 있는 것이었고 비교적 마음에 들었다. 두 친구가 합작하려면 만나서 밥 먹고 악수하고 어깨를 맞대고 시간을 보내야 한다. 그는 그의 영화를 찍고 나는 나의 소설을 쓰는, 이러한 군자지교(君子之交)의 관계를 기꺼이 받아들였다. 그 뒤로 내 작품이 각색된 영화를 보며 나와 이 영화와의 관계를 생각하게 되었다. 멀리 있는 친척(遠房親戚)이란 말을 쓰길 좋아한다. 멀리 있는 친척이란 매우 친밀하게 왕래할 수도 있고 왕래하지 않을 수도 있다는 뜻이다. 왕래가 있어도 정상이고 왕래하지 않아도 정상이다. 이것이 나와 영화 간의 진실한 관계이자 생각이다.

자오치정 | 선생의 소설에 대한 배신감을 느끼지 않았는가.

수퉁 | 배신도 괜찮다. 배신은 비교적 용감한 창작 태도라고 생각한다. 감독이 내 작품을 갈가리 찢어놓았다고 화를 낸 적은 없다. 철저하게 해체하지 못한다거나 배신이 믿음직스럽지 못하면 화를 낸다. 이것이 나의 입장이다.

자오치정 | 평룬 선생께서는 좋은 소설을 쓰는 것은 흐르는 물처럼 만날 수는 있지만 바랄 수는 없는 것이라고 말씀하셨다. 이러한 견해에 전적으로 동의한다. '억지로 쓰기'는 성공하지 못한다. 또한 선생의 작품은 철학적 지혜가 풍부하여 일반인들의 '기이한 것을 보고도 기이하게 여기지 않으면 기이한 것이 저절로 사라지는'(見怪不怪, 其怪自敗) 현상에 대해서도 자신만의 사고를 가질 수 있었던 것으로 생각된다. 나의 스승인 첸산창(錢三强) 선생은 과학자가 만약 '기이한 것을 보고도 기이하게 여기지 않으면' 영원히 빛을 보지 못할 것이라고 말씀하셨다. '기이한 것을 보고 기이하게 여기는 것'이 바로 창조성이다. 어떻게 '기이한 것을 보고' 사고하고, 사고를 통해 써내려가는 습관을 키울 수 있는가.

평룬 | 그것은 독서와 관련이 있다. 책을 많이 읽는 사람들은 스스로 반성하고 다른 사람의 반성도 원한다. 이것은 많은 독서인의 습관이다. 《야만생장》을 쓸 때는 민영기업에서 일하고 있었다. 당시 민영기업에 대한 사람들의 시각과 태도는 대체로 다음 두 가지였다. 하나는 기자의 시각이다. 기자들은 마치 옆집에서 아이를 낳은 것을 보고 몇 마디 예의바른 말을 하고 가버리는 것과 마찬가지다. 많이 얘기해봤자 고작 이 아이는 반점이 있어 보기 좋지 않다고 이야기할 뿐, 자신의 생활에 무슨 영향을 줄 거라고는 생각지 않는다. 또 다른 시각은 외과 의사가 아이를 보는 것과 같다. 무엇이든 알지만 말하기 귀찮아하며 단순히 일로 여긴다. 그에 비해 나는 자궁 속에서 아이가 태어나는 것을 보았다. 아이와 나는 한 형제이기 때문에, 같은 생존환경에서 자라고 몸부림치고 어두운 곳을 헤쳐 나와 성장하는 과정을 주목했다. 이러한 관점에서 나는 많은 피와 많은 살을 보았고 빛도 보고 고통도 보았다. 고통은 사람의 영양분이자 사상의 원료였다. 고통스러워야 사고하게 된다.

80년대 선전(深圳)에 가서 체제개혁 구상을 할 때 사람들은 선전을 문화의 사막이라 했다. 나는 시안(西安)에서 자랐다. 시안 경제는 발전하지 못했는데 왜 시안에 문화가 있고 선전에 문화가 없다고 하는가. 그 후 산시(陝西)와 같은 곳은 지역, 자연, 인맥이 모두 서로 연결되어 있어서 몇 대에 걸친 고통과 뒤엉킴이 쉽게 전이되거나 없어지지 않고, 가라앉은 채 문화의 깊이로 변한다는 것을 알게 되었다. 선전이라는 곳에서 모든 고통은 하룻밤의 노래와 즐거움으로 날리고 나면 없다. 어제는 적이었지만 며칠 지나면 그 사람은 미국으로 가버리고 없다. 이러한 고통은 단편적이고 유동적이어서 이곳에서는 깊게 사고할 수 없다. 나에게 글쓰기는 민영기업과 함께 한바탕 삶과 죽음, 사랑에 대해 얘기하는 것과 같다. 이러한 과정에 대해 다른 사람들은 감동을 느끼지 못할 수도 있다. 그러나 내 몸이 그 속에 있기 때문에 많은 느낌이 있었다.

자오치정 | 펑룬 선생은 말씀만 하면 사람을 놀라게 한다. 우리는 지구에서 망원경으로 우주를 관찰하거나 혹은 달에서 지구를 관찰하지, 자궁 안에서 태아를 관찰한다는 것은 생각해 본 적이 없다. 선생의 말씀은 모두에게 깊은 인상을 남겼다. 감사하게 생각한다. 이제 청중의 질문을 받는 시간이다.

질문 | 스와루프 선생에게 묻고 싶다. 선생은 외교관으로서 글쓰기는 부업이라고 보인다. 인도에서 청년작가들에게 글쓰기는 부업인가 주업인가.

스와루프 | 사실 인도의 도서시장 규모는 크지 않다. 신예 작가의 책이 많이 팔린다 하더라도 이는 보편적 현상이 아니다. 대부분의 작가들은 글쓰기를 제 2의 직업으로 삼고 있다. 반드시 돈을 벌 수 있는 직업을 찾아야 하며 글쓰기에만 의존해서는 생활을 영위할 수 없다. 해외에서 작품이 출판되는 경우를 제외하고 말이다. 미국이나 유럽에서

이름이 나면 그것이야 당연히 가능하다.

질문 | 수와루프 선생은 여러 국가들을 다니셨는데, 이번 엑스포가 상하이에 어떠한 변화를 가져다 줄 것이라고 보는가. 이전의 외교 경험에 비추어 말씀해 주시기 바란다.

스와루프 | 모두 21세기 세계 전체가 '지구촌'으로 변한다고 말한다. 상하이 엑스포는 '지구촌'의 전형적인 사례로 각 지역의 사람들이 우애와 축하의 마음으로 상하이에 올 것이라 믿는다. 우리는 서로 다르지만 또 같기도 하다. 우리 모두는 인류이자 모두 인문정신으로 연결되어있다. 이것이 엑스포의 진정한 주제이기도 하다.

질문 | 수퉁 선생에게 묻고 싶다. 엑스포의 주제는 '도시, 생활을 더욱 아름답게'(城市, 讓生活更美好)이다. 그러나 선생의 소설 속, 망명자들이 강을 따라 도시에 도착했을 때 그들은 도시가 그들이 상상했던 것처럼 그렇게 아름답지 않다는 것을 발견한다. 《세계의 양측》(世界兩側)이란 책에서도 혈통은 농촌에 있지만 몸은 도시에 있다고 언급했다. 인류가 진정으로 도시문명으로 나아갈 수 있다고 보는가.

수퉁 | 많은 사람들이 나와 마찬가지일 것이다. 어릴 적 기억이나 생활의 기반이 모두 도시에 있지만, 갑자기 농촌에서 친척이 올라오면 나의 몸이 도시와 농촌이라는 서로 다른 두 곳에서 왔다는 것을 깨닫곤 한다. 나처럼 도시에서 자란 아이들 중 90% 이상은 모두 이러한 기억을 가지고 있다. 중국 도시문명의 발전에 대해 본격적으로 연구한 적은 없지만, 도시문화, 도시문명이 있다면 시민 속의 문명과 얼마나 커다란 관계가 있을까. 이 시민문화와 시민문명은 통상 우리가 말하는 농촌문화, 농촌문명과 얼마나 관계가 있을까. 돌이켜보면 1970~80년대 중국 도시는 사실 농촌사람들이 도시 안에 살고 있었던 것이다. 그들의 문화는 거의 동질적이었고 하는 일이 조금 다를 뿐, 그들의 관심과 이야기 소재, 일상생활의 세세한 사정들은 사실 똑같았다. 물론 상

하이와 같이 다소 다른 성격을 갖는 도시도 있다. 상하이의 시민문화는 뿌리가 깊고 매우 성숙하다. 중국의 다른 도시에는 없는 것이다.

질문 | 평룬 선생에게 묻고 싶다. 《통계 수치는 거짓말이다》라는 책이 있는데, 누군가 의도적으로 통계수치를 왜곡하여 국민들을 오도할 수 있는 '혐의'에 대해 언급하고 있다. 기업 관리자로서 이 책의 진정한 가치를 어떻게 보는가.

평룬 | 사실 그 책과 비슷한 《진실의 거짓말》이라는 책도 있다. 주로 사회조사의 통계 결과에 대해 얘기하고 있다. 어떤 수치가 발표되면 실제로 많은 한계와 그 배후의 인과관계가 있지만 발표할 때가 되면 이는 언급되지 않는다. 마치 '타이완 선거'의 여론 조사와 비슷해서 그것이 사실이라고 말하면 사실이 되고, 거짓말이라고 하면 거짓말이 된다. 숫자 뒤에는 가치성향이 숨겨져 있음에도 불구하고 많은 것들이 드러나지 않는다. 또 '클린턴식 표현'이란 것도 있다. 클린턴이 자신과 르윈스키 사건에 대해 말했던 방식이다. 즉, 거짓말은 아니지만 그렇다고 진실을 말해주지도 않는 것이다. 어떻게 할 것인가. '정보 횡령'이다. 이른바 '진실의 거짓말'이란 대부분 클린턴식의 표현이다. 당신에게 한 가지를 알려주지만 알려줘야 할 것은 알려주지 않는다. 그러나 그것을 거짓말이라고도 할 수 없다. 이 책은 우리에게 사회에서의 진실과 거짓을 관찰할 수 있도록 하는 많은 영감을 준다.

이 책의 가치를 어떻게 판단하느냐의 문제는 단지 개인적, 사회적 판단에 지나지 않는다. 개인적 판단은 감정이나 문화적 기호와 커다란 관계가 있다. 사회적 판단은 방금 자오 주임께서 말씀하셨듯이 서로 다른 역사시기마다 동일한 사건을 서로 다르게 해석할 수도 있다. 절대적으로 일치하는 영원한 평가는 없다. '옳고 그름, 이기고 진다는 것은 모두 헛되다'(是非成敗轉頭空) 라고 했듯이 많은 일들이 어제는 옳지만 오늘은 틀릴 수도, 오늘은 맞지만 내일은 아닐 수도 있다. 절대적인 것을 추구하지 말고 역사라는 강물 속에 상대적인 것이 많다는 것을 볼 줄 알아야 한다.

질문 | 앙드루 선생에게 질문하겠다. 일부 전람관은 엑스포가 끝나면 철거되는데 아시다시피 모든 전람관은 지혜의 결정체이다. 이렇게 하는 것은 낭비 아닌가. 설계자의 관점에서 모든 것을 주관할 수 있다면 이러한 전람관이 철거되기를 바라는가.

앙드루 | 사실 역사적 관점에서 보면 모든 엑스포에서 건축물은 비영구적인 것이다. 건축은 종종 단계적으로 존재한다. 예컨대 르네상스 시기에는 특정한 기념일 기간 동안 사용한 건물은 철거했다. 또 예컨대 축구팬들은 화려한 응원도구를 만들지만 끝나고 나면 없애버린다. 또 일부 사당(廟宇)은 70년마다 한 번씩 재건한다. 꼭 낡은 것이 아니라 해도 철거하거나 재건하기도 한다. 따라서 철거도 예술의 표현이자 일종의 새로운 조정이라 할 수 있다.

다른 관점도 있다. 어떠한 일을 할 때 오랫동안 지속성을 갖출 수는 없지만 현재 단계에서는 유용하고 의미가 있을 수 있다. 일단 이러한 시간이 지나고 나면 사명도 완수되는 것이다. 그러나 이러한 건축물을 철거하는 것은 아직도 우리를 안타깝게 한다. 문제는 만약 모든 건물을 전부 남겨둔다면 새로 지을 공간이 있을까 라는 점이다.

자오치정 | 앙드루 선생께서 아주 솔직하게 대답해 주셨다. 엑스포의 일부 건물들의 운명은 마치 사람의 운명과도 같다. 우담바라라는 꽃은 잠깐 피었다가 사라져 버리기 때문에 더욱 진귀하다. 이에 대해 너무 마음 아파하지 마시길 바란다.

이 대화를 마치기 전에 네 분의 귀빈에게 감사드린다. 두 분의 중국 귀빈은 앞으로 다시 만날 기회가 있을 것이다. 두 분의 외국 귀빈, 특히 인도의 수와루프 선생은 앞으로 만날 기회가 적겠지만 자주 중국에 오시길 바란다. 중국과 인도는 나란히 앞으로 나아가는 형제 국가이다. 왜냐하면 우리는 모두 개발도상국이기 때문이다. 현재 해외언론에서는 중국과 인도의 발전에 대해 적절하지 못한 비교와 논평을 쏟아내면서 상호경쟁이 상대방에게 골칫거리를 가져다줄 것이라고 보고 있다. 나는 그렇게 보지 않길 바란다. 우리의 발전 공간은 매우 크며 서로 배우는 것은 당연하다. 상호 간에 견제해서는 결코 안 된다.

우리와 앙드루 선생은 매우 친밀하며 프랑스 문화도 우리에게 익숙하다. 참석해 주신 청중들도 발자크를 잘 알 것이다. 중국에서 출판된 발자크 책은 유럽 전체와 미주를 합친 양보다 더 많다. 우호적인 문화교류의 기초 위에서 중국과 프랑스의 관계가 갈수록 좋아지게 될 것이라고 믿는다.

모두에게 감사드린다.

한 · 중명사들, 공공외교를 논하다

2011년 5월 29일 제주포럼을 계기로 한 · 중 유명인사들이 한자리에 모여 양국 공공외교의 목적, 메커니즘, 운영에 대해 토론했다. 양측은 공공외교가 국민 사이의 우호적인 감정을 증진시켜 국가 간 상호정책의 조화를 촉진하는 것이라고 보았다. 한 · 중 간 공공외교는 상대국 국민들을 위한 언어와 문화보급을 중시할 뿐만 아니라 경제, 정치 등 영역의 쌍방향적인 소통을 강화해야 한다. 한국 인사들은 공공외교를 통해 중국이 그들의 평화적 부상(和平崛起)이 갖는 의미를 주변 국가들에 이해시키는 데 도움을 줄 수 있을 것이라고 보았다.

참석자:
자오치정(趙啓正)(《중국의 공공외교와 문화 간 교류》(원제) 총편집인,
중국정치협상회의 상무위원회 위원 겸 외사위원회 주임)
황유이(黃友義)(《중국의 공공외교와 문화 간 교류》 편집위원,
중국정지협상회의 외사위원회 위원, 중국 외문국(外文局) 부국장 겸 총편집인)
류종하(한국대한적십자사 총재)
문하영(한국 외교통상부 재외동포영사대사)
이준규(한국 외교안보연구원 원장)
권병현(한 · 중문화청소년협회 회장, 전 주중대사)
김태환(한국국제교류재단 공공외교사업부장)
박용규(한국 외교안보연구원 교수, 외교통상부 대사)

류종하 | 중국의 친구가 한국에 온 것을 환영한다. 여러분과 같은 유명 인사들과 한 · 중 간 공공외교를 논할 수 있게 되어 매우 영광이다. 나는 대한적십자사 총재이며, 오늘 이 자리에 한국 대표로 외교통상부 문하영 재외동포영사대사, 외교안보연구원 이준규 원장, 한중문화청소년협회 권병현 회장, 한국국제교류재단 공공외교사업부 김태환 부장, 한국외교안보연구원 박용규 교수가 자리했다.

자오치정 | 이번에 여러분들과 만나면서 한 가지 바람이 있다. 중국인이 한국을 더 잘 이해하기 위한 통로를 찾을 수 있도록 한국 공공외교의 근본목적, 메커니즘과 운영에 대해 보다 잘 알고 싶다. 나는 전국정치협상회의(이하 정협) 상무위원이며 외사위원회 주임이며, 중국의 방문단으로 국제번역연맹 부주석이자 중국외문(外文)출판국 부국장인 황유이(黃友義) 선생, 정협 외사위원회 판공실 국장 저우샤오예(周曉燁) 선생, 국제여론연구자 천옌(陳燕) 여사, 중견 편집인 중전펀(鍾振奮) 여사가 함께 자리했다.

공공외교의 발전

자오치정 | 중국이 뒤늦게 개혁개방을 했고 중국어가 널리 보급되지 않았기 때문에 중국에 대한 국제사회의 이해는 그다지 정확하지 않았다. 따라서 공공외교를 제창하여 중국의 상황과 정책을 세계에 알리고 중국에 대한 질문을 답하고자 한다. 초기 공공외교는 정부가 기획한 프로젝트사업으로, VOA(Voice Of America, 미국의 소리)와 같이 외국인들에게 중국을 소개하는 것이었다. IT시대와 해외 항공편이 보편화된 환경에서 국민들도 공공외교에 참여해 자발적 소리를 내고 있다. 이것은 비교적 새로운 공공외교 방식이다. 중국의 공공외교가 지향하는 결과는 다른 나라의 국민들이 보다 깊이 중국을 이해하여 그 나라가 중국에 대해 보다 호의적인 정책을 취할 수 있도록 하는 것이다. 한국의 공공외교의 구체적인 상황을 알고 싶고, 여러분의 의견을 듣고자 한다.

류종하 | 현재 나는 한국과 외국의 정부 · 민간 간의 교류를 맡고 있다. 여기에는 문화와 경제를 포함하고 있습니다. 또한 주변 국가들과의 교류활동을 후원하고 있습니다. 일 년에 한두 번, 각국의 전문가들과 의견을 교환합니다. 한국의 외교통상부에는 문화국이 있는데 이곳에서 민간외교업무를 담당하고 있습니다. 민간외교와 정부외교를 통해 외교관계를 촉진하고 있으며, 이 가운데에서도 특히 정치, 문화, 외교에 비중을 두고 있다. 한 · 중 양국의 국민들도 이러한 활동에 많이 참여할 수 있기를 바란다.

자오치정 | 중국에서 민간외교란 말은 60년 전에 생겨났다. 원래는 민간 대 민간의 국제교류로 일반적으로 정치문제가 아닌 문화를 중심 내용으로 삼았다. 그러나 오늘날에 이것은 이미 일종의 공공외교가 되어 현재는 한 나라의 민간조직 또는 사회 지도자층이 자발적으로 한 나

라의 정부와 교류할 수 있게 되었다. 따라서 중국에서는 국제교류 과정에서 민간인사나 비정부조직이 참여하면 공공외교라고 분류한다.

중국의 공공외교가 오늘날에야 뒤늦게 생긴 것은 아니지만, 지금은 공공외교를 강화하여 국민 간의 상호이해를 강화하는 것이 시급하다. 예컨대 중국 청년과 한국 청년들은 국제문제와 역사문제에 대한 이해가 부족하여 간혹 쉽게 흥분하기도 하는데, 양국 청년의 교류를 강화해야 한다. 그들은 이후 양국관계의 미래를 결정할 것이기 때문이다.

문하영 | 공공외교에는 세 가지 핵심요소가 있다. 첫째, 공공외교의 핵심내용으로 상대국가의 국민들이 자국을 좋아하도록 설득하는 것이다. 설득이 어렵기는 하지만 자국은 물론 상대국가를 이해하는 데 이 요소는 매우 중요하다. 둘째, 사람들이 정부와 민간의 교류를 정확하게 이해할 수 있도록 하는 것이다. 셋째, 쌍방향 교류이다. 국가와 지역 사이의 문화교류나 한류문화의 교류 또한 매우 중요하다. 마지막으로 인터넷도 중요하다. 한국에는 전문 외교사이트가 있다. 많은 외국인들이 이 사이트에 질문을 올리는데 이러한 질문에도 답해야 한다.

한국의 공공외교

이준규 | 한국의 공공외교도 최근 몇 년 전에 시작된 것이다. 이를 위해 한국국제교류재단을 설립했다. 예전에는 국제교류재단과 공공외교의 연관성을 생각하지 못했는데 이제는 이것이 같은 종류의 공공외교라는 것을 이해하게 되었다. 이전에는 연관성을 알지 못한 상태에서 공공외교를 추진했던 것이다. 현재 공공외교의 중점업무는 외국의 민간과 자국정부 간의 교류이다. 한국어와 한국문화 교육을 지속적으로 추진하고 있는데, 예전에 이러한 부분은 외국대학의 연구기관을 통해 이루어졌다. 지금은 한류가 일어나 외국 민간사회에도 큰 영향을 끼치

고 있다. 한류는 비록 민간활동이지만, 정부도 이를 지원하고 있다. 요즘은 인터넷이 편리하여 한국과 중국의 젊은이들은 작은 일도 인터넷에서 교류한다. 이것도 일종의 한 · 중교류라고 할 수 있다. 양국정부가 인터넷교류를 중점으로 삼고 적극 지원하여 양국관계의 발전을 촉진하기 바란다. 2012년은 한중수교 20주년의 해이다. 양국이 다양한 활동을 준비하겠지만 궁극적으로는 양국 국민들이 공공교류의 중요성을 이해할 수 있도록 해야 할 것이다.

김태환 | 한국국제교류재단은 한국의 대표적인 공공외교 기관으로서 지난 1991년 설립 이래 구체적으로 세 가지 핵심적인 사업을 추진하고 있다. 첫째, 해외에서 한국의 '새로운 한국학'을 보급하는 사업을 하고 있다. 새로운 한국학은 한국어는 물론 한국의 역사, 문화, 철학뿐만 아니라 한국의 정치, 경제, 사회 등 사회과학분야로 그 지평을 넓혀가고 있다. 둘째, 문화예술교류이다. 한국 문화예술의 해외 전파와 동시에 외국의 문화예술을 한국에 소개하는 쌍방향 교류를 특히 중시한다. 이를 위해서 서울에 문화센터를 운영하고 여기에서는 연중 해외문화를 소개하는 행사가 이어지고 있다. 세 번째 사업라인이 공공외교인데 여기에는 세 가지 핵심내용이 있다. 우선, 공공외교사업의 대상이 누구인가 하는 점이다. 물론 우리의 대상은 외국의 국민들을 포함하고 있기는 하지만 특히 정계, 재계, 학계, 언론계 인사를 포함하는 여론선도층과 지식인들을 주요대상으로 삼고 있다. 이들이 유일한 목표라고 할 수는 없지만 그들을 중심으로 범세계적인 인적 교류 네트워크를 형성할 수 있다. 그 다음으로 무엇을 자산으로 공공외교를 추진하는가 하는 점이다. 우리는 단순한 정보가 아닌 보다 깊이 있는 '지식'을 자산으로 외국의 지식인들이 한국을 이해하고 주요 문제에 대한 한국의 입장을 이해할 수 있도록 돕는다. 이러한 측면을 우리는 '지식외교'라고 명명한다. 마지막 중점사항은 이러한 과정에서 '열린 소통'

을 중시한다는 점이다. 열린 소통이란 곧 한국의 입장을 일방적으로 전파하는 데 그치는 것이 아니라 상대방의 견해도 들어주면서 대화하는 쌍방향적, 대칭적 소통을 의미한다. 이것은 양국 정부 사이의 일만은 아니다. 가장 중요한 것은 외국인들의 공감을 불러일으켜 서로 다른 시각에서 공감대를 형성하는 것이기 때문이다.

'9 · 11사건'은 국제관계 전반에 지대한 영향을 끼쳤다. 특히 9 · 11사건 이래 이라크전쟁, 아프간전쟁 등 일련의 사태는 국제사회에서 군사력과 경제력을 주축으로 하는 이른바 '하드파워'의 한계를 여실히 드러냈다. 그 당연한 결과로 상대방의 마음을 끌어당기는 '소프트파워'가 외교의 주 자산으로 부각되고 있다. 이에 따라 미국을 비롯한 세계 여러 나라들은 현재, 소프트파워를 공공외교에 적용하는 것에 주안점을 두고 있다. 바로 이것이 20세기 공공외교와 21세기의 공공외교, 즉 '신 공공외교'를 구분하는 중요한 준거가 된다. '신 공공외교'는 또한 정보통신기술의 비약적 발전과 상용화, 대중화를 최대한으로 활용하는 것이다. 예전에는 주로 인적 교류를 통해 공공외교를 촉진하였다. 그러나 이제는 신 디지털 매체를 적극적으로 활용하여 공공외교를 발전시키고 있다. 셋째, 앞에서도 잠깐 언급했듯이 일방향적 선전이나 PR이 아닌, 상대국 국민과의 수평적 쌍방향 소통이 신 공공외교의 중요한 특징이다. 신 공공외교는 국민의 외교이다. 예전에 외교란 정부 간 외교를 가리키는 것이었다. 정부가 지시를 내리고 일방적으로 민간을 대상으로 외교를 추진했다. 현재는 정부와 민간이 교류활동을 함께 한다. 전통적 정부 간 외교에 비해서 오늘날의 신 공공외교는 다양한 민간주체들이 외교활동의 주체이자 대상으로 등장한다. 또한 외교의 내용에 있어서도 과거에는 전통적인 국가이익에 국한되었던데 반해서, 오늘날의 신 공공외교는 기후변화, 재난방지, 자원안보 등 범지구적 문제를 다룬다. 글로벌 스페이스에서 이러한 문제들에 대한 국가적 입장을 밝힘으로써 사람들의 마음을 끌어들이는 것이다.

한 · 중 청년의 우호교류

권병현 | 나는 한 · 중문화청소년협회 회장이면서 한 · 중 양국의 녹색발전사업을 책임지고 있다. 1998년 주중대사시절, 수교 후 7년 동안 한 · 중 양국의 대학생 교류가 20명에 불과하다는 사실을 알게 되었다. 이후 동료들과 의논하여 그 수를 500명으로 늘리자고 했는데 현재는 이 목표를 달성했다.

이준규 | 현재 150명의 중국청년들이 한국에 와서 교류를 하고 있다. 그러나 그들은 학생이 아닌 공무원이며 지금 제주도에 있다.

황유이 | 한국 측에서 지원하고 있는 이러한 문화교류 사업은 사업주체가 독자적으로 결정하는가 아니면 외교부와 의견을 조율하는가? 그리고 2012년은 중 · 한 수교 20주년이다. 중국의 여러 기관들이 20주년 기념활동을 어떻게 할지 구상 중이다. 이에 대한 제안이 있는지?

김태환 | 관련 중국단체가 우리와 연계하여 이러한 민간교류를 추진하고 있다. 현재 진행되고 있는 한 · 중 청년교류사업은 특히 한국국제교류재단이 중국의 대외인민우호협회와 파트너십을 맺고 추진하는 것이다. 교류의 구체적 절차는 우리 재단의 결정과정이 있으며 여기에는 외부 전문가가 평가위원으로 참여한다. 물론 사안에 따라서는 외교부와도 협의한다. 2012년은 한 · 중수교 20주년이 되는 해로 우리 재단 역시 여러 가지 사업을 개최할 예정이다. 대표적으로 지난 1994년 이래 연례적으로 개최해 온 한 · 중 미래포럼이 있으며 2012년에는 베이징에서 제17차 포럼을 개최하게 된다. 이 밖에도 저희 재단은 매년 많은 중국의 여론지도층 인사들을 한국에 초청하여 한국을 소개하는 기회를 갖는 동시에 중국과의 열린 소통의 기회를 마련하고 있다. 현재

가장 하고 싶은 일은 중국공산당 중앙당교와 협력하여 재단의 '신 한국학'사업을 추진하는 것이다.

류종하 | 한국도 중국의 공자학원과 마찬가지로 해외에 한국어 학습 기관이 있다. 이것은 외교에 적극적인 역할을 한다. 한국은 러시아, 일본에 해외업무부처를 두고 있으며 중국에도 이러한 창구가 세워지길 바란다. 양국은 각자의 자원과 이를 관리하는 인력이 있는데, 잘 이용하여 양국 국민이 친구가 되고 국가 간의 교류 강화를 촉진할 수 있을 것이다.

중국의 부상과 공공외교

박용규 | 중국은 현재 G2의 일원이다. 중국부상에 대해 미국학자와 미국인들의 의견이 중요하기는 하지만, 주변국가들의 의견도 고려해야 한다고 생각한다. 중국의 부상은 주변국가에 직접적으로 영향을 주는데, 이것은 문화적 측면뿐만 아니라 경제적 측면도 포함한다. 중국과 주변국가 간의 관계는 중국부상에 큰 역할을 할 것이다. 요컨대 중국이 주변국가와의 우호관계를 유지하면서, 더욱 상호존중하고 평화적인 수단으로 주변국가와의 문제들을 해결해 나가기를 기대한다.

권병현 | 정부는 국민을 중심으로 외교관계를 촉진하고 있으며 인터넷 등 통신수단을 통해 공공외교를 추진하고 있다. 2008년 올림픽 때 한국은 CKUT.com 조직을 만들었다. 비록 한·중 유학생의 교류가 활발해지고는 있지만, 중국 측의 요인으로 인해 아직 조직이 활성화되지 못하고 있다. 이 밖에 한·중 대학생 포럼이 있으며 이미 일곱 차례나 포럼을 개최했다. 다음에는 일본도 함께하면 좋겠다. 제주포럼에서는 서구의 개념을 수용한 '신아시아'라는 개념이 제기되었다. G2의 일원으로서 중국이 더욱 자신감을 가지고 개방적으로 이러한 교류를 진행

하고 이 과정에서 적극적 역할을 하길 바란다. 마지막으로, 2008년 뉴욕발 금융위기와 중국이 G2의 일원이 된 것을 계기로 앞으로 중국의 적극적 역할을 기대한다. 중요한 것은 중국이 특히 소프트파워의 측면에서 선도적 역할을 하는 것이다. 물론 한국과 다른 국가들의 선전도 기대한다.

자오치정 | 방금 권 대사님이 G2에 대해 말씀을 하셨는데 이에 대한 설명을 조금 하겠다. 어떻게 중 · 미 양국 그룹(Group of Two)이라는 것이 생겨나게 되었을까? 이것은 미국인들의 논리이다. 중국인들은 여기에 전적으로 동의할 수 없다. 중국과 미국의 차이는 매우 크다. 중국이 더욱 강성해진다 하더라도 G2라는 명칭과는 어울리지 않다. 방금 박 선생님은 중국이 이웃국가들과의 우호관계에 특히 신경 써야 하며 평화적인 수단으로 주변국가와의 관계문제를 해결해야 한다고 하셨다. 즉, 중국이 대국주의를 경계해야 한다는 것이다. 사실 G2가 바로 대국주의의 논리이다. 중국이 G2가 된다고 여긴다면 주변 이웃국가들과 불평등하게 지낼 것이다. 내가 생각하기에 거의 대부분의 미국인들 역시 G2의 형성을 믿지 않고 있을 것이다.

방금 한국 측의 공공외교에 대한 소개를 들었다. 중국의 공공외교 개념과 많은 점에서 같거나 비슷하다고 생각한다. 조금 전 김 선생님이 말씀하신 '신(新) 한국학'은 나에게도 시사점을 주었다. 즉, 모든 국가의 국학 전통을 보존하는 동시에 오늘날의 정치, 경제, 문화 등 국가의 상황을 반영해야 한다. 외국인들은 현대 중국의 상황에 대해 알고 싶어 한다. 중국의 국학도 자연히 현대 중국의 정수를 포함해야 할 것이다.

나는 비교연구를 하는 과정에서 공공외교가 대외적으로 어떠한 핵심사상을 전달할 것인가는 국가별로 차이가 있다는 것을 발견했다. 예컨대 미국의 공공외교는 민주자유 이념을 포함한 미국의 각종 우월성을 전달하고자 한다. 그러나 미국정부의 중요인사들과 매체들은 종종 다른 나라를 비판하고 때로는 다른 나라의 내정에 간섭하기도 한다. 일본도 공공외교를 발전시키고자 노력하고 있다. 일본이 중국에 전달하려는 핵심사상은 오늘날의 일본이 제 2차 세계대전 이전의 일본이 아니라는 데 있으며, 일본이 다시 군국주의의 길을 가지 않을 것을 꼭 이해하고 믿어주기를 바란다.

한국이 중국에 전달하려는 것은 대체로 성공했다. 많은 중국인들은 한류를 좋아하고 TV를 통해 한국인의 가정생활이 화목하다는 것을 알고 있다. 또한 중국인들은 한국의 첨단기술과 경제발전을 피부로 느끼고 있다. 한국을 좋아하고 제주도를 좋아하는 사람이 매우 많아졌다. 이는 한국 공공외교의 성공을 의미한다. 제주포럼에 온 참석자들이 모두 발언할 수는 없었지만 한국의 이야기를 경청할 수 있는 기회를 가졌다. 이번 포럼에 200여 명의 중국인이 참가한 것을 보고 나는 무척 놀랐다.

류종하 | 우선 원칙적인 것을 말씀드리자면 방금 언급하신 공공외교의 필요성에 대해 전적으로 동의한다. 한 · 중 양국은 정치, 경제, 문화 등 여러 영역에서 교류하고 있으며 유학생 교류도 활발하게 진행되고 있다. 이러한 것들이 앞으로 보다 효과적이고 조직적으로 추진되기를 바란다. 예컨대 올해 러시아에서 매우 성공적인 토론회가 개최되었는데, 한국과 중국도 재단의 후원을 받아 보다 조직적으로 토론회를 추진했으면 좋겠다. 마지막으로 한 · 중 양국의 공공외교 촉진을 위한 중국 측의 계획과 의견을 듣고 싶다.

중국의 공공외교

자오치정 | 중국의 공공외교는 두 부분으로 나뉜다. 첫째는 정부사업으로, 정부가 자금을 지원하고 매체와 문화단체 등 다른 기관들이 사업을 추진한다. 대표적 사례가 바로 공자학원이다. 2010년 말까지 96개국에서 322개소 공자학원과 369개 공자학당(學堂)이 세워졌다. 중국정부의 지원 목적은 중국어 교육을 통해 외국학생들이 중국을 이해하도록 하는 것이다. 또한 중국정부는 영어, 프랑스어, 스페인어 등 외국어 TV방송을 시작했다. 이 밖에 60개 언어로 인터넷 사이트도 구축했다. 이로써 외국인들이 중국의 소식과 기본상황을 이해할 수 있도록 편의를 제공하고 있다. 둘째는 민간사업이다. 어떤 민간단체들은 자체적으로 해외를 방문하여 다양한 영역의 포럼을 개최하고 있으며, 그 수도 많아지고 있다. 출국방문, 예컨대 여행은 명확한 정치적 목적을 가지고 있지 않지만 공공외교의 기능을 한다. 즉, 외국인들이 중국의 새로운 변화를 이해할 수 있도록 하는 것이다. 중국정부와 민간단체는 한국에 더욱 열심히 공공외교를 해야 할 것이다. 빠르게 성장하는 양국의 상호의존적 관계에 비추어 볼 때 이것은 당연한 과제이다.[1]

1 이 글은 신세계출판사(新世界出版社)에서 발행 예정인 《공공외교 면대면》(公共外交面對面)의 일부로 〈公共外交〉 秋季 第7卷의 80~86쪽에 수록되어 있다. 《공공외교 면대면》은 자오치정 주임이 2010~2011년 한국, 미국, 영국, 캐나다 등지에서 공공외교관련 정부인사, 학자, 민간단체와 나눈 대화 내용을 담고 있다.

| 후 기 |

자오치정 원장의 부탁으로 원장의 박사 제자들과 함께 이번《중국은 어떻게 세계와 소통하는가: 글로벌시대 중국의 공공외교》(원제:《중국의 공공외교와 문화 간 교류》)라는 책의 기획과 토론 그리고 편집 전 과정에 참여할 수 있게 된 것은 큰 영광이다. 이 책은 3여 년의 노력을 거쳐 완성되었다. 자오 원장이 보여준 세심함과 책임감은 이번 출판과정에 참여한 박사 제자들과 필자와 같은 후배들이 많은 것을 배울 수 있게 해주었다.

이 책에는 20여 년 동안 자오 원장이 경험한 공공외교에 관한 모든 것이 녹아 있어, 중국이 세계를 향해 나아가고 세계가 중국을 좀더 이해하는 데 도움이 될 만한 하나의 기념비적 기록이라고 할 수 있다. 이 책에서 자오 원장은 대외 커뮤니케이션을 공공외교의 중요한 구성부분으로 상정하여 이 방면에 대한 연구지평을 넓혔고, 대외 커뮤니케이션의 실천기준을 높여 세계에 중국을 더욱 분명하게 설명할 수 있게 되었다. 비록 이 책의 분량이 많지는 않지만, 그 안에는 복잡한 배경, 큰 주제와 복잡한 계기들이 서로 얽혀 있어 공공외교 실천에서 가장 권위 있는 역사교과서라고 할 수 있다. 무엇보다 이 책의 가치는 관련 연구와 실천에 대해 역사적 소재와 사례를 제공한 점에 있다.

자오 원장 본인은 '실천에서 배워' 중국 공공외교를 발전시키는 의미를 터득했기 때문에 이 저서에는 자오 원장의 개인적 기억이 선명히 드러나 있고 공공외교 이념에 대한 깊은 사고와 문화 간 교류의 생생한 실천사례가 담겨 있다. 이 책의 주요한 내용은 자오 원장이 직접 실천하고 경험한 것이기 때문에 단순한 문헌집이나 실천에 대한 기록이 아니다. 이런 점에서 학술연구에 도움이 되고, 실천에도 참조할 수 있을 것이다.

필자도 종종 강의실에서 '국가 만들기와 이미지 전파', '외국 대중들에게 비타민C가 아닌 사과를 제공해야 한다'는 등 이 책에 수록된 자오 원장의 관점을 인용하곤 한다. 커뮤니케이션학과 공공외교 영역의 젊은 연구자로 관련학계와 공공외교를 담당하는 인사들, 그리고 공공외교에 종사하고자 하는 학생들에게 이 책을 적극 추천한다.

중국인민대학 신문커뮤니케이션학과 주임

후바이징(胡百精)

| 역자 후기 |

중국의 공공외교와 한국적 함의

오늘날 미국 홀로 국제문제를 해결할 수 없다는 점은 명확해졌다. 그 배경에는 중국의 부상이 자리 잡고 있다. 중국은 경제능력과 군사력 등 종합국력이 크게 신장되었고 이에 따라 국제무대에서 발언권을 강화하고 있다. 그러나 하드파워의 성장이 곧바로 중국이 매력국가로 등장했다는 것을 의미하는 것은 아니다. 더구나 오바마 정부 출범 이후 미국이 동아시아로 복귀하면서 재균형(*rebalancing*)을 표방했고, 중국도 일시적으로 거친 외교가 등장하면서 주변국가들의 중국경계론도 고개를 들었다. 이런 상황에서 중국은 지속가능한 부상을 실현하기 위해 다시 소프트파워나 매력공세(*charm offensive*)를 확대하고자 했다.

그러나 소프트파워가 그대로 매력국가를 의미하는 것이 아니며, 호감도가 곧 정책적 지지를 의미하는 것도 아니다. 다시 말해 문화, 정치적 가치, 외교정책이라는 맥락에서 중국이 소프트파워를 주목한다고 해도 이것이 하드파워를 대체하는 것은 아니기 때문이다. 이런 점에서 강압(*coercion*), 보상(*payment*), 그리고 매력(*attraction*)을 유효적절하게 사용해 자국의 국가이익을 증진시키는 스마트파워를 주목했고, 이를 수행하는 공공외교(*public diplomacy*)가 주목의 대상이 되었다.

중국의 공공외교는 소프트파워라는 맥락에서 새롭게 포착되어 중국

현실에 맞게 재구성되었다. 좁은 의미에서 중국의 공공외교는 '공산중국'(Communist China)의 이미지를 불식하는 것이고, 넓은 의미에서는 중국적 가치를 확산하여 중화국제화를 실현하는 것이라고 할 수 있다. 일반적으로 중국에서 공공외교의 개념은 "Public Diplomacy"라는 영어를 번역하는 과정에서 대중외교(大衆外交), 공중외교(公衆外交) 등을 거쳐 최근에야 정립되었다. 다만 중국의 공공외교는 특정한 국가가 다른 국가의 여론에 호소하는 일반적 개념과는 달리 자국여론을 대상으로 하는 '홍보'의 기능도 함께 강조하고 있다. 왜냐하면 이것은 인터넷 민족주의가 발전하여 중국외교정책 결정과정에 갈수록 영향을 미치고 있는 국내적 요인을 고려할 필요가 있었기 때문이었다.

공공외교의 중요성이 부각되면서 중국정부는 정보제공 활동(대외선전)과 교육 · 문화교류라는 두 개념을 결합하는 한편, 정부 차원의 공공외교 조직을 대대적으로 정비하기 시작했고 막대한 자금을 투입하여 공공외교의 성과를 단기간에 거두기 위한 정책을 투사하고 있다. 중국의 공공외교는 중국의 미래와 장기적 국가대전략을 볼 수 있는 창과 거울이다.

중국이 공공외교를 추진하는 데는 자산(*assets*)과 부담(*liabilities*)이 동시에 있다. 따라서 자산은 전파하고 부담은 상쇄시키는 전략을 선택하고 있다. 그리고 자산은 크게 역사문화적인 것과 현대적인 것으로 구분할 수 있다. 우선 영화, 회화, 서예, 문학, 의학, 침술, 무예, 요리 등 고대문화는 중국정부의 적극적인 보급노력 없이도 긍정적인 중국의 이미지를 형성하는 데 기여하고 있다. 그리고 또 하나는 중국의 발전경험이다. 이른바 중국모델은 권위주의와 시장경제를 효과적으로 결합하여 정치안정과 경제발전이라는 두 과제를 대체적으로 달성했다. 이것은 민주주의의 지체를 겪고 있는 개발도상국이 참고할 만한 해외경험으로 볼 수 있다.

한편 공공외교를 추진하는 데 부담도 있다. 무엇보다 사회주의 체제가 중국의 매력을 약화시키고 있다. 이것은 중국경제가 발전할수록 '위협론'도 높아지는 딜레마를 낳은 이유 중 하나이다. 좀더 구체적으로는 인권문제, 지체된 민주화, 민족문제, 양안관계, 종교자유문제, 무역불균형, 위안화 평가문제, 기후변화, 식품안전 등이 있다.

이러한 현실을 고려하여 중국은 공공외교의 메시지와 목표를 가다듬었다. 무엇보다 "중국문화는 매력이 있고, 중국의 의도는 선하다"는 것이다. 이러한 메시지는 중국이 외교적으로는 평화부상, 평화발전, 조화세계 등의 담론을 강조하고, 비동맹을 고수하며, 다자주의 협력을 추구하는 평화국가라고 강조한다. 이러한 메시지에 기반하여 중국공산당의 합법성을 유지하고 중국기회론을 확산하며 중국위협론을 불식하고 중국에 대한 부정적 이미지를 교정하는 것을 목표로 삼고 있다.

구체적인 정책은 대체적으로 문화외교, 매체외교, 국제원조, 교류외교의 형태로 나타나고 있다. 첫째, 문화외교(*Cultural Diplomacy*)이다. 중국은 유구한 중화문명이 세계에 통용될 수 있는 매력을 지니고 있다. 2008년 베이징 올림픽과 2010년 상하이 엑스포를 개최하면서 과거와 현대의 '중국적' 매력을 발산했다. 둘째, 교류외교(*Exchange Diplomacy*)이다. 중국은 정부차원은 물론이고 인민우호협회와 같은 반관반민 단체를 통한 교류나 보아오(Bo'ao) 포럼, 세계 싱크탱크회의, 아세안-중국석학그룹(EPG), 아프리카 정상회담 등을 주도적으로 개최하는 등 국제교류에 적극적이다. 셋째, 매체외교(*Media Diplomacy*)이다. 2000년 이후 CCTV-9의 영어방송을 세계 곳곳으로 송출해 왔고 그 결과 케냐 등 아프리카 지역에서는 CNN을 대체할 정도로 발전했다. 뿐만 아니라, CCTV 채널을 8개국 언어로 송출하기 시작했으며 인터넷 인민일보 한국판도 만들었다. 물론 이러한 매체들은 관변언론의 성격을 지니고 있으나, 중장기적으로는 새로운 콘텐츠의 보강과 기술의 발전을 통해 공공외교를 수행하는 데 있어 유용한 방식이 될 것이다. 넷째, 기여외교(*Diplomacy of Deeds*)이다. 이것은 지원과 개발 그리고 목표가 내재된 투자를 포함하고 있다. 또 하나의 기여외교의 일종은 명사(*celebrity*)를 활용하는 것이다. 이미 유니세프 대사로 피아니스트 랑랑, 농구선수 야오밍, 배우 장쯔이 등이 그 역할을 수행하고 있다.

이러한 공공외교를 추진하는 주체는 정부, 사회 지도자층, 일반대중으로 구분할 수 있다. 이들 사이에는 정부가 주도하고 사회 지도자층은 중추이며 일반대중은 기초라는 관계가 있다. 우선 정부영역을 보자. 현재 컨트롤타워는 중국공산당 선전부와 국무원 신문판공실이다. 특히 이 책의 저자인 자오치정(趙啓正) 주임이 1998년부터 2005년까지 이 조직을 수장을 맡아 중국 공공외교의 틀을 구축했다. 신문판공실의 주요한 기능의 하나는 각종 매체의 대외적 보도태도에 대한 지도감독, 기자회견의 개최, 서적 및 영상물의 제공, 외신기자에 대한 취재지원, 중국문제에 대한 해외매체의 합리적 보도를 조율하는 것이다. 또 하나는 중국 인민정치협상회의(정협)이다. 제10기 정협의 개막과 함께 2007년 외사위원회가 '공공외교 강화를 위한 연구소조'를 만들었고, 제11기 정협 외사위원회(대변인 자오치정)도 '공공외교전담' b소조를 만들어 공공외교를 5개년사업계획에 포함시켰으며, 〈공공외교〉라는 계간지를 발간하면서 공공외교에 관한 이론적 틀을 구축하고 확산시키고 있다. 여기에 외교부, 문화부, 교육부 등 정부부처가 고유한 영역을 수행하고 있으며, 각종 미디어도 공공외교의 국제화에 기여하고 있다. 한편, 비정부영역에서는 트랙 1.5라고 할 수 있는 중국국제우호연락회, 중국국제경제교류중심(CCIEX), 중국개혁개방논단(CRF), 중국인민대외우호협회 등이 작동하고 있다. 민간조직으로는 다양한 각종 비정부기구, 화교단체, 학술기구, 각종우호협회, 자매조직, 학생, 여행기구(CNTA) 등이 있다.

그러나 중국의 공공외교는 초기 집행과정에서 많은 문제점을 노출하기도 했다. 우선 목적과 전달수단 사이의 괴리가 있었다. 예컨대 중국정부는 2009년 450억 위안에 달하는 국가이미지 전략계획의 일환으로 막대한 자금을 투자하여 중국문화와 중국뉴스를 직접적으로 해외에 전파하고자 했으나, 외국국민의 중국 미디어에 대한 접근성을 높이지 못했고, 효율적인 콘텐츠 부족으로 중국에 우호적인 국제여론을 조성하지는 못했다. 둘째, 과도한 정부주도 현상이 나타났다. 공공외교는 성격상 1.5 트랙이나 민간의 역할이 중요해지고 있으나, 중국의 경우 시민사회의 자율성이 낮아 정부의 보호 아래 움직이고 있고, 1.5 트랙도 정치적 견해가 완전히 독립적이지 못하다. 셋째, 소프트웨어의 차원에서 보면 중국의 핵심가치관이 명료하지 않다. 즉, 고대문화유산, 전통의학, 전통음식, 차문화 등을 현대문화와 결합하여 독특한 중국문화의 정체성으로 발전시키지 못했다. 넷째, 중국문화를 수용하는 지역별로 차이가 있다는 점이다. 예컨대 중국 페스티벌이나 중국문화센터 등이 중심이 된 대외문화 활동은 유럽과 같이 중국에 대한 이해가 부족한 국가에서는 쉽게 통용되지만, 중국역사나 현실을 잘 알고 있는 한국과 같은 동아시아 국가에서는 효과적이지 못하다는 점이다.

이러한 한계에도 불구하고 중국의 공공외교는 중견국가로서 공공외교의 모형을 찾고 있는 한국에 많은 함의를 제공한다. 중국은 공공외교의 후발국이지만, 국가차원에서 공공외교의 중요성에 대해 관심을 기울이고 투자했고, 풍부하고 다양한 공공외교 형식의 개발, 전달기술의 세련화, 효율을 제고해 왔기 때문이다.

첫째, 강렬하고 압축적인 국가목표와 국가브랜드를 구축하는 일이다. 중국이 '공자'라는 핵심적인 키워드를 통해 공공외교를 강화했던 이유도 여기에 있다. 둘째, 공공외교의 컨트롤 타워를 구축하여 공공외교의 체계를 정비하는 일이다. 한국 공공외교는 그동안의 많은 성과에도 불구하고 분산성, 비체계성, 중복성의 문제를 해결해야 한다. 이를 위해 국회 내 공공외교위원회 설립, 공공외교의 정기간행물 발행, 공공외교 백서, 공공외교 국제회의 개최 등을 적극적으로 모색할 필요가 있다. 셋째, 지역별 맞춤형 전략이 필요하다. 예컨대 유럽에서의 공공외교는 자국의 국가이익을 넘어 보편적 가치를 위해 한국이 무엇을 어떻게 하고 있는가에 대한 국가이미지를 형성할 필요가 있다. 넷째, 문화안보론이 대두하고 동아시아 대표문화를 둘러싼 경쟁이 심화되는 상황에서 한국 공공외교의 틈새를 찾아 나가야 할 것이다. 다섯째, 대상을 명확히 하고 효율성을 높여야 한다. 이를 위해서는 제3국의 지식인층에 설명(*the third party validation*)을 강화하는 한편 외교관은 물론이고 국민모두가 공공외교의 발신자가 되도록 해야 한다. 품위 있는 국민이나, 지식인들의 말의 정치(*word politics*)도 중요한 공공외교 자산이라는 점에서 이에 대한 심층교육과 자연스러운 사회화 과정도 필요하다. 여섯째, 그리고 인터넷 시대에 걸맞은 공공외교의 공간을 넓게 활용할 필요가 있다.

이 책은 국제교류재단이 해외의 공공외교 사업을 참고하여 한국형 공공외교를 만들고자 하는 노력의 일환으로 기획된 것이다. 이 책의 필자인 자오치정 주임은 중국 공공외교의 초석을 놓고 오랫동안의 노력으로 이를 궤도에 올려놓은 산증인이다. 이 책을 출판하기로 한 것은 자오치정 주임이 제주포럼에 참석한 것이 계기가 되었고, 무엇보다 공공외교의 국제화와 상호소통에 남다른 사명감을 가진 국제교류재단의 김태환 부장과의 의기투합 때문이었다. 번역과정에서 성균관대 학술원의 장윤미, 고영희 박사, 김옥화 연구원, 그리고 중문학을 전공한 아내가 원고를 교정하는 데 도움을 줬다. 국제교류재단의 이시연, 서예지 씨도 번역에 필요한 잡무를 도맡아 하면서 역자의 번거로움을 덜어주었다. 여기에 마영삼 초대 한국 공공외교 대사가 이 책의 중요성을 주목하고 추천사를 써주었다. 특히 자오치정 주임은 매우 바쁜 과정에서도 한국어판 서문을 써주었고, 한국독자들을 위해 〈한중명사들, 공공외교를 논하다〉는 대담기록도 추가로 보내주어 한 · 중 간 공공외교 교류의 현황도 일별할 수 있게 배려해 주었다. 늘 직면하는 문제이지만, 번역은 단순한 언어를 옮기는 것이 아니라 간(間) 문화의 특성을 세심하게 이해해야만 가능한 것이기 때문에 갈수록 어렵다고 느낀다. 그럼에도 불구하고 번역과정의 모든 문제는 역자의 역부족 때문이다. 이 번역서가 중국의 공공외교를 이해하고 한국형 공공외교를 모색하는 한편 한 · 중수교 20주년을 맞은 해에 출판되어 한결 의미가 새롭다고 느낀다. 독자 여러분의 질정을 바란다.

명륜동 캠퍼스의 화려한 봄꽃 속에서

2012년 5월

이 희 옥

| 저자 · 역자 소개 |

저자 | 자오치정(趙啓正)

중국과학원 기술대학에서 핵물리학을 전공한 후, 과학연구 분야에 20여 년을 종사했다. 1984년부터는 상하이 시당위원회, 시당조직부장, 부시장, 푸둥(浦東)신구 관리위원회 주임 등 상하이시 지도자로 탁월한 업무성과를 거두었다. 1998년에서 2005년까지 장관급인 국무원 신문판공실 주임으로 일했고, 2002년에는 제 16차 당 중앙위원회 위원으로 선출되었다. 2008년 3월 이후 중국 인민정치협상회의 상무위원 겸 외사위원회 주임으로 활동하고 있다. 중국인민대학 커뮤니케이션대학 원장, 난카이대학 하이빈(海濱)개발연구원 원장도 겸직하고 있으며, 정치협상회의 11기 2차, 3차, 4차 대회 대변인도 역임했다.

대표 저서로는 《생중계 중국을 논하다》(공저), 《강변대화: 무신론자와 신학자 기독교를 말하다》(공저), 《푸둥의 기적》(공저) 등이 있다.

역자 | 이희옥(李熙玉)

성균관대 정치외교학과 교수 겸 동아시아지역 연구소 소장. (사)현대중국학회 회장, 한국정치학회와 한국국제정치학회 이사를 맡고 있다. 저서로는 《중국의 국가대전략 연구》, 《중국의 새로운 사회주의 모색》 등이 있고, 중국정치와 동북아 문제에 대한 국문, 중문, 영문, 일문으로 된 70여 편의 학술논문을 발표했다.